Customer Relationship Management

工商管理经典译丛·市场营销系列
Business Administration Classics·*Marketing*

客户关系管理

乌尔瓦希·毛卡尔（Urvashi Makkar）
哈林德尔·库马尔·毛卡尔（Harinder Kumar Makkar） / 著
马宝龙 姚 卿 / 译

中国人民大学出版社
·北京·

《工商管理经典译丛·市场营销系

出 版 说 明

随着我国市场经济的不断深化，市场营销在企业中的地位日益突出，
市场营销人才也成为企业的迫切需要。中国人民大学出版社早在1998年就
策划了《工商管理经典译丛·市场营销系列》丛书，这是国内第一套引进
销类丛书，一经推出，便受到国内营销学界和企业界的普遍欢迎。

本丛书力图站在当代营销学教育的前沿，总结国际上营销学的最新理
发展的成果，所选图书均为美国营销学界有影响的专家学者所著，被美国
各国（地区）的高校师生和企业界人士所广泛使用。在内容上，涵盖了营
各个重要领域，既注意与国内营销学相关课程配套，又兼顾企业营销的实际

市场营销学是实践性很强的应用学科，随着我国企业营销实践的日渐
销学教育的快速发展，本丛书也不断更新版本，增加新的内容，形成了今
读者面前的这一较为完善的体系。今后，随着营销学的发展和实践的积累，
还将进行补充和更新。

在本丛书选择和论证过程中，我们得到了国内营销学界著名专家学者的
持和帮助，原我社策划编辑闻洁女士在早期的总体策划中付出了大量的心血
此致以崇高的敬意和衷心的感谢。最后，还要特别感谢为本丛书提供版权的
育出版集团、约翰威立公司、麦格劳-希尔教育出版公司、圣智学习出版公司
著名出版公司。

希望本丛书对推动我国营销人才的培养和企业营销能力的提升继续发挥
作用。

中国人民大学出版

译者序

随着市场经济的迅速发展，全球迎来了利用信息技术将速度和知识结合起来创造价值的新经济时代，企业之间的竞争从原来的以质量、价格为中心，转变为以客户为中心。在这样的竞争形势下，企业唯有很好地培育和管理客户导向才能获得持久的客户关系，而这种关系将成为抵挡竞争对手的战略优势。在这样的背景下，我们很高兴能够及时地将《客户关系管理》一书翻译并介绍给各位读者朋友。

本书旨在介绍客户关系管理（CRM）系统的概念以及电子客户关系管理（eCRM）的规划和实施所涉及的问题，为客户关系管理的理论知识与应用原则之间架起一座桥梁。与国内同类教材及书籍相比，本书不仅汲取了有关客户关系管理的最新理论，而且为相关从业人员提供了实际的应用指导，同时增加了许多实际案例帮助读者理解。全书通过图示给出了许多概念，既有利于读，又有益于思，便于读者领悟其中的新概念、新领域和新思想。

本书可以作为工商管理、市场营销等专业的高年级本科生、MBA 研究生的教材，也非常适合企业相关从业人员阅读使用。希望本书的出版能够对我国的客户关系管理教学和研究起到积极的推动作用。

本书的顺利出版离不开众多参与者的合作和努力。参加翻译及译校工作的人员有权级慧、苏书园、韩娜、步晶晶、齐鑫、石海娇、邹振兴和李胜军等，在此对他们的辛勤付出表示感谢。此外，还要感谢中国人民大学出版社的支持和帮助。由于翻译时间紧迫，译者水平有限，难免有不周之处，恳请读者批评指正。

马宝龙　姚卿

前言

本书旨在缩短客户关系管理（CRM）的理论知识与CRM原理的应用之间的距离，同时，努力涵盖CRM的各个方面，为专业管理人员和学习管理学课程的学生提供优质的资源和指导。

在当前的竞争形势下，消费者将产品视为价值传递的载体以及自我个性的延伸，企业不得不通过产品创新和价格领先将目光放得更远，以维持市场战略优势。营销人员意识到，唯有很好地培育和管理客户导向才能够获得持久的客户关系，而这种关系可以成为抵御竞争对手的战略优势。实施客户关系管理的目标是满足客户的需求，以及建立、保持和加强与他们的长期关系。降低流失率、留住客户的好处已经超出商业范畴，它创造了企业与客户的情感连接，这恰恰是成功最有力的武器。但是，要达到消费者至上的境界，我们需要理解客户在整个生命周期过程中的行为、需求和期望。

由于客户与组织的相互作用可能发生在多个接触点中的任何一个，因此我们必须将所有的接触点与唯一的客户信息连接起来。信息技术可以管理大量的客户数据，并且使数据在所有的接触点可用，从而让与客户有关的所有交易（包括销售、营销和服务等）在组织中得到有效实施。eCRM系统捕获客户数据，这些数据用于促进客户互动。虽然市场上有多种eCRM解决方案，但是在组织中实施CRM不仅仅是计划和执行一个软件系统，而是实现组织在文化和理念上的改变。这种文化上的改变需要以人为本，并结合流程再造和合理的技术应用。人员、流程和文化的正确组合是实施CRM的前提。

关于本书

本书旨在阐述客户关系管理系统的概念以及计划和实施eCRM过程中的有关问

题。为了提供最直观的、有利于学习的 CRM 参考资料，本书引用了大量的学术研究成果，追踪最新的发展趋势。尽管每一章从某种程度上来说是建立在前一章的基础之上的，但是每一章都可以独立用于理解某些具体的概念和问题。由于内容的安排遵循了学习曲线规律，因此本书可以用于巩固 CRM 基本概念以及其他复杂的概念。此外，本书还可以供相关从业人员使用，帮助他们的组织建立客户导向文化以及构建和实施 CRM 系统。为了介绍当今趋势和热点问题，在每一章中都提供了许多企业实例。本书的写作风格、所涉及主题的广度和深度以及每一章设计的“自我测试”专栏等，令本书有较强的可读性。各章末还提供了延伸阅读材料，以便读者进一步研究相关主题。

本书结构

为了让学习过程循序渐进，本书内容划分为三个部分。下面我们快速浏览一下各章节的内容。

第Ⅰ篇：客户关系管理的先决条件

第Ⅰ篇（第 1～第 3 章）关注的是 CRM 的概念。第 1 章介绍理解 CRM 所必需知晓的概念和理念。对于市场的变化、以客户为中心、客户心声、客户所有权及客户价值、客户关怀、接触点、关键时刻、客户忠诚和客户拥护的讨论，为理解客户关系管理奠定了基础。第 2 章和第 3 章继续探讨有助于理解 CRM 的基础知识，并在价值创造、客户生命周期、客户终身价值和关系营销方面展开详细的讨论，这些领域是实现以客户为中心以及建立、维护和加强客户关系的核心。

第Ⅱ篇：理解客户关系管理

第Ⅱ篇（第 4～第 7 章）着眼于洞察 CRM 以及以客户为导向的质量和忠诚管理方面的相关概念。第 4 章将 CRM 视为整合了企业的销售、营销和服务功能并帮助实施关系营销理念的系统。第 5 章引入忠诚、忠诚管理和客户忠诚度计划的概念，解释设计与实施客户忠诚度计划的步骤、忠诚度计划的利益和类型等。

第 6 章介绍服务质量与服务能力计划对于企业和服务提供系统提高质量参数及质量标准的重要性，以及服务能力计划的制定方法。第 7 章详细介绍质量、质量管理、质量管理体系、以客户为中心、领导、全员参与、过程方法、管理的体系方法、持续改进、基于事实的决策方法和互利的供应商关系等概念，这些概念是质量管理体系的核心原则和理念。

第Ⅲ篇：计划和实施客户关系管理

第Ⅲ篇（第8～第13章）关注如何在组织中计划和实施CRM。这一部分全面关注成功实施CRM所需的应用知识。第8章涉及销售队伍自动化（SFA）的简介、目标及特点。通过企业实例，介绍成功的SFA带来的战略优势及其形成过程中的关键影响因素。第9章解释eCRM的含义、重要性、范围和意义。通过深入研究两个商业应用实例，介绍eCRM解决方案的特点和规则。

第10～第12章探讨在企业中实施CRM的相关问题，就正确地选择、开展业务流程再造以及组织内部所有功能和操作领域的校准等问题展开全面的讨论。这些章节对于希望在组织中实施以客户为导向的CRM项目的管理团队和高层管理者具有重要的意义。第13章在讨论CRM的未来的同时，探讨两项新兴技术——软件即服务（SaaS）和云计算——的核心概念以及它们对CRM部署的影响。SaaS已经迅速崛起，成为一种技术可靠、性价比高的商业运作平台。诸如宽带普及率的提高、网络技术和工具的优越性、硬件安装成本的降低、中小型企业的日益增多和客户思维方式的不断变化，使得这种商业模式的转变成为可能。除此之外，第13章通过一系列实例研究客户访问的新技术以及公司采用这些技术的方式，从而帮助公司实现客户价值的提升。

最后，我们以七个企业案例研究作为本书的结束，这些案例让我们在真实的环境中了解CRM实施过程中会遇到的实际问题。这些案例能够巩固读者在前面的章节中学习到的概念性知识，并且能够为读者实施CRM做好准备。

我们二人作为一个作者团队，恰巧在生活中也有交集——一个来自管理学学术界，另一个来自IT行业。我们竭尽全力从众多的主题、信息源和个人经历中汲取素材，以使本书更具有现实意义和时代意义。撰写本书不仅让我们增长了知识，而且使我们更加重视人际关系。我们希望本书通过公司实例和新近案例的更新而始终处于研究领域的最前沿，为读者广泛揭示当前的重要议题。我们感谢为快速发展的CRM领域作出过贡献的诸多研究者、实践者以及专家。

毋庸置疑，我们非常重视读者的反馈意见，如果您想与我们取得联系，可以发邮件至 urvashimakkar@gmail. com 和 harindermakkar@gmail. com。

乌尔瓦希·毛卡尔

哈林德尔·库马尔·毛卡尔

目 录

第Ⅰ篇 客户关系管理的先决条件

第1章 客户关怀 …… 003

1.1 概 述 …… 003

1.2 印度市场的变化 …… 004

1.3 重心转移——从产品到客户 …… 005

1.4 客户心声 …… 005

1.5 客户所有权与客户价值 …… 006

1.6 客户关怀 …… 006

1.7 了解你的客户 …… 007

1.8 客户接触点与关键时刻 …… 009

1.9 客户忠诚和客户拥护 …… 012

1.10 客户关系 …… 013

第2章 客户生命周期和客户终身价值 …… 016

2.1 概 述 …… 016

2.2 市场导向 …… 017

2.3 价值创造 …… 019

2.4 客户生命周期 …… 021

2.5 客户终身价值 …… 033

第3章 关系营销 …… 045

3.1 概 述 …… 045

3.2 从传统营销到关系营销 …… 046

3.3 关系营销：组织普遍采用的方法 …… 047

3.4 客户情感管理：关系营销的工具 …… 048

3.5 消费者细分和服务细分中的关系营销 …… 049

3.6 通过关系营销建立品牌 …… 050

3.7 服务水平协议 …… 053

第Ⅱ篇　理解客户关系管理

第4章　客户关系管理 ………… 061
4.1　概　述 ………… 061
4.2　客户关系管理的定义 ………… 061
4.3　客户关系框架 ………… 063
4.4　客户关系管理的范围及演进 ………… 065
4.5　客户关系管理的核心模块 ………… 066
4.6　技术与客户关系管理 ………… 067
4.7　客户关系管理的层次 ………… 070
第5章　客户忠诚管理 ………… 073
5.1　概　述 ………… 073
5.2　客户忠诚管理简介 ………… 074
5.3　忠诚度计划 ………… 079
5.4　设计并管理忠诚度计划 ………… 081
5.5　忠诚度计划的类型 ………… 083
5.6　忠诚度计划失败的原因 ………… 084
第6章　服务质量与服务能力计划 ………… 089
6.1　概　述 ………… 089
6.2　服务质量与客户关系管理 ………… 089
6.3　服务能力的概念 ………… 090
6.4　服务能力计划流程 ………… 090
6.5　服务能力计划中的排队论 ………… 092
6.6　排队系统分析 ………… 094
第7章　客户驱动型质量及质量管理体系 ………… 099
7.1　概　述 ………… 099
7.2　质量及其与客户关系管理的联系 ………… 100
7.3　理解客户驱动型质量 ………… 100
7.4　质量管理 ………… 101
7.5　质量方针 ………… 102
7.6　质量目标 ………… 103
7.7　质量管理体系 ………… 103
7.8　质量管理体系标准 ………… 104
7.9　质量管理原则 ………… 105
7.10　质量体系文件 ………… 109
7.11　实施质量管理体系 ………… 112

第Ⅲ篇 计划和实施客户关系管理

第8章 客户关系管理和销售队伍自动化 …… 119

8.1 概 述 …… 119

8.2 销售队伍自动化系统 …… 120

8.3 销售队伍自动化系统的目标 …… 121

8.4 销售队伍自动化系统的功能 …… 122

8.5 销售队伍自动化系统的战略优势 …… 126

8.6 销售队伍自动化系统成功的关键 …… 128

第9章 电子客户关系管理 …… 132

9.1 概 述 …… 132

9.2 什么是电子客户关系管理 …… 133

9.3 电子客户关系管理的优点 …… 134

9.4 电子客户关系管理的数据处理 …… 136

9.5 市场上的电子客户关系管理系统及其应用 …… 137

9.6 电子客户关系管理解决方案的具体要求 …… 144

第10章 客户关系管理的计划和实施 …… 172

10.1 概 述 …… 172

10.2 客户关系管理项目的范围和意义 …… 173

10.3 客户关系管理实施中的业务流程再造 …… 173

10.4 客户关系管理实施的流程 …… 174

第11章 让客户关系管理取得成功 …… 186

11.1 概 述 …… 186

11.2 成功实施客户关系管理的因素 …… 187

11.3 业务流程再造 …… 191

11.4 数据质量管理 …… 196

11.5 保护客户数据：信息安全管理系统 …… 199

11.6 客户关系管理中的道德问题 …… 203

第12章 客户关系管理的IT解决方案及其集成 …… 209

12.1 概 述 …… 209

12.2 电子客户关系管理项目实施路线图 …… 210

12.3 集成客户关系管理系统 …… 215

12.4 集成CRM与SCM …… 216

12.5 集成CRM与SRM …… 218

12.6 企业资源计划 …… 219

第 13 章 客户关系管理的未来…… 226
13.1 概 述 …… 226
13.2 新兴技术和客户关系管理 …… 227

案 例

关于客户关系管理的案例研究 …… 241
概 述 …… 241
分析一个案例 …… 242
完成案例研究的步骤 …… 242
案例 1 翠鸟国际实施 CRM：制造商和分销商通过动态 CRM 改进渠道管理 …… 243
案例 2 Sia Lifestyle 公司的客户生命周期管理 …… 248
案例 3 富士通外包：富士通西门子计算机公司的 eCRM 系统解决方案 …… 253
案例 4 HDIL 公司实施 ERP …… 256
案例 5 以瑞典银行和瑞典北欧斯安银行为例说明 eCRM 在银行业的重要性 … 259
案例 6 亚洲涂料有限公司通过实施 CRM 实现业务转型 …… 263
案例 7 Bharti Airtel 公司：CRM 的意义 …… 266

第Ⅰ篇　客户关系管理的先决条件

第1章　客户关怀

第2章　客户生命周期和客户终身价值

第3章　关系营销

第1章 客户关怀

学习目标

学习本章后，读者将会理解：

- 印度市场的变化，包括人口特征、客户概况、客户期望以及重心由产品到客户的转变
- 客户所有权与客户价值的概念
- 客户关怀“三步走”过程的实施，包括倾听、回应和改进
- 借助公司案例理解客户忠诚和客户拥护的重要意义
- 借助公司案例理解客户接触点和关键时刻的重要性

1.1 概　述

与客户保持可持续互动这一概念并非新鲜事物。多年来，众多公司一直竭力与客户建立联系。然而，早期的重点主要集中在销售产品或服务上，而非留住客户。当前，后自由化激烈竞争的局面迫使营销人员或组织在全球范围内摒弃过时的产品导向而采用客户导向。任何一个组织都不能接受以失去珍贵的客户为代价的“营销短视”（marketing myopia）。

1.2 印度市场的变化

从 1960 年开始，伴随着消费者行为动机的研究，众多组织被迫将它们的关注点从产品转向了客户。以前，营销人员可以把任何产品卖给客户而不需要考虑他们的需要、需求和期望。如今，随着越来越多的新产品涌入市场，众多竞争者激烈争夺市场份额，而客户的期望难以预测且不断变化，使得在每一个领域赢得客户都像是一场战争。营销人员清醒地意识到，获得新客户的成本比留住现有客户更高。现在，印度市场有更加多样且容易获得的产品，消费者的人口特征和心理特征有所改变，消费者的可支配收入也持续增长。未来，印度的年轻人口在世界年轻人口中所占的比重将达到最大（见图 1—1）。对营销人员来说，这既是一个巨大的机遇，也是一个巨大的挑战。他们既要竭尽全力地理解和了解客户，也要努力创造客户满意来获得客户忠诚。年轻人喜爱新鲜事物的特性促使他们更愿意体验不同的产品使用方式，对营销人员来说获得年轻人的忠诚就成为一种巨大的挑战，这一形势已经在当今时代成为现实，并且在未来会变得更加严峻。

AGE PROFILE OF INDIA'S POPULATION 2011

年龄段	人数占总人口百分比	
	2007年	2011年
0～14岁	30	20
15～59岁	55	65
60岁以上	15	15

图 1—1 印度人口的年龄分布

资料来源：India Calling 2008，KPMG Report.

1.3 重心转移——从产品到客户

如今，印度消费者对于大部分产品而言都是品牌转换者，而不是品牌忠诚者。在当今的后自由化时代，他们在体验新产品方面毫无顾虑。表1—1显示了消费者的购买模式从高度保守型到探索型的转变，以及组织应对客户时的重心转移。

表1—1　　购买模式的转变

	阶段1	阶段2	阶段3
印度消费者情况	前自由化（1990年以前）	自由化（1990—2000年）	后自由化（2000年之后）
购买模式类型	保守型/品牌忠诚	小心地尝试新产品	探索型/品牌转换
企业的重心	以销售为中心	以产品为中心，有时会导致营销短视	以客户为中心，旨在创造客户忠诚

这一情况导致市场从产品中心法（product-focused approach）到客户中心法（customer-focused approach）的清晰转变（见图1—2）。

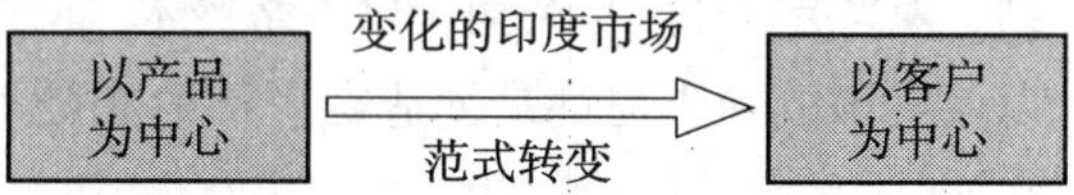

图1—2　由产品中心法到客户中心法

1.4 客户心声

客户心声早已超越产品导向成为市场中的主流。现在，营销人员意识到，若不满足客户的需要和预期就无法轻易地销售产品或服务。这是众多公司深入研究消费者的复杂性以期更多地了解他们自身、他们的偏好以及他们的期望的原因。通过研究来了解客户的意向是一种有意义的策略。然而，过多关注产品的研究会导致对客户需要和预期的低估，进而导致“营销短视”（“营销短视”这一术语由西奥多·莱维特（Theoder Levitt）提出，指企业过于偏重产品自身，而忽视了客户需要）。“提供客户价值”这一概念由此开始进入人们的视野。

1.5 客户所有权与客户价值

客户与品牌之间的理想关系是情感维系，即客户“拥有”这个品牌，或者这个品牌“属于”客户（见图1—3）。如今，生存准则已不再是投资回报（return on investments，ROI），而是**关系回报**（return on relationships，ROR）。

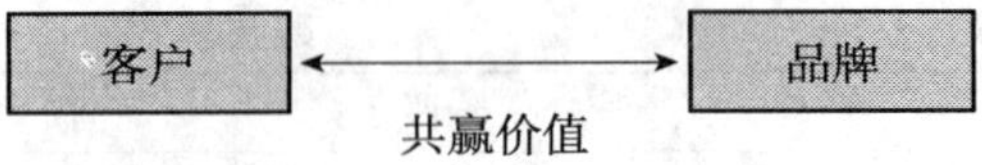

图1—3　客户所有权与客户价值

组织面临的真正挑战是不仅要让客户满意，还要创造让客户能强烈感知有形与无形收益的高价值。客户会对获取产品的成本与收益进行比较分析。客户决定购买产品就意味着他们会花费时间、金钱和精力等有价值的资源，所以他们要确定能够从产品、服务、品牌或组织中获得多少收益。

组织创造的客户价值会产生客户所有权，或者一种强烈的产品情感联结。麦当劳（印度）公司、玛鲁蒂铃木（Maruti Suzuki）和塔塔（Tata），以及美国的迪士尼都是创造客户价值和随后的客户所有权的一些经典案例。

1.6 客户关怀

客户是任何一个组织存在的基本原因。客户关怀是组织寻求获得新客户，提供适当的服务，进而建立客户忠诚的过程。

客户关怀体系一般由三个主要阶段构成——倾听、回应、改进（见图1—4）。

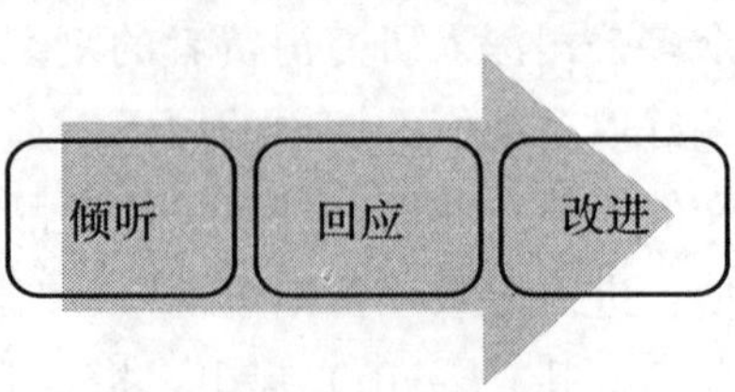

图1—4　客户关怀体系

组织需要为所有这些与客户互动的阶段制定一个体系。

倾 听

组织应该建立完善的沟通渠道来倾听他们的客户的心声。对客户来说，一个令人顿感挫败的经历是他们无法找到表达他们的疑问或不满的方法。建立传统的投诉中心或者应用电话和互联网等科技的现代投诉中心，都将有助于与客户进行沟通。

投诉处理机制（complaint handling mechanism）是一种被动的、反应式的方式，组织通过这个机制来回应客户投诉。组织应该转而应用积极主动的体系，以新颖的方式获得客户的反馈。反馈机制对客户来说应该是可行的、容易的、简单的以及被广泛知晓的。

回 应

首先，组织必须能接听并回应客户打来的每一个电话，妥善地处理每一个投诉和服务要求。组织应该提高内部流程、方法、程序和人力方面的能力，以便在预计的时间内按照质量要求来回应客户投诉。

改 进

组织需要不断地从以前的客户投诉和不满中学习，以便尽可能少地出现同样的问题。客户关怀机制应该为产品改进、新产品开发、服务提供机制的改进、员工培训、活动策划、品牌建立等活动提供信息。

自我检测 I

1. 当今的印度市场是如何变化的?
2. 你认为什么是“客户心声”?
3. 客户关怀的三个阶段是什么?

1.7 了解你的客户

充分了解客户是任何一个优秀的客户关怀体系建立的基础。对于客户关怀而言，识别客户的需求、需要和预期并给予相应的回应尤为重要。对客户的了解源于每一次与客户的互动。这种信息一般通过客服中心、销售人员和技术支持人员来获得。除此之外，组织通常会启动专门的市场调研项目去了解它们现有的和潜在的客户。

对客户的了解涉及以下信息：

- 客户购买什么？
- 他们为什么购买？
- 他们什么时候购买？
- 他们到哪里去购买？
- 他们多久购买一次？
- 他们使用该产品的频率如何？
- 他们对服务的要求是什么？
- 客户如何与公司互动？
- 按客户的要求，在产品或服务方面应该做哪些调整？

更好地了解客户有助于组织在以下几方面制定战略：

- 客户关怀机制；
- 营销沟通计划；
- 市场细分；
- 目标客户；
- 产品市场定位；
- 新产品研发及产品创新；
- 新市场渗入。

公司案例

客户想要什么？

一个成功的客户关怀的经典案例是20世纪80年代瑞典航空公司（SAS）的转变。在经历了亏损800万美元的灾难性的一年之后，SAS公司提拔了一位年轻的营销主管简·卡尔森（Jan Carlzon）担任公司总裁。仅仅18个月之后，SAS公司就实现了毛利7 100万美元。当竞争者都还在关注削减成本开支以减少亏损时，卡尔森已经开始关注客户关怀。

首先，他把商务乘客定位为SAS公司最重要的客户，并询问是什么促使他们选择SAS公司而不是其他的航空公司。这个问题的答案有力而明确——他们需要正点的航班。卡尔森在他的桌上放了一台监控器，以便观察SAS公司的航班在世界各地的每一次起飞、着陆。他甚至亲自给飞行员打电话询问航班延误的原因。SAS公司的航班很快变得非常准时，吸引了新的客户排队购买机票。

资料来源：http：//www. icaew. com/enterprise/db/pdf/11cuscar. pdf，May 12，2011 Published by BHP Information Solutions Ltd.，Althorp House，4－6 Althorp Road，London SW17 7ED.

1.8　客户接触点与关键时刻

组织与客户之间需要互动。每一个客户在每一次接触组织、组织的员工、组织的产品或服务以及其他互动渠道时，都会有特定的感受。这些就是接触点（见图1—5）。“接触”品牌以及与组织联系的经历都会影响客户的想法。在这些接触点上会产生“关键时刻”，此时客户会感受到与组织的互动是良好的还是糟糕的、是建设性的还是破坏性的、是积极的还是消极的。这些关键时刻的品质直接决定了客户是否愿意与该组织保持长期联系。例如，乘客只要在飞行过程中有过一次与乘务人员间的不愉快经历，就很难在未来的行程中继续选择这家航空公司，同样的现象也会发生在餐馆，对服务生的感受会在很大程度上影响顾客是否愿意再次光顾。

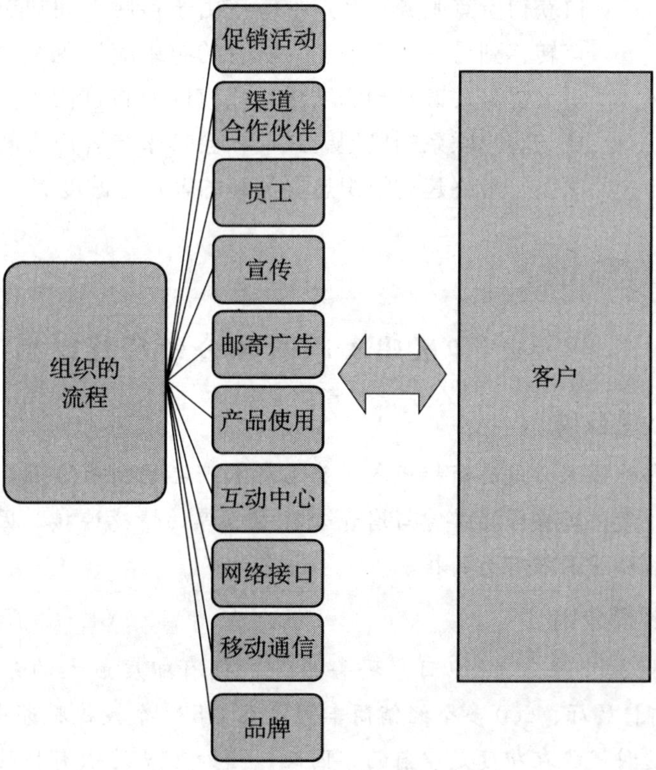

图1—5　客户接触点

第一次客户接触往往发生在客户关注到这个品牌的时候。客户对众多接触点的感受汇总到一起会形成一个总体印象，这会在一段时间内使得客户从情感和心理上忠于该品牌、服务或组织。应该让客户始终得到积极的感受，以免降低客户对品牌的忠诚度。然而大量的接触点让这一过程变得极其复杂，因此组织必须谨慎地对待并处理好每一个接触点的问题。同时，各接触点必须紧密联系，以确保客户无论在哪一个接触点都能够有一致的感受。在促销活动、渠道合作伙伴、宣传、邮寄广告、互动中心（呼叫中心、客户投诉服务中心、客户申诉处理中心等）、移动通信、网络接口、产品和品牌的使用等方面都会有接触点，所有这些接触点会对客户关系产生不同程度的影响，因此都要不断加以改进和提高。每一个公司员工都是对客户有重要影响的一个接触点。虽然很少有组织拥有极多的员工，但是让训练有素的员工形成的积极的接触点成为公司的一大优势，还是让员工对客户的不友好行为成为公司的一大挑战，则是可以由组织自身来决定的。所以，需要通过角色扮演之类的训练项目让所有员工（特别是一线员工）铭记“一切以客户为中心”。当客户有可能面对多个接触点时，要确保客户每一次都可以从任意一个接触点获得所需的服务，也就是从一个窗口获得所有服务。客户不应该由于接触点间缺乏集合性而从一个接触点转移到另一个接触点。所有的组织应该既努力增加客户接触点的数量又提高关键时刻的质量，只有同时将这两个方面结合起来，才能形成与客户联系的典型模式，才会带来与客户之间更多的互动和更强的联系，最终建立组织想要的高的客户忠诚度。

公司案例

印度玛鲁蒂铃木公司的接触点

玛鲁蒂品牌

玛鲁蒂铃木公司的商标代表了其名称和产品的所有方面，这本身就是一个接触点。在印度，玛鲁蒂品牌曾与消费者有着深厚的情感连接。因此，玛鲁蒂品牌是玛鲁蒂铃木公司最强有力的接触点。

大规模分销

截至2007年3月31日，玛鲁蒂铃木拥有印度最大的分销和服务网络，包括562个销售展厅、600多个经销商车间以及2 538个授权服务中心，遍布1 200多个城市，这种规模在印度是空前的。因此，随处可见的强有力的经销网络和可靠的服务中心是玛鲁蒂铃木另一重要的接触点，这一点在玛鲁蒂铃木公司持续提升客户优势方面扮演着十分重要的角色。

由于在农村建立完整的经销商渠道并不可行，为了将影响范围扩展到农村，玛鲁蒂品牌在当地设立由城市经销商管理的延伸柜台，以保证在规避经销商的生存能力风险的前提下增加有效的客户接触点。

玛鲁蒂铃木公司在分销上有三个关键接触点：

- 玛鲁蒂铃木驾驶学校。玛鲁蒂铃木驾驶学校拥有先进的教学方法、专业的培训教练、先进的设施和专门设计的课程，可以让人们发现驾驶的乐趣。玛鲁蒂铃木驾驶学校教给人们在各种情况下操控汽车的技巧，这让人们在开车上路前做好了充分准备并充满自信。
- 庞大的经销商网络。
- True Value 商店。Maruti True Value 是印度第一大有组织的二手车（交易）品牌。

在 True Value 商店，你可以买进或卖出二手汽车。玛鲁蒂品牌也通过这项服务扩展了客户群体，因为这保证了现有的客户可以售出手中的汽车，并通过持续跟踪客户从购买汽车到转让汽车的完整过程来提升客户满意度。

促销接触点

广告

广告是一种非常重要的接触点，它在吸引客户购买玛鲁蒂产品中起着至关重要的作用。玛鲁蒂品牌的宣传语“玛鲁蒂回家啦”就是一条充满情感的广告，也使玛鲁蒂铃木公司得以借此保持并进一步加强和客户的情感连接。

网站、电子邮件和邮件发送者

玛鲁蒂铃木公司的网站作为一个实际案例展现了互联网的出现对于战略市场营销计划的意义。客户可以从这个网站上得到他们想知道的与新计划、汽车、新款式以及其他事情有关的所有信息。

新闻发布会和通告

玛鲁蒂铃木公司会召开关于新车上市、价格变动、财务业绩等事项的发布会，作为推动宣传的重要接触点。

汽车博览会

玛鲁蒂铃木公司的另一个接触点是汽车博览会，它曾利用汽车博览会进入新的市场或寻找新的客户群体。这是很重要的一个接触点，因为玛鲁蒂品牌在汽车博览会上不仅与印度客户互动，而且与国际客户沟通。在汽车博览会中使用巨幅横幅和海报以及让客户直接体验汽车等方式是一些附加的接触点。

每日提醒

玛鲁蒂铃木公司通过给客户发送信息提供每日提醒服务，内容包括该做什么、不该做什么，燃油的效率，如何维护爱车，交通规则，良好驾车习惯，等等。

总结

玛鲁蒂品牌在建立众多有效的接触点方面付出了努力，促使客户与这个品牌有了牢固的情感联系。玛鲁蒂品牌拥有超过50%的市场份额，是目前印度国内第一大品牌。这些有效的接触点使玛鲁蒂成为一个有深远影响的品牌，在其建立之初就被深深地嵌在了印度客户的心里。

资料来源：1. http：//www. marutisuzuki. com/annual-reports-newroom. aspx，last accessed on May 12，2011.

2. http：//www. marutisuzuki. com/maruti-cars-home. aspx，last accessed on May 12，2011

3. http：//www. marutisuzuki. com/newsroom. aspx，last accessed on May 12，2011

1.9 客户忠诚和客户拥护

客户关怀体系的最终目标是形成客户满意度。如果客户在一段时间内是满意的，并且每次和公司的互动都是愉快的经历，那么这个客户就会忠诚于这个品牌及其产品。同时，一个感到满意的客户会传播积极的言论并产生与产品、服务或公司的情感连接。

客户拥护是比客户满意更高的阶段。在这一阶段，客户成为产品或服务的宣传大使，既增加组织的可信度又提升组织的形象。客户拥护是组织梦寐以求的完美阶段，因为在这个阶段，组织可通过客户对产品或服务的积极影响而不是促销活动来推动产品的销售。这可能是现代最强有力的市场营销工具，但是它需要一种与组织提供产品或服务完全不同的思路和方法。对于发展客户拥护来说，线下活动比线上活动更加有效。

忠诚客户基数的价值

托德·贝克（Todd beck）声称，当今市场上的客户忠诚大多是嘴上说说而已，组织应该理解忠诚客户基数的价值。既然这样，为什么只有很少一部分公司提供能形成忠诚度的客户服务？“挑战在于人类本性和服务提供者形成正确的态度和支持性行为的能力”（Beck，2005）。为了“采取能够激发客户忠诚的服务行为，组织必须首先了解客户真正想从服务交易中得到什么。调查显示，无论行业、产品、年龄、性别或地点是怎样的，客户都追求以下四种特性”（Beck，2005）。

无缝

服务提供者必须有能力去管理幕后的、对客户来说不可见的、能避免客户面对组织多个层级或者复杂过程的服务因素。

诚信

客户希望给他们提供服务的人员很能干并且向他们作出的承诺一直有效。客户希望他们的事情能在第一时间得到处理。如果汽车出了问题，客户希望能够被快速、彻底地修复。

专注

“客户往往希望得到快速的识别，被礼貌相待，受到尊重，这作为客户服务的基本原则已被众多组织所采纳，但是被一些客户称赞的细心周到的服务往往是许多组织所缺乏的”（Beck，2005）。从以往的经验可知，如果有人讲述了自己被销售代表冷落的一件事情，听者经常会回复一个自己经历的更糟糕的“恐怖故事”。

灵活

能够以快速、灵活的方法为客户服务的提供商对于希望得到多项服务的客户很有吸引力。如果有需要，客户也会期待在服务补救方面迅速得到有创意的解决方案。

资料来源：Beck，Todd（2005），“Want loyal customers? Don't stop at satisfaction”，*Customer Relationship Management*，23（8），February，pp. 1－36.

自我检测Ⅱ

1. 客户接触点如何形成积极的关键时刻？
2. 为什么在当今竞争的时代了解你的客户很重要？

1.10 客户关系

如今，由于获取新客户的成本远高于保留现有客户，组织已经清楚地认识到保留客户的必要性。许多组织以前往往只注重个人交易，现在则关注关系营销。如果在不同的互动中对双方都有附加价值，就能建立关系。组织需要建立一个能促使客户与组织之间反复联系、达成交易并最终形成紧密关系的体系。我们将在第3章讨论关系营销的细节问题，并强调与客户建立长期关系的重要性及意义。

小结

本章强调了在当前不断变化的营销场景中了解客户心声、客户关怀、客户所有权、接触点和关键时刻的重要性，也通过公司实例对客户关怀、客户价值和客户拥护等术语进行了解释。在当前竞争的市场中，公司与客户建立长期合作是最强大的生存法则，也是实现双方共同价值的基础。客户关怀的概念紧紧围绕着客户可以帮助公司这一认知，即客户可以通过公司的产品和服务提供满足自身需求和期望的解决方案并最终达成双赢。

关键术语

客户心声（voice of customer） 指企业深入研究消费者的复杂性以期更多地了解他们自身、他们的偏好以及他们的期望。

客户所有权（customer ownership） 客户与品牌之间的理想关系是情感维系，即客户“拥有”这个品牌，或者这个品牌“属于”客户。这种现象称为客户所有权。

客户价值（customer value） 指客户强烈感知到的获得产品的花费与获得产品的有形价值及无形价值之比。

客户关怀（customer care） 是寻求新的客户，提供恰当的服务，然后获得客户忠诚的一个过程。

客户接触点（customer touch points） 客户与企业之间需要互动。无论客户与企业、企业员工、企业的产品及服务，或者其他任何事物接触，都是一次特殊的经历。所有这些接触环节都代表着接触点。

关键时刻（moments of truth） 指客户感受到与组织的互动是良好的还是糟糕的、是建设性的还是破坏性的、是积极的还是消极的之时间点。

客户忠诚（customer loyalty） 如果客户感到满意，并且与企业的每一次互动都是满意的，就会反复从该企业购买产品，这种情形称为客户忠诚。

客户拥护（customer advocacy） 客户拥护超越了客户满意，在这一阶段，客户变成产品/服务的宣传大使，会增加企业的可信度并改善企业形象。

复习题

1. “与客户的关系是现今每一个企业成功的关键。”结合不断变化的客户期望批判地分析该观点。

2. “现在了解你的客户是最明智的生存法则。”结合电信行业的案例论证这一看法。

3. 解释客户价值创造对客户忠诚的重要性。

4. 结合任一企业案例解释客户关怀的三阶段过程。

5. 解释关键时刻的质量对于创造客户价值的重要性。

案例作业

认真准备有关银行领域的项目，列举当前银行可能使用的所有的关键时刻。此外，对国有银行和民营银行所使用的关键时刻做对比分析。

延伸阅读

■ Dyche, Jill (2007), *The CRM Handbook: A Business Guide to Customer Relationship Management*, Pearson Education.

■ Sheth, Jagdish N; Parvatiyar, Atul and Shainesh G (2003), *Customer Relationship Management Emerging Concepts, Tools and Applications*, Tata McGraw-Hill.

■ Nath, Dhruv (2005), *The Nuts & Bolts of CRM*, Tata McGraw-Hill.

第2章 客户生命周期和客户终身价值

学习目标

学习本章后，读者将会理解：

- 在客户和组织间建立互利互惠关系的市场营销理念的重要性
- 实现以客户为中心的价值创造的贡献
- 客户生命周期的不同阶段及其在选择合适的市场营销策略中的应用
- 客户终身价值的概念及其战略意义
- 客户终身价值的计算模型及其改进方法

2.1 概 述

过去，公司要么关注成本管理，要么关注收入增长。成本管理的目标是降低单位产品成本，收入增长的目标则是努力提高销售额。如果公司只关注其中的一个目标，就会自动失去另一个。如果公司只关注收入增长而不注重成本管理，就不可能获得最大的利润。获得盈利和持续发展这两个目标并不是相互排斥的，而是相互补充的。

如今，当公司意识到一切以客户为中心的重要性时，不得不仔细地研究客户信息及其潜在价值；当公司通过利用多接触点、启动产生客户忠诚的计划，以及借助市场调研和研究等手段获取客户心声等一系列做法与客户接触时，同时关注合适的细分客户和确定合适的客户接触时间就变得不可或缺了。为了增加盈利，公司一定要合理地分配资源和投入，提高营销创新和产品战略的有效性。为了提高有效性，了解和谁沟通、在什么时间沟通、沟通什么内容以及怎样沟通，并且安排好所有与客户接触的时间显得尤为重要。了解客户生命周期进而培养对于客户新的需求的预测能力也十分重要。掌握客户终身价值的知识能够使组织针对某一细分市场制定营销战略，并实现投入和产出的平衡。在本章中，我们将介绍客户生命周期和客户终身价值的概念，这是包括制定收购决策、进行客户细分和设计忠诚计划在内的许多市场营销战略的基础。

2.2　市场导向

向客户传递价值和为组织赢得利润是任何市场营销战略的两个密不可分的目标，这两个目标只有齐头并进才能让组织得以生存和成功，并且可用任意一种流行方法创造出新产品和服务。流行的方法包括生产导向方法、产品导向方法、销售导向方法以及营销导向方法。

生产导向方法意味着组织关注优化生产能力和实现资源的最佳利用。在这一方法中，理所当然地认为组织的产能就是客户的需要，产品供给不需要考虑客户对产品的期望。

产品导向方法只关注开发最好的产品而不是客户想要和期望的产品。它一味强调改进产品的质量和功能，忽略对不同细分市场需求的调查，导致营销短视，即只关注提供最好的产品而忽视客户价值。人们猛烈地抨击这种方法，因为它极易导致出现失败的产品，尤其是在拥有众多竞争者的完全竞争市场中。

销售导向方法只有一个关注点，那就是销售组织生产出来的任何东西，而不在意消费者的需要和期望。这种方法在消费者只有有限选择的垄断市场和垄断竞争市场上也许会成功。例如，在印度的电信、零售、银行和保险等完全竞争市场上，公司必须以客户为中心；但是在印度的公共交通系统，尤其是铁路领域，则是一种几乎不存在直接竞争的垄断状况，可以采用销售导向方法。

营销导向方法意味着，组织首先要倾听消费者的声音，然后根据消费者的期望来提供产品。组织决策以消费者需求为依据，而不是以组织认为的什么对消费者有益为依据。这种方法是公司在客户有太多的选择、客户忠诚很难形成的情形之下获得成功的关键。

公司在许多业务上开始采用更加注重营销导向的方法，因为消费者变得更加苛求和博学，并且期待更多的产品种类和更好的产品质量。为了竞争和生存，这些业务必须更好地迎合客户的需求，否则就会在竞争中失败。组织必须兼顾商业目标和以客户为中心。实际上，在营销导向中，就连组织目标的制定也考虑了客户的需要和期望。客户和组织的目标协调使双方都获得价值的增加，形成一个互利系统，最终使双方受益（见图 2—1）。当客户获得价值的提升时，组织不仅获得了良好的公司形象，而且获得了更强的盈利能力和可持续发展能力。这为与客户建立长期互利关系奠定了基础。有趣的是，在创建互利系统时，组织遵循的商业道德扮演了一个非常有益的角色。因此，促销信息、价值体系和组织道德等分享给客户的信息具有透明度，促成了客户和组织双赢局面的出现。

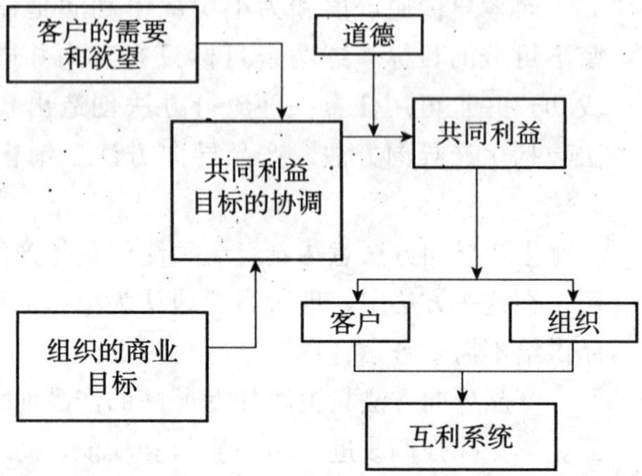

图 2—1　互利系统

客户的需求、愿望、要求、期望与组织提供的产品、产品质量、价值体系、商业伦理和关键时刻的共性越大，客户关系的基础就越稳定。而这一基础又可以增加客户接触、提高客户价值（见图 2—2）。而且，这一基础可以通过经常性反馈、意见、建议获得客户评价结果并加以实施，以持续创造价值的方式得到巩固。

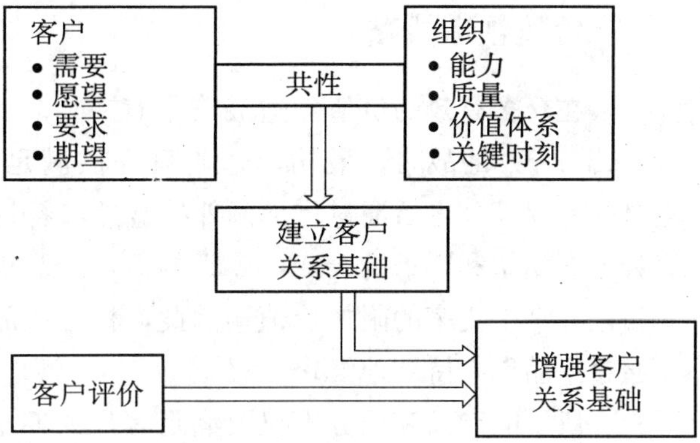

图 2—2　市场导向——客户关系基础的建立

2.3　价值创造

价值创造过程是以客户为中心的一个重要组成部分，因为它将组织的商业目标转化为具体的行动以实现为客户创造和传递价值。

随着从生产导向到产品导向、销售导向和客户导向的逐步转变，为客户创造和传递的价值也在增加（见图 2—3）。客户价值创造能带来持续的竞争优势。由于它对战略的贡献，企业界极少在是什么构成了"客户价值"方面产生争论。不过，企业仍需要足够详细地说明所想创造和传递的价值，以帮助清楚地界定要给具体的细分市场乃至利基市场传递什么价值。价值创造过程可以为目标客户带来客户终身价值最大化。

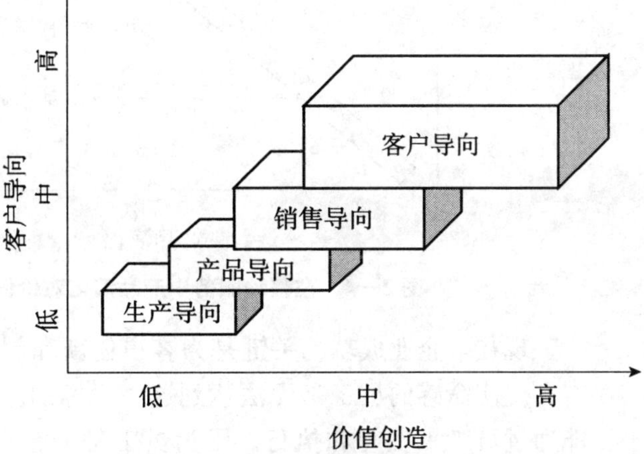

图 2—3　价值创造和客户导向

价值创造战略

在众多有效的价值创造战略中有一个名为**“产品演化”**（product evolution）的战略。最初，企业只提供满足必要的、基本的需要的“核心产品”，之后通过增加额外的益处和特性而升级为引申产品。随着客户期望和要求的改变，今天的引申产品也许会成为明天的核心产品，并带来更多的附加价值。因此，核心产品和引申产品的概念需要通过产品创新持续地演化。

研发的产品和服务不仅要满足客户的期望，而且要超越它们，这是增加价值的不二法则。每个客户都会真心地喜欢性价比高、值得信赖、在市场上最畅销的产品。如果一家公司能以很小的额外成本提供真正满足客户个性化需求的产品和服务，给客户带来的价值就会比竞争对手的更高。为客户提供非凡的价值并满足他们的需求是每家公司的任务。通过创新性的产品和服务，公司得以在市场上有优秀的表现，从而与客户建立长期关系而不必担心客户流失。价值创造需要与每一个客户密切联系以便理解他们独特的需要，进而尽可能地提供最好的、最耐用的产品，最终实现组织的成本收益和利润目标。

例如，在移动电信行业，手机从仅仅提供基本通信服务的语音交流设备，转变成为一种消费者必备的品牌商品，除了提供许多增值服务（value-added services，VAS）之外，还提供许多新增功能，比如网络连接、移动银行、在线游戏、移动商务（见图 2—4）。

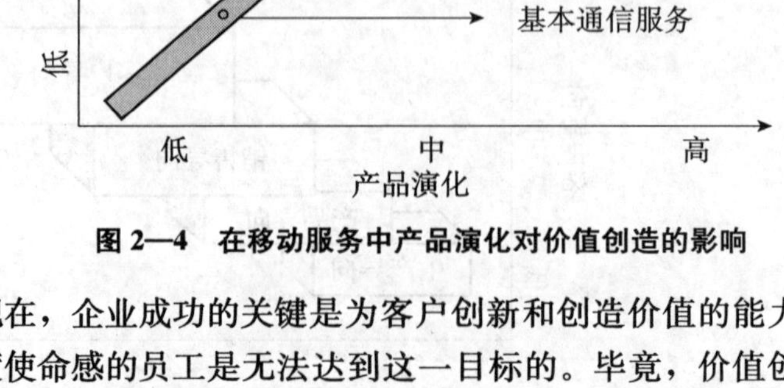

图 2—4 在移动服务中产品演化对价值创造的影响

现在，企业成功的关键是为客户创新和创造价值的能力，然而没有高度使命感的员工是无法达到这一目标的。毕竟，价值创造过程只能通过员工来发起和执行。因为员工是为客户创造价值的关键资源，所以组织为了创造价值，必须在五个关键领域培养员工的使命感。五

个关键使命模型（Five Key-Commitments Model）讨论了对于自我、人、任务、组织和客户的使命（见图 2—5）。“自我”的使命涉及员工理解其角色和责任以及加入组织后的目标。而且，我们期望员工能够爱岗敬业并建立一个持续发展的目标。“人”的使命意味着一个员工作为团队成员和激励他人的领导者的角色，需要一定的情商和社交能力来理解不同情况下的团队动态。理解和欣赏同事、下属和上级对于形成这一使命是必要的。“任务”的使命需要员工理解他所处的层级位置，明确岗位说明和工作要求。员工需要掌握必要的技术能力、管理能力、行政能力、人际交往能力来履行任务使命。除此之外，价值创造还与“组织”的使命相关，这需要员工尊重组织的愿景、使命和目标，同时从宏观的角度理解他所在的组织对于社会和国家的责任。这一承诺在很大程度上可以通过高层管理人员的行动实现，例如通过正式的或非正式的交流渠道在员工中传播公司的愿景和使命，说明公司对社会责任的使命以及公司所持有的道德和法律观念等。

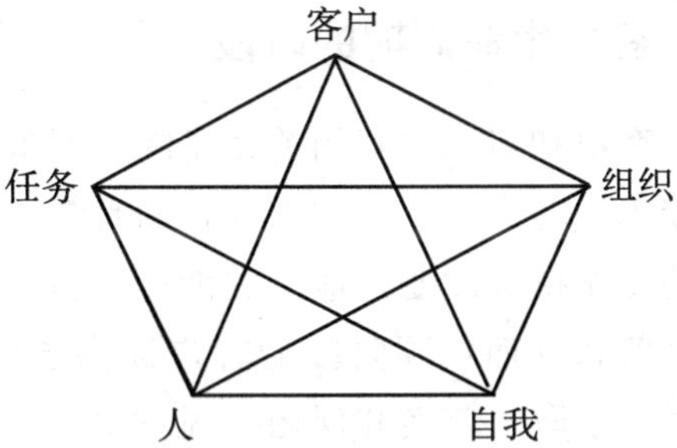

图 2—5　价值创造的五个关键使命模型

其他四种使命为员工履行他们对客户的使命提供了框架，因为它们将在组织中创造有益的环境来促进协同和协作关系的形成。而且，它们将进一步提高公司内部跨职能整合流程和系统的质量。不仅如此，这些使命还将促使员工成为组织高质量的接触点，提高与客户交流互动的质量，从而创造有益的关键时刻、为客户提供更高的价值及提升企业盈利能力。客户不仅期望在购买产品时获得附加价值，而且期望在与组织的联系过程中获得附加价值。在客户与组织联系的不同阶段，价值创造的方法和策略都必须与客户的期望和要求相匹配。

2.4　客户生命周期

客户生命周期（CLC）是一个个人或组织从被关注到成为客户，

再到最终成为一个组织长期保留和维护的对象的过程。客户受许多外生因素和内生因素的影响，在生命周期不同阶段的行为是不同的。个人或组织如果感知到从购买中获得的价值比为产品或服务付出的代价更高，就会成为客户。然而，只有当客户感知到这种价值时，企业与客户之间的联系才会转变成一种关系。这一概念已经超越了基本的产品和服务销售。客户在多次消费产品和服务及提出服务要求的沟通中有不同的体验，这可能促使客户忠诚或者导致客户流失。如果客户对大多数互动都是满意的，那么即使竞争对手有吸引力，客户也会持续使用原来的产品或服务。为了保证客户不受市场条件和竞争者持续有力的营销轰炸的影响，将客户变为忠诚客户并进而变为组织的拥护者尤为重要。我们将在第 5 章详细讨论忠诚管理和为培养忠诚而开展的各种组织活动。

使用客户生命周期方法，组织不仅要关注销售业绩，而且要为实现客户保留目标抓住每一次与客户互动和接触的机会。

客户生命周期的阶段

客户和组织之间的关系是随着时间的推移而演变的。潜在的新客户和忠诚客户有不同的需要，而且在一段时间里随着他们与组织的关系的变化持续改变，他们的期望和行为模式也会改变。客户生命周期为理解和管理不同阶段的客户提供了框架。这个框架分为四个阶段：到达、获取、转换和保留（见图 2—6）。这为理解与不同阶段的客户进行交流互动时应采取不同的战略要求提供了框架。

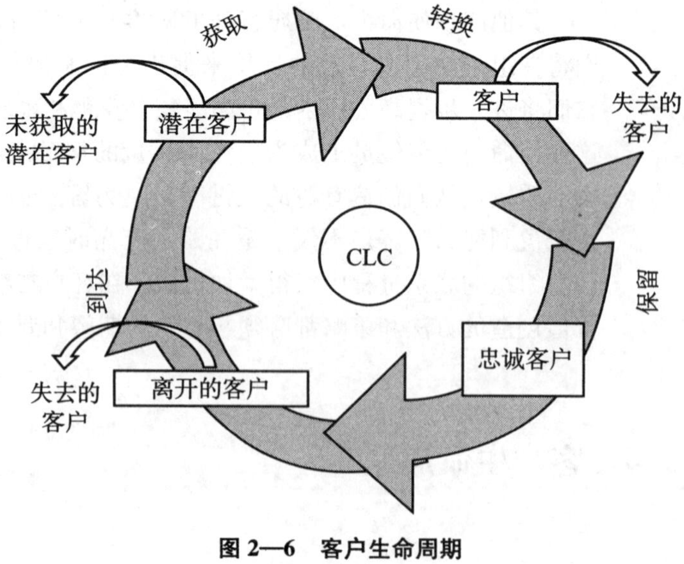

图 2—6 客户生命周期

到 达

到达是指获得潜在客户关注的过程。它能够通过多种促销活动和接触点实现。这是与潜在客户接触的第一阶段，也是建立客户生命周期下一阶段的基础。浏览组织的网站、观看街道上的广告牌、阅读促销短信或任何形式的广告，都是组织扩展到达客户的范围的方式。

组织采取多种手段来提高到达量。但是，市场中充斥着太多的促销信息，以至于客户都尽可能忽略它们。因此，创新性的到达手段十分必要，它必须能够与潜在客户建立更广泛的联系，还要能有效地激发客户的兴趣。在肥皂剧或电影等娱乐载体中植入产品广告就是新型的、有效的到达手段的实例。有时，营销人员借助电影中有关产品的故事主线和对话来发布新产品。例如，玛鲁蒂铃木公司通过“Buntyaur Babli”这部影片宣传奥拓汽车，从而迅速地将发布的信息传达给客户。由于大多数客户使用搜索引擎上网浏览产品，众多公司利用搜索引擎优化工具优化自己的网站，来赢得和维持在搜索引擎（例如谷歌）中靠前的排名。随着 Facebook、Orkut、Twitter 等社交网站的出现，营销专业人士开始利用这种朋友间交流的强大力量，并形成连锁反应以接触到最多的甚至超出原定目标的潜在顾客。这些网站在促销活动尤其是新产品发布或品牌重建的助力下成为一个在市场中制造舆论的有效平台。

“到达”可以用多种参数来衡量，例如：

- 公司网站访问者的数量；
- 公司在报纸上发表的新文章的阅读人数；
- 户外广告牌的观看人数；
- 公司电子新闻的订阅人数；
- 刊有公司广告的报纸或杂志的阅读人数；
- 促销短信的订阅人数；
- 公司电视广告的观看人数；
- 多品牌零售店的来访者数量。

上述每个参数都看似简单却又难以评估和测量。任何一家移动通信公司都可以说出促销短信的订阅者有多少，任何一份杂志或报纸都知道自己有多少读者，任何一家多品牌零售店都知道每个星期或每个月来访者的数量。

但是没有哪个组织能够确定有多少人阅读了短信或电子新闻中的广告。即使客户收到了短信或电子新闻，怎么知道他们是否打开看了？要精确地得到这些数据几乎是不可能的。

这就是到达很难量化的原因。不论公司的网站分析解决方案或者其他评估工具多么有效，没有人知道有多少人真正阅读和思考了这些促销信息。不过，到达与获取是相关联的，虽然阅读信息的人数不能测算或评估，但是这个数值可以通过获取人数的百分比来估计。

获 取

如果说到达是企业获得潜在关注的可能性，那么获取可以定义为组织获得关注的有效性。因此，获取是获得潜在客户的回应，形成各种类型的交流互动，但不一定导致购买。潜在客户对促销短信予以回复，在公司网站上填写在线表格，打电话给客户中心询问产品特性，在零售店观看产品演示，试驾一辆新推出的汽车，参观房地产公司的样板间，这些都是从到达潜在客户到获取潜在客户的转变。

曾有许多人认为获取不总是会导致像购买这样的后续行为。但是，如今人们认为在获取阶段潜在客户会从事某些活动，这些活动可能将客户互动转变为公司的价值增加。因此，可以认为获取是一种回应行为。假如通过接触点能够理解客户的要求和期望并提供适当的解决方案，获取的潜在客户更有可能转变成真正的客户。

转 换

获取的潜在客户通过产品或服务的交换过程转变成真正的客户，这个过程给交换双方都带来价值。转换是获取的客户转变为实际客户的过程。获取的客户与组织之间的互动导致产品或服务的交换，进而促成组织与客户之间关系的建立。同时，这个阶段对组织收入的增加和客户基数的扩大有明显的贡献。

将获取的客户转变成实际客户对于任何一个市场营销人员来说都是最困难的一步，因为它受到许多因素的影响，例如，客户的心理特征、个性因素、客户在购买前的行为和接触点的品质等。此外，对不同的产品类别，在转换阶段可能需要采用不同的战略，比如相对于低卷入度的产品类别，高卷入度的产品类别需要组织对客户进行更多的劝说。分析和改进销售渠道的过程中涉及转换的流程，能够帮助公司改进接触点、修订市场营销计划，进而提高客户购买意愿、达到更高的转换率。这是一个双赢的局面，因为它使客户满意并且增加了公司收入。

当市场上有很多竞争者，而且每个竞争者都想赢得客户时，需要采取有效措施将潜在客户转变为客户。公司从一开始就要策划好自己的行动，并且必须把客户需要放在首位，而不是仅仅关注如何销售产品。在客户与公司达成一次交易以后，公司应该通过向上销售（upselling)、交叉销售（cross-selling）以及促进客户保留的方式获得附加价值。组织可以通过实施有效的商机管理和销售管理来提高转换率。利用由权威机构颁发的证书、客户反馈和推荐、名人代言等方式可增加产品/服务/组织/品牌的可信度，这些方式产生的影响应该被公司认识并且引发客户重复购买。除此之外，为了促成转换，公司应该使其产品比竞争对手的更有吸引力、更难以抗拒。

保　留

客户生命周期中的到达、获取和转换阶段是资源密集型的，需要消耗大量时间和精力，但在最后阶段，组织需要关注维护关系和保留客户。要将客户转变成忠诚客户，需要很长一段时间来保持客户满意度，并确保客户和组织双方的价值增加。这一阶段的关注点应该放在售后服务以及理解与满足客户的新期望和新要求上。

> 如果你令满意度只达到99%，一百万宗交易就意味着一万个不满意的客户！
>
> ——佚名

已有的研究表明，与新客户相比，老客户总是能够带来更高的收益，因为维持老客户的成本显著低于获得新客户的成本。因此，组织应该意识到自己需要在老客户身上付出持续的努力，这在当今竞争激烈的环境中不是一项简单的任务，因为高科技使得竞争对手甚至是很小的竞争者都可能挑战庞然大物。如果公司销售一种产品或服务并且在市场上占据领导地位，明天就有人制造更创新的、技术先进的和价值驱动的产品或服务。除非所提供的产品和服务差异化程度高并且有很好的口碑，否则客户常常有转换的倾向。

> 众多公司花费数百万去吸引它们并不了解的新客户，却几乎不做任何投入去保持老客户，这常常让我感到非常震惊！要我说，二者的预算应该互换！
>
> ——托马斯·彼得

在产品生命周期的每一个阶段，都有一些客户因为各种原因离开，例如，新竞争者的加入、已有竞争者的市场营销计划、客户的品牌摇摆行为、对公司的产品或服务不满意、竞争者的促销活动促成的冲动性购买、高要求客户的猎奇行为。无论如何，组织都要管理客户的忠诚以阻止离开和变动现象的出现。随着时间的推移，忠诚客户不仅将传播积极的口碑，而且会成为产品的提倡者而形成客户拥护。

关于背叛

背叛是指丢失客户的过程，这是一个连续的且不可避免的过程，在客户生命周期的每一个环节都会发生。无论如何，公司都必须尽力将背叛率保持在一定限度以下，从而确保市场份额不发生变化。背叛不应该导致大量客户转向竞争对手，从而减少市场份额并威胁公司生存。背叛可能由于以下原因而产生：

■ 新竞争对手的进入，他们带来具有新技术和创新特色的产品，并且通常借助十分激进的促销活动和赠送活动进入市场，这些活动往往以高曝光率轰炸市场并且获取客户的高度关注。

■ 现有竞争对手的极具吸引力的促销计划。

■ 产品缺乏差异性和独特性，尤其是在客户参与度低的产品类别上。

■ 过时的产品或服务以及公司在迎合客户不断增长的预期方面的失败。

■ 现有竞争对手使用新技术和产品创新策略。

■ 竞争对手通过激进手段掠夺高价值客户。

■ 有些具有品牌摇摆行为的、猎奇的客户喜欢尝试新的、不同的产品。

■ 随着有组织的大型零售商场的出现，客户逐渐向冲动性购买转变并且往往放纵自己购买一些计划外的东西，而这在传统的私营小店等购物环境中是不常见的。

■ 由于一些原因无意间失去客户，比如没有效率的接触点、对客户不关心、不友好的员工、投诉管理系统的缺陷、计费纠纷、没有效果的流程和系统。

■ 公司有意放弃一些客户，特别是那些低价值的客户。

> 相比于企业内部无效的、无礼的和不良的服务，外部竞争对手反而没那么可怕。
>
> ——汤姆·彼得斯

因此，公司应该意识到客户背叛的原因，在客户背叛率上保持严格的警戒，并且准备好应对背叛率上升的措施。公司应该将背叛的客户当成公司的潜在客户，并努力地把他们争取回来。

客户生命周期营销

客户生命周期作为一个高效的平台，可以帮助创建市场营销战略并实施一系列的市场营销计划。采取什么样的市场营销计划取决于处在客户生命周期的什么阶段（见图 2—7）。

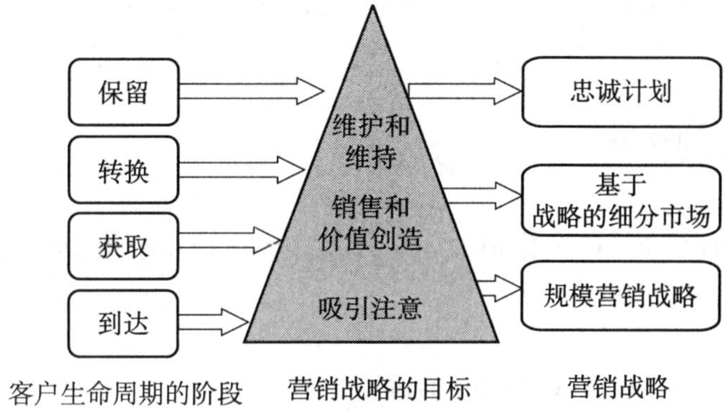

图 2—7　客户生命周期营销

由于在到达阶段的目标是吸引大量潜在客户的注意，因此应该选择拥有广泛观众和读者的沟通媒介。公司在这个阶段的重心是大规模营销，以创造产品和服务最大限度的可见性，因此媒介的选择应该基于其冲击效果。此外，信息传递的频率也要足够高，以便促使潜在客户达到极高的关注度和回忆度。

此外，在获取和转换阶段，客户已经对产品或服务表现出了一定的兴趣，这时最重要的因素是组织的这样一种能力——理解客户的真实需要和要求并且为客户提供适合的解决方案，从而最终促使他购买产品。在这些阶段，公司必须提供细分的方案，因为每一个目标细分市场可能有独特的需要。例如，在房地产领域，组织需要鉴别不同客户的购买力从而提供不同的解决方案，比如提供简单的公寓或者豪华的别墅。要在这个阶段成功地把潜在客户转变成真实的客户，依赖于接触点的质量、有效的商机管理、销售管理和销售队伍的说服力，等等。

另外，在保留阶段，提升客户对产品或服务的价值认知以及总体体验从而降低背叛率是很有必要的。营销计划很大程度上以忠诚计划和保留策略为核心，需要持续掌握客户的满意度并且通过反馈系统以及周期性的市场调查来获取他们的意见。在这个阶段，倾听客户心声是必不可少的。最好定期评估已有的投诉管理系统、服务交付机制和忠诚计划，来了解效率、效果和价值创造方面的情况。

自我检测 I

1. 什么是客户生命周期？列出它的不同阶段。
2. 列举增加到达量可采用的措施。

3. 如何提高从潜在客户到客户的转化率?

4. 讨论客户生命周期对于形成营销战略的重要性。

公司案例

Healthy Choice 品牌怎样利用 Facebook 增加与潜在客户的接触

总结

客户：Healthy Choice 品牌

www. facebook. com/healthychoice

目的：增加连接到公司 Facebook 页面的人数，增加接触，提升品牌知名度。

解决方案：设计一种增值优惠券，如果有越多的人点击以示喜欢该品牌并报名获取该优惠券，那么它的价值就会越高。通过积极的参与、Facebook 的广告和邮件交流推进该活动。

核心课程：

- Facebook 的点对点交流能够扩展促销活动的范围，超出最初的目标受众。
- 目标市场选择使得各公司能够在一个营销活动中同时到达现有客户和潜在客户。
- Facebook 是一个有效的平台，能发起优惠券活动从而支持一款新产品的发布。

企业背景

Healthy Choice 是一个倡导健康生活方式的美味冷冻食品品牌。生产的食品迎合那些希望享受健康、美味、方便且物有所值的食物的人群。这个品牌已经有 20 年的历史，属于康尼克拉食品公司（ConAgra Foods）。康尼克拉食品公司拥有超过 50 种面向消费者的产品，包括冷冻食品、甜点以及食品原料。

目标

Healthy Choice 品牌的 Facebook 活动的主要目标是接触消费者并增加公司 Facebook 网页的访问人数，这种免费开放的形象页面使公司能与 Facebook 用户不断地分享业务和产品信息。这个品牌有一个大约 7 000 人的活跃的社区，使得 Facebook 成为一个展示和改进新的午餐主菜系列的理想平台。

另外，公司希望通过 Facebook 社区来分发优惠券，从而提高有价值的品牌声誉。“如果我们总是从 Facebook 社区和外部现实社区中听到同一件事，就表明价值是王道。”康尼克拉公司社会媒介主任吉纳维夫·马泽奥（Genevieve Mazzeo）解释道，“我们正在寻找一种独特的方式来将价值传递给客户。”

> 我们希望创造一些口碑，也确实创造了，并且做了一些与众不同的事情。
> ——康尼克拉公司社会媒介主任吉纳维夫·马泽奥

方式

Healthy Choice 品牌决定使用公司的 Facebook 网页来分发略作改变后的优惠券，同时通过状态更新、社区、Facebook 广告活动加以宣传。公司给 Facebook 用户提供一种可以增值的优惠券。虽然消费者得到的优惠券的数量有限，但是当越来越多的人在 Facebook 上申请该优惠券时，其价值将会增加，从 0.75 美元上涨到 1.50 美元，再到买一送一。这就鼓励用户在自己的 Facebook 社区分享优惠券信息，从而使得 Healthy Choice 利用了 Facebook 提供的点对点病毒式促销。

Healthy Choice 在公共关系公司 Ketchum 的支持下使用 Facebook 本身的沟通工具，将关于优惠券的消息发布给现有的社区成员、已经与品牌有密切关系的博主，以及邮件数据库中的人群。这次的范围拓展建立在前期由公司执行的优惠券派发的基础上，并允许博主代表品牌进行网络传播，同时也到达 Healthy Choice 产品现有的消费者。

Healthy Choice 品牌发布了两个系列的 Facebook 广告。从 2010 年 10 月 12 日开始，Healthy Choice 品牌发布了一个星期的高端及普通广告，另一系列的高端广告的发布时间是从 10 月 20 日到 22 日。这些广告发布了可以增值的优惠券的消息，然后吸引人们访问 Healthy Choice 的网页，在这个页面上他们可以点击“喜欢”按钮来申请优惠券。

Healthy Choice 品牌利用 Facebook 匿名的、整合的资料去定位自己的目标受众。它不仅能够触及已经成为公司消费者的人群，而且能发掘那些可能成为客户的

人群。这通过两个关键的目标细分得以实现：以健康饮食为关键词，例如蔬菜、健康生活、健康美食、沙拉；以便利为关键词，其中包括一些很流行的、更健康的快餐品牌。除此之外，公司以年满 18 周岁的女性为目标，并且不限具体的地理位置以获得尽可能多的目标群体。

当优惠券达到最大价值时，Healthy Choice 品牌调整广告内容，以提醒人们优惠券已经达到买一送一的优惠标准并鼓励他们申请。

对于 Healthy Choice 品牌来说，人们传递可增值的优惠券的相关信息很重要，这些优惠券被设计成可以共享的形式。“那就是驱动社交媒体的根源，”马泽奥解释道，“你想得到授权，并把有价值的内容带到你的社区。”在 Facebook 上，人们可以通过访问公司的网页直接或者间接地提升 Healthy Choice 这一品牌。这种真实的、点对点的促销使公司到达更多的人群，同时产生更高的品牌知名度和品牌价值。

结果

● 在 2010 年 10 月 12 日活动开始的当天，大约 6 800 人浏览了 Healthy Choice 品牌的 Facebook 网页。两个星期后，大约 60 000 人浏览了网页，浏览量增加了 8 倍多。

● 访问 Healthy Choice 品牌网页的用户增加了三倍。现在，每个来自 Healthy Choice 品牌的新邮件会产生比优惠券活动前多三倍的回复。

● Healthy Choice 品牌分发了 50 000 份优惠券。

● 除了 300 万次一般广告和品牌驱动广告的点击量外，其他广告的点击量达到 1 100万次，广告的参与率是 0.261%。

● 在申请优惠券时，用户还有机会注册 Healthy Choice 电子邮件新闻通讯，事实上有 60%的用户选择将自己加入邮件列表。“这个数值高于邮件获取活动结果的平均值，在不是专门的邮件获取活动中，这真是一个出乎预料又令人兴奋的结果。”马泽奥解释道。

● 公司的增值优惠券活动使交易范围明显扩大，并且在 Facebook 之外形成热议，2010 年 11 月 1 日《广告时代》（*Advertising Age*）上刊登了一篇关于优惠券东山再起的文章。

未来

通过优惠券活动，Healthy Choice 品牌在其 Facebook 社区里引发了兴奋、热烈的讨论。公司积极地维持这一讨论，倾听客户心声并予以回复，通过客户参与来帮助提供更好的产品、服务和价值。Healthy Choice 品牌将 Facebook 视为未来的商业合作伙伴。“我们正计划许多令人兴奋的事情，涉及从不同的降价幅度到在我们的社区里分享新闻的方式，我们正努力成为一个伙伴。”马泽奥说，“Facebook 为品牌提供了一个难以置信的机会——客户就在那里！”

资料来源：http://ads.ak.facebook.com，last accessed on May 27，2011.

现代汽车如何通过多元测试增加62%的试驾需求

作为韩国汽车巨头的现代汽车公司不仅仅制造精心设计的车，同时也有精心设计的互联网战略。在荷兰市场，他们聘请Traffic4U来优化其引发商机的页面的转换率。Traffic4U是一家经验丰富的、国际化的网络营销代理，专注于结果驱动的网络营销，并且选择“可视化网站优化器”来测试并优化现代汽车的荷兰网站。

> 什么是可视化网站优化器
>
> 可视化网站优化器是一个易于使用的A/B测试工具，特别适合点选式测试设计者和所见即所得编辑者创建测试模型。这个工具适合市场营销人员使用的极其简单的分割测试软件，借助创新的“tag-less”集成方式大大缩短了从完成A/B测试至投入使用的时间，还可以让IT网页开发部门省掉一次次反复上传代码段的麻烦。
>
> 可视化网站优化器也是基于全因素方法论的多元测试软件，也就是说，无论转化率优化项目需要哪种测试（A/B测试、分割URL测试、多元测试），都可以使用这个工具。如今，数千家企业和中小型公司都使用可视化网站优化器优化访问页面，增加网站销售量和提升转化率。
>
> 资料来源：http：//visualwebsiteoptimizer. com，last accessed on May 27，2011.

在这个案例中，来自Traffic4U的扬科·克金斯特（Janco Klijnstra）解释了可视化网站优化器是怎样使现代汽车网站的转化率的增幅达到62%的。

现代汽车公司的网页上显示了所有车型，人们可以在网上申请试驾并下载宣传册。这些页面主要靠付费广告活动获得流量。为了最有效地利用这些流量，现代汽车公司和Traffic4U一起对所有车型的页面进行多元测试。

现代汽车公司希望通过测试实现以下几个优化目标：

- 主要目标是让人们获取宣传册和提出申请试驾。
- 次要目标是掌握从汽车网页到相关页面的点击情况。
- 为了核对，参与的情况也被测量。

为什么要进行多元测试

A/B测试与多元测试的主要区别在于：在A/B测试中各种变化只限于单一测试模型，而在多元测试中每个变化都会生成一个新的测试模型。如果你在测试一个网页时有许多想法，那么多元测试将会很有用，因为它可以准确地告知公司哪些变化会影响转换率，哪些则不会。

现代汽车网站的汽车页面上有许多不同的元素（标题、图片、描述、证明文件等），所以进行多元测试以了解哪些元素会影响访问者决定要求试驾或下载手册是非常必要的。

测试什么

Traffic4U进行一个多元测试并决定对网页的以下部分创建测试模型：

● 新文本（对搜索引擎优化（search engine optimisation，SEO）友好）与控制文本：这里的设想是，如果把普通文本变成对 SEO 友好的文本并且不影响转化率，就可以做永久的改变以获得 SEO 优势。

● 额外调用操作按钮与没有额外调用操作按钮：这里的设想是，额外调用操作强调了期望的操作。

● 大幅汽车图片与缩小的图片：这里的设想是，大幅图片可以吸引访问者并且使他们确信所浏览的网页是他们所想看的网页。

这个多元测试一共产生 8 种排列组合（3 个部分，每个部分 2 种测试模型，总共是 2×2×2=8）。

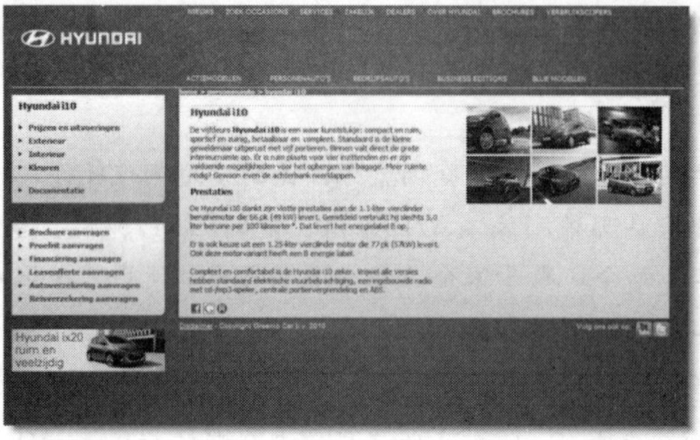

结果——哪个测试模型最有效

这个多元测试的结果是显著的。其中一个测试模型使转换率的增幅达到 62%（要求试驾或下载宣传册），而且从第一步到第二步的点击率也惊人地增加了 208%。你能猜到这 8 组中哪一组的转换率增加了吗？

是 SEO 文本、额外操作的按钮和更大的图片的组合创造了奇迹。Traffic4U 准确地作出这三大改变令人惊讶。下图显示了这个测试模型：

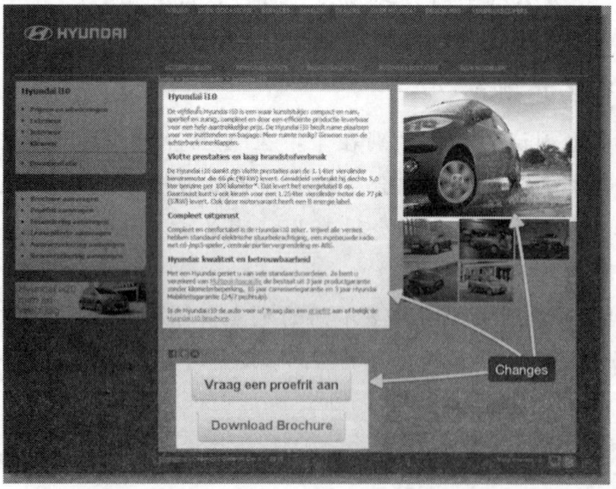

最佳变动（以增幅62%领先）

多变量测试的效果十分显著，在年度Which TestWon评比中获得了银奖。

可视化网站优化器的价值及从中获得的经验

Traffic4U使用了大量启发法和最好的实践经验设计出这种测试模型（更大的图片和清楚的调用操作按钮等）。这个测试表明，进行正确的多元测试可以印证那些最佳做法。增加SEO文本有可能增加流量，但会降低转化率，通过多元测试或A/B测试可以很容易地解决这个难题。

如果Traffic4U被问及对可视化网站优化器的评价，它会说："可视化网站优化器很有价值，因为它使作为代理商的我们可以创建自己的测试模型，测试一组网页和衡量不同目标。同时，分析插件对市场细分分析也很有帮助。"

这个案例研究有助于分析像现代汽车这样的大公司如何与像Traffic4U这样的专业转换率优化经销商合作，通过多元测试来增加诸如要求试驾和下载宣传册等商业指标。如果它对现代汽车有效，那么对其他任何机构也同样有效。

资料来源：http：//visualwebsiteoptimizer. com，last accessed on May 27，2011.

2.5　客户终身价值

关系营销的概念和它在这一领域的应用已经改变了组织对客户的看法，它们努力去获得和长期保留客户。现在组织关注的是客户的整个生命周期，而不是分散的互动。

这使得组织希望知道客户关系所能带来的财富价值，以便决定获得和保留客户所付出努力的程度。管理者希望更加确切地了解管理客户关系的方法以及区分盈利客户与亏损客户的手段。交易营销被关系营销所取代，使得管理者要找出发现客户经济价值的新方法，这就要求同时考虑来自客户的关系利益和财务利润。

客户终身价值的定义

客户终身价值被定义为在客户整个生命周期中全部支付净额的折现值。客户关系被认为是一种投资，获得一个客户就像是获得一个新的资产，它在未来能够带来利润。然而，关系需要花费费用去维护，因此未来全部的收入和费用都需要进行估算以评估客户终身价值。简言之，客户终身价值是公司客户未来所有购买带来的收入减去因该客户发生的费用后余额的折现值。

通常，客户终身价值通过预估该客户未来的全部购买量，再转化为折现值来计算。了解客户终身价值对营销战略制定有极大的帮助。

客户终身价值的应用

客户终身价值中的信息是营销战略制定的一个重要输入，特别是在细分、选择、保留客户和一般意义的关系管理上。由于它体现了关系回报中的财务结果，因此有助于营销投入得到更好的回报。

资源分配

组织通过给特定的客户和细分客户分配恰当的资源，能够很好地定位客户进而带来长远的利益。组织能够提供更多的成本获取那些预期有很高客户终身价值的客户。

例如，有一个学生是电信运营商的客户，虽然该学生在短期内不能给电信运营商带来利润，但是具有很高的客户终身价值。服务提供商争相给这样的客户提供特别优惠，以期他们在未来能够带来很高的利润并且成为效果更好的新技术和服务的应用者。客户终身价值是从客户身上获得的所有预期利润的折现值，在战略制定上的指导作用优于当前收益。

客户选择

客户终身价值经常作为获得客户所需花费的上限。如果从客户关系上能够获得的预期现金流的折现值是 1 000 卢比，那么这家公司获取这个客户的花费不能超过 1 000 卢比。同时，公司也应该准备好投入更多的费用来获得那些可能带来更大现金流的客户。

已获得客户的终身价值是影响决策的一个重要因素，但并不是唯一因素。对特定细分客户群的获取也会影响现有客户的终身价值。因此，获取客户方面的决策除了考虑客户终身价值外，还要基于更宽泛的品牌认知和形象。

客户细分

客户可以以客户终身价值为基础进行细分，而这个细分可以成为不同市场营销和服务计划的重要标准。根据基于客户终身价值的客户档案可以给客户提供特定的产品和价格类型。

例如，在银行和保险行业，会给净资产高的富人提供特定的产品和服务。在竞争激烈的电信行业，会给特殊的细分客户群提供特别的费用计划，以便推荐可带来更高价值的服务，进而长期保留客户。忠诚计划的会员以及所提供的折扣和收益也是基于不同的细分而设定的。

以客户终身价值为基础的忠诚计划和市场营销计划是可持续的，并且在单个客户层面是有利可图的。

合并和收购

大多数的合并和收购决策都基于被收购公司的财务报表。然而，财务报表有两个主要的缺点。一是，它们代表着过去的业绩并且不能确定任何未来的前景。二是，无法通过财务报表洞察客户基数和潜力。收购最终意味着对被收购公司的客户基数的收购，进而使得基于该客户基数的客户终身价值而制定的战略决策更加准确，因为它反映了被收购公司潜在状况的最真实的一面。

客户资产

客户资产（customer equity，CE）是在一个特定的计划时期内从客户及未来客户身上获得的折现现金流的总和，可用来测量潜在价值和公司获取及保留客户的能力。

$$CE = \sum CLV$$

以往，公司的盈利性是通过产品的盈利性来体现的，因此公司更关注产品及产品的盈利性。但是随着关系营销的出现，关注点转移到客户和组织的关系上。公司的盈利性不再依据产品的业绩，而是客户重复购买的次数。产品总是会发展、更新或被新产品取代，最重要的还是长期的客户关系，因此品牌资产让位于客户资产。

营销活动

客户终身价值可以用于制定市场营销决策以使营销活动更集中、更有效，尤其是在营销预算有限的情况下。当组织通过客户、细分市场以及营销活动计算客户终身价值时，会真正认识到客户终身价值的好处。

营销经理需要知道以下问题的答案来计划集中的营销活动：

- 哪个客户获取活动应该带来更多的收益？
- 用来明确最佳客户的人口统计信息以及行为特性有哪些？
- 公司应该花费多少钱来留住一个特定的客户或细分群体？
- 公司能够花费多少钱来获得一个特定的客户或细分群体？

可以用客户终身价值的数据来回答这些问题。营销经理可以用这些信息来为不同的客户获取以及保留活动分配资源，甚至基于客户档案中不同的输入参数分析和预测销售对象中哪些可能成为有价值的客户，哪些是在浪费销售人员的时间。

基于忠诚计划的客户终身价值

作为一种营销手段，忠诚计划通过奖励来鼓励频繁购买并且延长客户对于组织的生命周期。但是任何一个忠诚计划都是需要付出成本的。没有理由奖励一个只有低客户终身价值的客户。忠诚计划只有关注有高客户终身价值的客户，才会增加公司的收入（可能当前并不产生高收益）。

特定金额的奖励计划的提案通常来自产品经理。但问题是哪一个客户应该得到奖励，奖励多少钱？在忠诚计划中实施以客户终身价值为基础的奖励系统十分有效，因为利润低的客户离开公司对公司的伤害更小。

购买序列分析

在一家多产品公司里，预计一个特定的客户接下来将购买的产品是不容易的。这对于公司来说是非常有价值的信息，因为它有助于决定针对特定客户的促销和沟通战略的内容和时间。最有效的销售信息是向在不久的将来可能购买产品的客户传递的信息，并且是与其要购买的产品相关的信息。公司试图通过客户的购买历史以及购买偏好来预测他们可能会购买什么产品，然后向他们传递恰当的营销信息。公司推荐的产品与客户的偏好越匹配，客户在这家公司购买产品的概率就越大。因此，如果了解了客户什么时候进行下一次购买以及购买什么，就会在竞争中取得明显的优势。

计算客户终身价值

一个客户的终身价值的计算是基于以下输入内容：

1. 获取客户所付出的成本；
2. 提供产品或服务的期间成本；
3. 客户的保留率或流失率；
4. 折扣率。

客户终身价值是用每个客户的毛利润来计算的。但在一些实例中，组织很难将成本分配给特定的客户，因此就用每个客户的收入代替每个客户的毛利润。

不同的市场细分可能有极其不同的现金流特性（也就是有不同的毛利润和保留率），因此在每个细分市场分别计算特定客户的终身价值是十分有用的。在以现金流为基础计算客户终身价值时，可以根据以下情形将组织分为两种类型。

1. 签订合同/保留客户的情形：在这种情形下，客户订购产品和服务，预计能从客户那里定期得到现金流。那些没有再次订购的人就是失去的客户。电话服务、电视服务、汽车保险、杂志订阅都属于这个范畴。在保留客户的情形下，组织将会知道客户是什么时候失去的。

2. 客户迁移的情形：在这种情形下，客户购买公司的产品或服务时并不签订正式的合同。评估购买模式是十分困难的，因此也无法获知来自某一客户的现金流。

计算客户终身价值需要知道获取客户的费用、来自客户的收入流以及向客户交付服务的费用的估算（见图 2—8）。

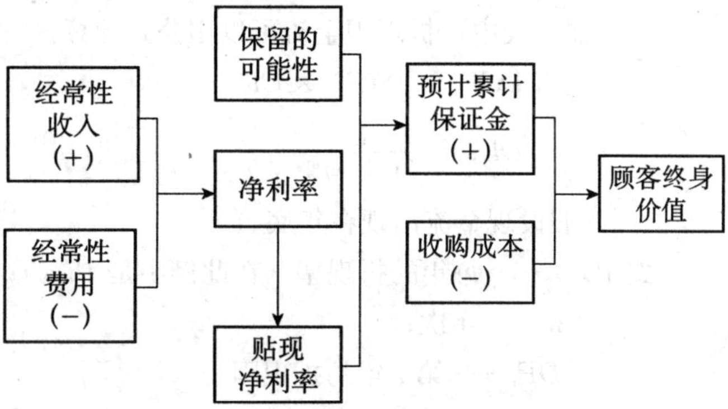

图 2—8　计算客户终身价值

$$\begin{aligned}\text{客户终身价值} &= \text{来自客户的现金流的净现值}\\ &= \text{预期积累收入}-\text{获取成本}(AC)\\ &= \sum_{i=1}^{n} p_i \times DNCF_i - AC\\ &= \sum_{i=1}^{n} p_i \times NCF_i/(1+r)^i - AC\end{aligned}$$

式中，p_i——在 i 期间保留客户的可能性；

$DNCF_i$——在 i 期间的现金流折现值，折现率为 r；

NCF_i——在 i 期间的净现金流，即年收入减去在此期间的保留成本。

让我们思考一下在不同情况下客户终身价值的计算。

例 A

获得一个客户要花费 2 500 卢比，保留客户每年要花费 500 卢比。第一年可从客户那里获得的收入为 1 000 卢比，第二年为 1 500 卢比，以后每年为 2 000 卢比。假设折现率是 15%，客户生命周期为 5 年。计算客户终身价值。

客户终身价值的计算 折现率 15%

年次 A	来自客户的收入 B	保留成本 C	净现金流量（利润） D（=B−C）	折现现金流 E
1	1 000 卢比	500 卢比	500 卢比	435 卢比
2	1 500 卢比	500 卢比	1 000 卢比	756 卢比
3	2 000 卢比	500 卢比	1 500 卢比	986 卢比
4	2 000 卢比	500 卢比	1 500 卢比	858 卢比
5	2 000 卢比	500 卢比	1 500 卢比	746 卢比

在上表中，折现现金流可以用公式计算：

$$DCF_i = NCF_i \times DF_i$$

$$DF_i = \frac{1}{(1+r)^n}$$

（假设现金流出现在年底。）

式中，r——每年的折现率（在此例中是 15%）；

n——年次；

DF_i——第 i 年的折现因子；

NCF_i——第 i 年的净现金流（在 D 列）；

DCF_i——第 i 年的折现现金流（现金流的净现值）。

总的折现现金流 $= \sum DCF_i$

$= 435 + 756 + 986 + 858 + 746$

$= 3\ 781$（卢比）

客户终身价值＝所有现金流的净现值 $= \sum DCF_i -$ 获取成本

$= 3\ 781 - 2\ 500$

$= 1\ 281$（卢比）

例 B

一家电视服务商跟踪那些使用其服务设施的客户。提供服务的初始成本是 5 000 卢比，第一年的收入是 8 000 卢比，第二年的收入是 4 500卢比，第三年的收入是5 000卢比，第四年的收入是 5 200 卢比。假设折现率为 20%。这四年中保留客户的可能性分别是 0.9、0.8、0.6 和 0.3。这四年中提供服务的费用分别是 1 000 卢比、1 200 卢比、1 300 卢比和 1 400 卢比。计算客户终身价值。

我们可以像例 A 那样计算一般客户的终身价值。在这里，我们还应该考虑保留的可能性。保留的可能性将被用来计算期望现金流：

预期 $DCF_i = p_i \times DCF_i$

式中，DCF_i——第 i 年的折现现金流；

p_i——在第 i 年保留的可能性。

客户终身价值的计算

折现率 20%

年次 A	来自客户的收入 B	保留成本 C	净现金流量（利润） D=B−C	折现现金流 E	保留的可能性 F	预期折现现金流 G=E×F
1	8 000 卢比	1 000 卢比	7 000 卢比	5 833 卢比	0.9	5 250 卢比
2	4 500 卢比	1 200 卢比	3 300 卢比	2 292 卢比	0.8	1 833 卢比
3	5 000 卢比	1 300 卢比	3 700 卢比	2 141 卢比	0.6	1 285 卢比
4	5 200 卢比	1 400 卢比	3 800 卢比	1 833 卢比	0.3	550 卢比
总预期折现现金流：				8 918 卢比		
获取成本：				5 000 卢比		
客户终身价值：				3 918 卢比		

例 C

一家汽车经销商追踪使用其服务设施的客户。新客户在第一年带来的收入为 500 卢比，第二年为 1 000 卢比，第三年为 1 250 卢比，之后每年为 1 000 卢比。经销商预计客户保留率每年下降 20 个百分点，也就是说，只有 80%的新客户在第二年仍选择这家汽车经销商，只有 60%的新客户在第三年仍选择这家汽车经销商，依此类推。假设折现率为 20%。我们可以计算一般客户的终身价值：

客户终身价值的计算

折现率 20%

年次 A	来自客户的收入 B	折现现金流 E	保留的可能性 F	预期折现现金流 G=E×F
1	500 卢比	417 卢比	1	417 卢比
2	1 000 卢比	694 卢比	0.8	556 卢比
3	1 250 卢比	723 卢比	0.6	434 卢比
4	1 000 卢比	482 卢比	0.4	193 卢比
5	1 000 卢比	402 卢比	0.2	80 卢比

客户终身价值＝预期现金流的净现值的总和

＝417＋556＋434＋193＋80

＝1 680（卢比）

假设客户保留率每年提高 5 个百分点，让我们看看对客户终身价值的影响。

客户终身价值的计算 折现率 20%

年次 A	来自客户的收入 B	折现现金流 E	保留的可能性 F	预期折现现金流 G=E×F
1	500 卢比	417 卢比	1	417 卢比
2	1 000 卢比	694 卢比	0.85	590 卢比
3	1 250 卢比	723 卢比	0.7	506 卢比
4	1 000 卢比	482 卢比	0.55	265 卢比
5	1 000 卢比	402 卢比	0.4	161 卢比

客户终身价值＝预期现金流的净现值的总和

＝417＋590＋506＋265＋161

＝1 939（卢比）

新的客户终身价值是 1 939 卢比，比第一种情形多了 15.4%。这意味着在本例中客户保留率每年提高 5 个百分点会增加 15.4%的盈利。

注意：在上述例子中，我们假设没有获取成本。

推荐关于客户终身价值的在线案例研究

1. Bluephone——英国电信的杀手级应用

英国固定通信和移动通信的融合

http：//www. cs. berkeley. edu，上次访问时间为 2011 年 5 月 25 日

2. 客户流失分析——一个案例研究

作者：Teemu Mutanen

http：//www. vtt. fi，上次访问时间为 2011 年 5 月 25 日

怎样提高客户终身价值

我们在例 C 中已经看到，客户保留率的小幅提高可以对客户终身价值产生巨大的影响。这再次说明了一个事实：如果一个客户忠诚于一个品牌，这家公司就可以获得更多的收益。提高客户终身价值的最有效方法是制定可以提高客户忠诚度的策略。这些策略可以是产品创新、强化价值主张或者推行忠诚计划。我们会在第 5 章详细讨论忠诚计划。

基于当前价值以及潜在价值，客户可被分成四类（见图 2—9）：

1. 低当前价值，低潜在价值；
2. 低当前价值，高潜在价值；
3. 高当前价值，低潜在价值；
4. 高当前价值，高潜在价值。

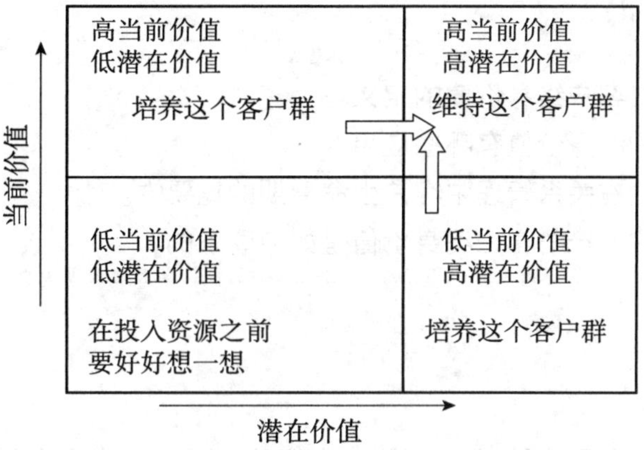

图 2—9　客户当前价值和潜在价值的关系

具有低当前价值和低潜在价值的客户对公司来说是一个负担，因为他们从来不会对公司收入有积极的贡献。增加这种客户不会增加平均客户终身价值，因此任何增加这种客户或保留这种客户的努力都是没有成效的。相比之下，具有高当前价值和高潜在价值的客户对公司来说是真正的资产。即使需要投入更多的费用，公司也应尽力保留、维持和维护这样的客户。对于具有高当前价值和低潜在价值的客户，可以通过提供附加的产品和服务将之转化为高潜在价值的客户。可以通过分析更多地了解这些客户的额外要求，也可以通过给予他们特别的关注来提升满意度。具有低当前价值和高潜在价值的客户在将来有可能带来更高的收入流。应该投入更多的精力来与他们建立长期的关系，以保留客户并将潜在价值转换成真实的现金流。

另一种增加客户终身价值和客户资产的方法是找出可能会向其他人推荐产品的**社交客户**（social customers）。那些在 Facebook、Twitter、Orkut 等社交网站十分活跃的客户拥有很高的潜在价值，实际上，他们会像产品及服务的形象大使或拥护者一样在这些网站上传播正面口碑。也有某些特定类型的客户更愿意向其他人介绍产品，通常称之为**"生产客户"**（fertile customers）。即使这些客户的个人终身价值较低，他们也可以帮助公司发展很多新客户，同时对于增加公司的客户资产有很大的潜在影响。一个客户通过向其他客户介绍和推荐而产生价值的能力是**客户引介价值**（customer referral value，CRV）。识别具有高客户终身价值的客户并且培养他们，对客户资本有长期的、积极的影响。

自我检测Ⅱ

1. 给出客户终身价值的定义。
2. 客户终身价值有哪些应用?
3. 讨论在关系管理中客户生命周期的重要性。
4. 客户资产与客户终身价值是如何联系的?

小结

本章讨论了营销导向以及以客户为中心（旨在建立组织与客户间互利互惠关系）这两个概念的意义。共同回报系统会形成客户和组织间双赢的局面，关注客户的需求和想法而不是公司所认为的对客户有利的内容。营销导向方法对于在持续加剧的、众多竞争对手都极力扩大客户基数的竞争市场中获得成功是十分必要的。而且，为了实现以客户为中心的价值创造，会保留客户并且实现他们的终身价值最大化。产品改进和在组织中创造好的环境都是价值创造的策略。五个关键使命模型在发展自我、人、任务、组织和客户的使命上起到一个框架的作用，使组织形成向客户交付更高的价值并创造利润的能力。

客户生命周期的目的是定义并理解客户与组织互动所经历的不同阶段。到达、获取、转换和保留是客户生命周期的不同阶段。营销策略和公司使用的相关业务流程都基于客户生命周期不同阶段的目标，这对于扩大客户基数是有帮助的。

客户终身价值是客户整个生命周期内所有净支付的净现值，已经成为一个用来衡量获取、转换以及保留客户的标准。客户终身价值可以被用于客户细分以及关注营销策略来增加在关系上的回报。本章讨论了多种计算客户终身价值的方法、客户终身价值的应用以及提高客户终身价值的方法。

关键术语

客户生命周期（customer life cycle，CLC） 指潜在客户从引起关注到成为客户并最后和组织形成长期关系的过程。

到达（reach） 指得到潜在客户关注的过程，也是衡量公司各种销售促进因素（促销信息、广告、在线活动等）影响客户的情况的方法。

获取（acquisition） 是衡量潜在客户对销售促进因素的响应的方法。如果这个客户对销售促进因素有响应，说明这个客户被“获取”了。

转换（conversion） 指一个被“获取”的潜在客户通过可以增加双方利益的产品或服务交换变成真实客户的过程。

保留（retention）　指通过与客户建立长期关系来减少客户流失。它要超越客户的期望来使他们变成该产品和品牌的忠诚拥护者。

搜索引擎优化（search engine optimisation，SEO）　指通过搜索引擎来提高公司网站的可见性的过程。

营销导向（marketing orientation）　指一个组织首先倾听客户的心声，然后生产符合客户期望的产品的一种方法。

客户资产（customer equity）　指所有现有客户和潜在客户的折现终身价值。

净现值（net present value，NPV）　指在给定的折现率下，所有未来的现金流的折现价值。

客户终身价值（customer lifetime value，CLV）　指在客户完整的生命周期中所有净利润的现值。

社交客户（social customers）　指那些因社交网站或公共论坛而具有高引介价值的客户。他们喜欢为产品和服务传播积极的口碑。

生产客户（fertile customers）　指那些更愿意向他人提起产品的客户。

客户引介价值（customer referral value，CRV）　指通过向其他客户的介绍和推荐而产生价值的能力。

复习题

1. 详细讨论客户生命周期及其在组织由关注产品转变为关注客户的过程中的意义。用保险行业的实例佐证你的答案。

2. 说明客户生命周期的不同阶段并讨论每个阶段不同的营销计划。利用在线旅游和旅行网站所采用的营销策略阐明你的观点。

3. 营销导向如何给客户和组织带来双赢？讨论汽车行业中与豪华汽车有关的公司案例。

4. 定义客户终身价值。它与关系管理有什么联系？

5. 说明客户终身价值在营销中的不同应用。讨论客户终身价值如何用来制定有关获取以及保留客户的策略？

6. 客户终身价值与客户资产有什么关系？解释提升客户终身价值的多种方法。

7. “客户终身价值概念的应用可以帮助一个组织对客户排序，同时减少费用。”通过一些公司部门的实例佐证你的答案。

案例作业

1. 分析有关公司的两个案例，找出如 Facebook、Twitter、Orkut 等社交网站如何被用于扩大客户到达范围。进行市场调研来分析这些网站在公司客户不同人口和社会环境下的效果以及接受度。

2. 准备一份关于电视服务商应用于客户生命周期的到达和保留阶段的营销战略的详细对比分析报告。此外，准备一套包括那些可以用来衡量这些营销策略的指标的衡量标准。

3. 比较在电信运营商的任何一个授权区域中预付费和后付费移动用户的客户终身价值，讨论案例中可以用来提高客户终身价值的策略。

延伸阅读

■ Keki R. Bhote (1996), *Beyond Customer Satisfaction to Customer Loyalty: The Key to Greater Profitability*, Amacom Publishers.

■ John A. Goodman (2009), *Strategic Customer Service: Managing The Customer Experience to Increase Positive Word Of Mouth, Build Loyalty, and Maximize Profits*, Amacom/American Management Association.

■ Lake and Hickey (2006), "Making Customer Service Happen (A Simple And Effective Guide to Achieving Customer Satisfaction While Reducing Your Costs)", Allen & Unwin.

第3章 关系营销

学习目标

学习本章后，读者将会理解：

- 从营销组合方法转化为关系营销的原因
- 传统营销和关系营销的区别
- 客户情感管理的意义
- 关系营销的概念在消费者细分和服务细分中的差别
- 通过企业实例了解关系营销在品牌建设中的意义
- 服务水平协议的概念

3.1 概 述

随着 IT 和电信行业的革命，客户获得产品与销售人员获得客户的可行性显著提高。手机的广泛普及和互联网的方便快捷带来了营销方式和手段的巨大转变。地域限制已被打破，和客户的联系只需点击一下鼠标就可以实现。那些较早聚焦于创造有卖点的独特产品或者有竞争力的价格的组织，由于战略优势的迅速消退而感到着急。现在，客户可以在不同的制造商那里比较产品和价格，然后做出更明智的决定。与客户建立有效和牢固的关系对于任何组织而言都是打开成功之门的钥匙。如今，从传统营销到关系营销的转变更加看重与客户建立直接牢固的关系。

3.2 从传统营销到关系营销

传统营销组合方法强调营销中最基本的4P，即产品（product）、价格（price）、渠道（place）和促销（promotion）（见图3—1）。营销人员通过产品创新，为产品创建一个新的品牌形象、有效的销售和网络分销渠道，并用有吸引力的价格来吸引消费者。

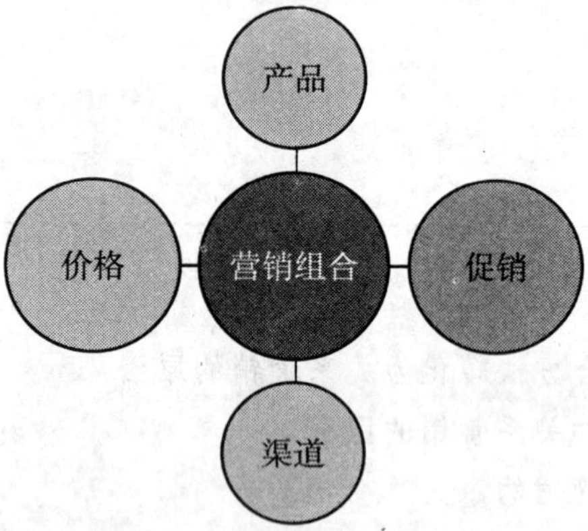

图3—1 传统营销：营销组合

促销的目标定位于通过大众传播进行品牌管理和发布产品功能及价格，进行市场调研只是为了找出产品没有销路或市场占有率低的原因。其唯一的关注点就是获得新客户来提高市场占有率，而忽视了保留客户或与他们建立牢固的关系的重要性。

然而，在如今竞争激烈的环境中，组织不能仅仅依靠好的产品和价格而生存。不断变化的市场使得留住没有牢固关系的客户更加艰难。组织运用形式多样的和高度创新的整合营销传播强化与客户的关系。对于如何持续与客户接触并维持与客户之间的关系这个问题，最佳答案是关系营销。

在印度娱乐产业占有最大份额的宝莱坞就是一个很好的例子。电影制片人正在设计新的方法以抓住消费者的注意力并与之建立关系。影片 Lagaan、Om Shanti Om、Tare Zameen Par、3 Idiots、Gajini 用创新的促销方式在票房上取得了巨大成功，关键就在于直接与观众接触，促使观众对电影的主人公产生情结，进而产生拥护心理。在 Tare Zameen Par 这部影片中，这种连接是如此的坚固，以至于不仅得到了好的口碑，而且把观众变成了电影中的想法的宣传者，最终使该影片获得了空前的成功。3 Idiots 和 My Name is Khan 也是如此，它们通过极具吸引力的方法直接把电影引导至目标客户。

3.3　关系营销：组织普遍采用的方法

关系营销是一个持续的进程，通过多种接触点和渠道与客户发生持续的互动以建立客户和客户之间的纽带（参见第1章）。它不是组织内的一种工具或者技术，而是组织用来与客户建立长期关系、促成客户忠诚和领先一步得到客户拥护的普遍做法（见图3—2）。组织的每个成员，无论职级高低，都有责任与客户建立关系。这是一种整合营销传播的方法，包含一系列相互关联的市场推广活动，而不是单独的无关联的事件。它关注的重点不是获得新客户，而是保持老客户的满意和开心，从而扩大客户基数。

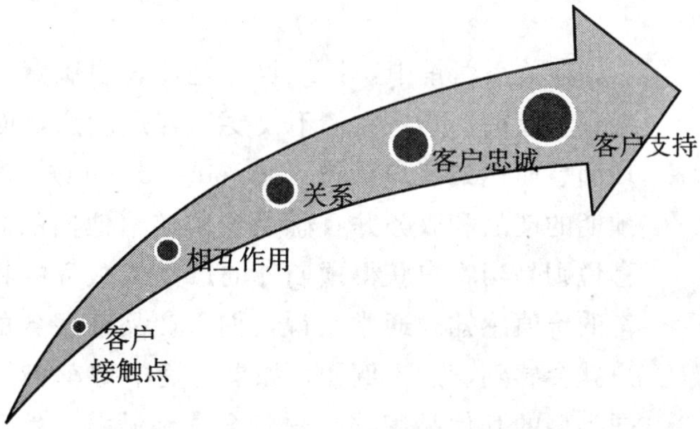

图3—2　关系营销的途径

客户接触点，主要是个人的接触点，现在成为技术驱动的互动。客户通过各种渠道与组织互动，如果单次互动与之前的互动没有联系，客户就会对这些互动不敏感并失去一致性的感受。为了避免这种情况，关系营销从整体上关注所有客户与组织互动的过程，而不是孤立地关注每一个事件的互动。

随着媒体报道的增加，客户总是被各种促销信息和活动所包围，结果导致客户对众多的营销活动大失所望，这使得仅仅通过促销来进行品牌建设的营销活动变得既没有效率也没有效果。同时，关系营销推动营销人员关注与客户保持一致的且互利双赢的关系。这给组织带来了新的挑战，组织要形成一种创新的、有创造性的、经济有效的方法，并基于能够保留客户并使他们再次购买这样一种关系去制定战略。营销传递的信息是根据每个客户的生命周期确定的（参见第 1 章），这样可以获得高的客户忠诚度和利润率。组织的关注点在于客户服务和质量，并通过相互关联的一系列活动来与客户互动。

表 3—1 表明了在市场导向和客户导向两种情形下，传统营销方法和关系营销方法的不同。

表 3—1　　传统营销和关系营销

因素	传统营销	关系营销
市场导向	营销组合方法强调孤立的多重互动，突出产品质量	整合营销传播是一系列相互关联的互动，突出客户服务
客户导向	获得新客户	使老客户开心、满意

3.4 客户情感管理：关系营销的工具

在关系营销中，最终目标是让客户满意，但是如今的组织已经做到了超前一步。它们不仅要令客户满意，而且要通过努力超越客户满意而达到**客户喜悦**（customer delight）。客户满意是当客户得到预期的产品和服务并且感受到传递给他们的高价值时产生的，客户喜悦则是当客户获得预期外的产品或服务的特性时获得的喜悦和兴奋的价值感知。通常来说，如果产品或服务的特性具有竞争性，客户就会感到满意。例如，如果一辆中型车可行驶的最大里程数超过同类型的其他品牌，客户就会感到满意。然而，如果客户能得到一个精选的车牌号码，并能根据自己的要求定制座椅的数量和款式，就很可能感到喜悦。因此，客户自己并不知道所带来的喜悦的特性。组织需要经常创造创新的使客户喜悦的因素，因为一段时间后，客户就会因失去新鲜感而认为这是产品应当具有的性能和属性。因此，对于组织来说，通过不懈的努力来保持客户喜悦是一项极具挑战性的任务。再超前一步的目标是组织令**客户狂喜**（customer ecstasy），也就是使客户极度开心，让在他拥有产品后对它高度忠诚。例如，送货服务、上门服务、赠送保险等就是旨在实现该目标的措施。因此，从满意到喜悦到狂喜这三步的过渡是每个组织获得成功的必经之路（见图 3—3）。但是，只有有效的关系营销才能达到这个层次。

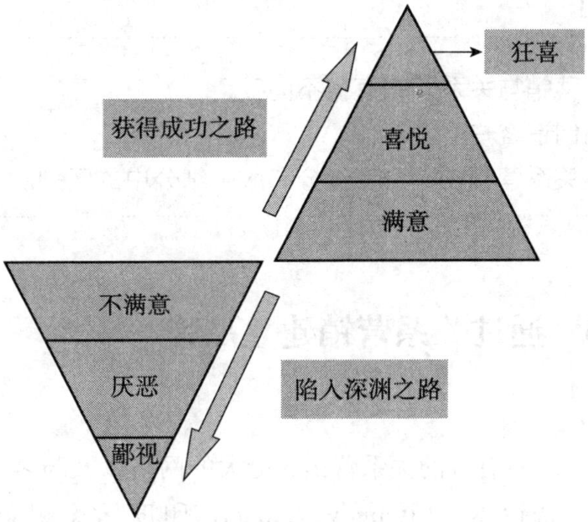

图 3—3　客户情感管理

3.5　消费者细分和服务细分中的关系营销

关系营销在耐用消费品市场和服务市场上的实施和执行需要不同的观点、努力和战略。这些将在下面讨论。

消费者细分和关系营销

在耐用消费品市场上，关系是通过品牌资产、营销传播和媒体来创造和建立的。个人的接触很少用来创造关系。在市场上确立产品的质量和优势可以帮助组织与客户建立长期的关系。

服务细分和关系营销

如今，虽然有形产品和无形产品之间的界限日益模糊，包括耐用消费品在内的所有产品都拥有无形的服务组件，但服务细分仍然要求在关系营销上付出更多的努力。只有品牌资产、营销传播和媒体是不够的。与个人接触的有效的服务交付流程（effective service dilivery process）是关系营销一个强有力的工具。客户接触点、关键时刻和客户数据库管理是关系营销中最重要的方面。

自我检测 I

1. 传统营销与关系营销有何不同?
2. 如何制造客户喜悦?
3. 简述关系营销在消费者细分和服务细分中的区别。

3.6 通过关系营销建立品牌

有效的关系营销、庞大的网络以及与客户的直接联系，使得玛鲁蒂铃木、Lifebuoy、Airtel、印度国家银行（State Bank of India，SBI)、印度人寿保险公司（Life Insurance Corporation，LIC）等成为印度少有的几家具有强大品牌效应的公司。如今的印度国家银行不仅在印度而且在全球拥有大量的分支机构和 ATM 机。它在乡村建立的众多分支机构已经使它与客户之间建立起了互信关系，从而证明了关系营销是建立品牌和创造公司良好形象的有力武器。这是一种双赢的途径，客户和组织都可以获益。客户得到最好的服务和关注，组织也赢得了客户的忠诚，创造了品牌并获得了巨大盈利。

公司案例

欧洲之星的关系营销

欧洲之星提供英国、法国和比利时之间的高速列车客运服务，行驶于滑铁卢和埃士佛德与巴黎、里尔、布鲁塞尔、加莱及巴黎迪士尼乐园之间。欧洲之星走在铁路行业革新的前沿，为火车旅行制定了新的标准。它是第一个启用商务贵宾室和忠诚计划的铁路运营商，并且连续九年在“世界旅游大奖赛”上夺得“世界铁路服务领先奖”。

2006 年，有 785 万人次乘坐欧洲之星，销售额达 5.18 亿法郎。自 1994 年欧洲之星开始运营到现在，有超过 7 000 万人次乘坐，并且使从伦敦到巴黎和布鲁塞尔的游客数量翻了一番。2007 年 11 月 14 日，欧洲之星开通了到达圣潘克拉斯的新线路。High Speed I 这条高速线路的竣工，将伦敦市中心与欧洲大陆连接起来并大幅缩短了欧洲之星旅程的耗时。现在，从伦敦到巴黎只需要 2 小时 15 分钟。这明显促进了欧洲之星的业务增长；进出法国艾贝斯费特火车站的客户数量都明显增加。但是直到 2005 年 5 月，欧洲之星都没有将注意力放在个体客户（不管是游客还是商务旅客）的行为上，只与很少的客户进行过交流。

挑战

欧洲之星的整体目标是通过增加客户信息来促进关系建设并帮助战略性地驱动运营，尤其是考虑到英国火车站迫在眉睫的变化。在客户数据库项目开始之前，欧洲之星从它的票务销售和常旅客计划中获取一些运营数据。由于直接营销通常采取“一刀切”的做法，也就是把同样的沟通信息传递给所有的客户，导致对结果的分析受到限制。举个例子，电子邮件营销会将一项新推出的法国阿尔卑斯山滑雪服务的信息发送给每一个客户，无论他们是否有兴趣去滑雪。欧洲之星最初的目标是创建一个客户视图及关联数据库的营销工具来最大限度地挖掘数据的潜力，以加强对数据的理解，从而增进其与客户的关系。电子邮件由于成本、速度和效果评估方面的优势成为欧洲之星的一种新的加强直邮活动的方式。第二个营销目标是在2007年服务发生变化前建立游客档案，进而分析这些改变对现有的及未来的旅行热点地区有何影响。这些结论会帮助欧洲之星在市场营销部门以及其商业计划、市场调研、电子商务、客户服务和客户运营部门之间加快决策过程。

这些目标需要面对的一个关键的挑战是要克服初始数据的质量问题，以及不同国家的各种数据集的整合问题。相关数据包括：过去两年在英国、法国、比利时获取的市场数据；通过合作伙伴 Expedia 获得的北美入境数据；管理信息系统数据；来自欧洲之星网站（www. eurostar. com）的数据；常旅客计划和设置在伦敦的意见栏反馈的数据，以及订票系统中收集到的数据。营销数据库能够在三个国家间有效使用至关重要。这个数据库也允许欧洲之星的外部合作者（如广告和媒体机构）访问。

解决方案

欧洲之星决定借助 Alterian 的合作伙伴奥卡姆（Occam）的咨询服务与软件服务，将建立新营销数据库的过程中的风险最小化。这个项目于2005年1月启动，9月就开始运行这个新系统的最初版本。

这种解决方案是一个组合，包括：奥卡姆的数据整理和重复数据删除组件，存储于 SQL Server 中的操作数据，Alterian 的数据发现和可视化应用，营销活动管理者数据。其中每一项都利用了 Alterian 的核心引擎技术，都是 Alterian 整合营销平台的一部分。奥卡姆建立了一个能够管理欧洲之星的大量原始数据的新客户数据库，从最初的管理30 000个联系记录发展为管理1 800万个独立的客户 ID。可用数据的显著增长源于囊括了四年里欧洲之星在其核心市场上的所有业务数据及其他原始数据源。奥卡姆的解决方案基于 Alterian 技术，可以利用新数据库快速便捷地分析并选择数据。这使欧洲之星有了细分数据的能力，并且有足够的洞察力选择目标以进行有利可图的电子邮件营销活动。

- 分析商务旅客的行为以确保提供目标明确且相关的内容。
- 基于新的分析结果，发送的有关法国阿尔卑斯山滑雪服务的邮件已经从50万封减少至 7 万封。

■ 巴黎迪士尼乐园日常服务的潜在用户被作为邮件发送对象，开放率达到 35%。

■ 在欧洲之星的主页建立有针对性的小型网站来增加数据获取量。

奥卡姆除了使欧洲之星能分析数据以洞察客户之外，也开始应对了解客户的行程并将相关信息转化为有目的的市场营销活动方面的挑战。

■ 发送邮件促使已通过网站注册但未购票的人尽快购票。

■ 回访第一次使用服务的客人来获取“新旅客”的反馈意见。

欧洲之星开始将这些新的客户信息交给媒体机构来策划更好的活动计划。系统是一个很强大的商业战略工具，可以用来对滑铁卢和埃士佛德火车站进行显著性分析并建立客户档案。奥卡姆管理这个营销数据库整体方案的安全网络和最新型服务器，并确保数据的持续安全和 24 小时可访问。数据质量管理、性能优化以及分析和营销活动管理能力提升是一个持续运作的过程。所有数据的在线访问、客户活动记录及设施信息都提供给三个国家的用户；访问权限具体到每个人以确保整个系统和数据的安全。奥卡姆为欧洲之星数据库的所有用户提供培训，使他们在办公室就能够非常成功地为定期的或基于某一特定目标的营销活动挑选对象。对于更多的复杂活动，在高峰时段，欧洲之星借助奥卡姆的分析和选择的专家来执行更复杂的数据提取工作。除了越来越有针对性地开展电子邮件营销活动，欧洲之星现在有能力通过所有渠道评估并报告其整个营销活动的有效性。该解决方案实现了电子邮件和网络活动之间的无缝集成，确保欧洲之星的营销活动可以得到新的技术和渠道的支持。仅一项活动，欧洲之星就可以得到以下增长数据以反映这项行动的有效性：

■ 开放率增幅达 100%；

■ 点击率增幅达 50%；

■ 平均收入增长了 400%。

进行战略分析的能力使欧洲之星能够洞察三大核心市场的客户行为。它已经可以准确地计划并评估将会出现的巨大商机，并据此预测未来的销量。这个数据库使欧洲之星能做出当前及未来客户热点区域模型，以便找到在 2007 年可以巩固所有客户关系的营销活动。

未来

具备可测量的成功基础之后，欧洲之星打算进一步细分它的商务客户和休闲客户，诸如“高频率高价值旅行者”、“潜伏客户”和“一次旅行旅客”。这种更深入的视角将驱动未来的营销活动、上升销售和交叉销售的互动、客户的再培养，以及 2007 年新站筹备期的调查研究。

这个新的客户营销数据库帮助欧洲之星在较短的时间内将对其客户的理解上升到一个新的复杂层面，并实现对短期和长期市场目标的快速跟踪。这个营销数据库的实施已经给欧洲之星带来了丰厚的盈利。这得益于营销数据的有效应用，包括：

- 有关1 800万旅客记录的复杂数据经集成建立了一个单一客户视图；
- 显著增长的客户信息；
- 更有针对性和更有效的客户交流；
- 成功的跨境、跨部门合作。

欧洲之星以前依靠有限的市场调查项目，现在对它的客户、热点区域以及服务变化带来的影响都有了很清晰的认识，其中不仅包括英国本土乘客，而且包括来自巴黎、里尔、布鲁塞尔的潜在乘客。在此基础上，欧洲之星可以继续对即将启用的圣潘克拉斯火车站进行直接营销。

资料来源：www. eurostar. com，last accessed on May 12，2011.

3.7　服务水平协议

服务水平协议（service level agreement，SLA）是一种将客户关系形式化的手段，主要用于企业客户和高价值客户。SLA是为组织和客户或者两个组织（一个提供服务、一个接受服务）提供的合约，主要用于量化和明确彼此的期望，是服务合同中明确服务水平的部分。一份SLA文件是服务提供者和服务接受者双方正式协商并签署的协议。作为一份存在于客户与服务提供者之间的合同，SLA记录着在服务项目、优先级、服务保证以及其他一些参数上的共识，这些统称为服务水平。

SLA也是一种量化交付给客户的服务并加以衡量和改进的工具。以前它通常用在外包协议中，但如今通常被服务组织所采用，以补充营销战略并与客户（尤其是高价值的客户）建立长期关系。除了明确运作和质量方面的参数之外，SLA也形成组织内部流程和服务交付机制的基础。不遵守SLA的服务提供者将同时损失金钱和名誉。

SLA的准备

开发和记录一份SLA包括找出确定客户期望的服务质量关键参数以及它们的测量方法和期望值。协议中要明确规定在不遵守协议的情况下需要采取的行动和需要履行的债务关系。这个过程包括以下步骤：

1. 识别与服务水平相关的关键服务参数；
2. 规定每个服务水平的目标；
3. 对每个参数规定目标级别；

4. 建立满足这些参数等级的责任体系；

5. 为这些参数建立商业回报和支付系统；

6. 对不遵守条款的行为明确措施和责任。

一份内容完善的 SLA 应该让客户对得到合适的服务有信心。例如，它明确了服务的可行性、适用性、性能、作业或者其他的服务特性，如一旦违反 SLA 应受到的处罚等。

SLA 如果不够清晰会对客户关系形成阻碍，所以形成时应该避免任何可能的文字歧义。

SLA 的内容

一份内容完善的 SLA 应该包括：

- 范围和目标；
- 关于服务的描述；
- 服务水平矩阵；
- 服务提供者的角色和责任；
- 客户的角色和责任；
- 运行情况追踪和报告方法；
- 服务扩增程序；
- 不遵守协议的赔偿。

自我检测Ⅱ

什么是 SLA？一份内容完善的 SLA 应该包括哪些内容？

公司案例

与电信服务提供商签署的 SLA 的主要参数和服务水平矩阵

1. 正常运行时间

正常运行时间衡量的是一个连接已经启动并运行的时间。它首先被用于描述与故障时间相对应的时间，或者一个连接没有运行的时间。在大多数例子中，连接的不可用性是由于当地导向导致的，因此应该采取适当的措施使这个连接在 99%的时间里都可用。

2. 时延

在分组交换网络中，时延通过单程（从源头发送数据包到终端接收到它的时间）或往返（从源头到终端的单项延迟加上从终端返回源头的单项延迟）的方式测量。

往返延迟应用得更多，因为它可以从一个单一的点来测量。它排除了目标系统处理数据包的时间。很多软件平台提供一种名为“ping”的服务，它可以用来测量往返时延。ping不需要处理数据包，只在收到数据包时发送一个回执信息（即完成不操作指令），因此是一种测量时延的相对精确的方法。

精度是很重要的，一个连接的单程时延会被更严格地定义为从传递数据包开始的那一刻到接收数据包开始的那一刻。从“接收开始”到“接收结束”是分开测量的，叫做序列化延迟。时延的定义与连接的流量及数据包的大小无关，是连接的绝对最小可能耽搁时间。

3. 数据包丢失

当一个或更多的数据包通过网络向目标电脑传输失败时，就形成了数据包丢失。这种情况的发生源于很多因素，包括信号在网络媒介上的衰减，过度饱和的网络连接，损坏的数据包被拒绝传输，网络硬件出现故障，有问题的系统驱动、网络应用及固定路由。基于连接末端的状况可以将数据包丢失率维持在1%以下，也就是说，本地传输在连接中扮演着重要的角色。简言之，这种丢失率可以通过ping命令计算出来（可以查看上述例子中“丢失”的百分比）。点到点的分析也是十分必要的。

4. 抖动

抖动是指一个或多个电子通信中信号特性发生波动。

参数矩阵

参数	服务标准1	服务标准2	服务标准3
正常运行时间占比	99%		
时延	150毫秒		
数据包丢失率	1%		
抖动	25毫秒		
计算基础	年	季度	月
服务窗口	7：00～22：00（工作日）	7：00～22：00（工作日）	全天（法定节假日除外）
服务水平协议收取的额外费率（账单总金额）	5%	10%	15%

SLA回扣

若每年超过88小时，其中每10小时以每月线路租金的2%作为回扣费用。

若每季度超过22小时，其中每10小时以每月线路租金的1%作为回扣费用。

因时延/数据包丢失/抖动产生的SLA回扣

如果服务提供者未满足SLA对时延/数据包丢失/抖动的要求达到连续30分钟以上，那么应该将五倍于这段时间的免费服务赠送给客户。

在出现时延/数据包丢失/抖动的情况下，SLA回扣的上限为：

每月线路租金的10%；

季度线路租金的10%；

季度线路租金的10%。

小结

本章概述了在当前市场环境下客户关系对可持续业务的重要意义。通过公司案例强调了管理客户情感可以创造客户喜悦和客户狂喜。对服务水平协议的概念基于其在关系营销中的范围和重要性加以详细解释。

关键术语

关系营销（relationship marketing） 指组织通过多种接触点和渠道与客户发生持续互动，以建立两者间的纽带的不间断过程。

客户喜悦（customer delight） 是当客户获得预期外的产品或服务的属性时，因价值认知的改变而带来喜悦和兴奋的阶段。

客户狂喜（customer ecstasy） 是客户极度开心的阶段，他拥有某一产品然后对它高度忠诚。

服务水平协议（service level agreement） 是服务提供者和服务接受者双方正式协商并签署的协议。

复习题

1. “有效的客户情感管理是关系营销的一个强有力的工具。”用实例佐证这一陈述。

2. 服务水平协议如何帮助组织设置服务交付优先级？用实例加以解释。

3. “客户终身价值概念的应用可帮助组织安排客户的优先权，它也是成本控制的工具。”用公司部门的实例佐证你的答案。

案例作业

准备一个包含实例的有关服务水平协议的项目。强调服务水平协议中关于服务交付要求等主要内容。

延伸阅读

■ Dyche, Jill (2007), *The CRM Handbook; A Business Guide to Customer Relationship Management*, Pearson Education.

■ Sheth, Jagdish N; Parvatiyar, Atul and Shainesh G. (2003), *Customer Relationship Management—Emerging Concepts, Tools and Applications*, Tata McGraw-Hill.

■ Nath, Dhruv (2005), *The Nuts & Bolts of CRM*, Tata McGraw-Hill.

第Ⅱ篇　理解客户关系管理

第4章　客户关系管理

第5章　客户忠诚管理

第6章　服务质量与服务能力计划

第7章　客户驱动型质量及质量管理体系

第4章 客户关系管理

学习目标

学习本章后，读者将会理解：

- 客户关系管理的概念
- 客户关系框架
- 客户关系管理的范围
- 客户关系管理的核心模块
- 用于接触客户的多种技术
- 运营型客户关系管理与分析型客户关系管理的区别

4.1 概　述

当前的全球性经济危机使企业的发展受到很大冲击，步履维艰的发展状况使企业意识到，与客户建立紧密合作的长久关系以保留客户已经成为战略性问题。本书前三章介绍了客户价值和客户所有权的重要性，本章将讲解客户关系管理的概念。

4.2 客户关系管理的定义

客户关系管理（customer relationship management，CRM）是

企业为整合其战略、业务流程与功能以建立、维持和拓展客户关系而采用的一种方法。

CRM通过关注客户需求来提高客户忠诚度，是一种建立、维护和发展客户群的管理理念，旨在使企业和客户实现双赢（见图4—1）。客户关系管理的最终目标是不断扩大满意客户群。

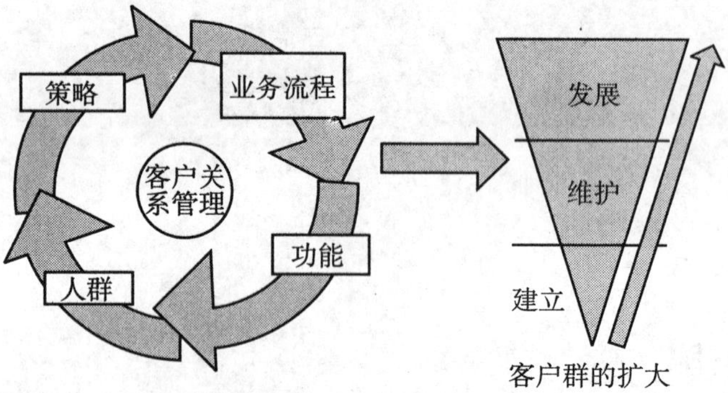

图4—1 CRM整合方法

如今，企业更关注关系回报而非投资回报，这就需要企业整合组织的不同功能（见图4—1）。

事实上，吸引一个新客户的成本是保留一个老客户成本的五倍左右。因此，相对于开发新客户而言，企业更关注挖掘针对老客户的商业机会。投资回报正是这种做法的推动力，竞争优势作为企业另一要素也对此有帮助。日益激烈的市场竞争加剧了现有客户的流失，这促使企业致力于建立更稳固的客户关系。因此，企业投资于CRM成为必然趋势。通过CRM，企业不仅可以创建客户群，而且可以实现客户群的维系和不断扩展。

简言之，CRM是一种全面综合的方法，它整合了商业运作中的各个领域，包括市场营销、产品设计、客户服务及投诉管理等。

为确保客户满意和忠诚，企业必须提供全面、及时和一流的服务。CRM是其中的核心部分，但独立的CRM应用系统并不能为企业提供全面的客户分析，而这是一流服务所必需的。

因此，CRM必须与组织中影响客户、战略和人群的每个业务流程和职能紧密相连，包括市场营销、销售与服务等。CRM不仅仅是一套软件，更是一种详尽的管理方式，所有业务流程和包括人力资源在内的所有资源均需以客户关系管理为导向，进而与客户建立长久的合作关系。

4.3　客户关系框架

客户关系框架包括以下相互联系和协同的步骤：

1. 了解客户；
2. 识别客户；
3. 互动提升价值；
4. 互相依存；
5. 建立关系。

了解客户

企业在与客户建立关系之前，首先要了解客户。当企业与客户接触时，应该能在接触点提取到客户的相关信息；企业在与客户互动前，应该先掌握该客户的尽可能多的信息，并且能进一步收集该客户更多的信息（见图4—2）。这需要利用系统的客户信息存储功能来实现。

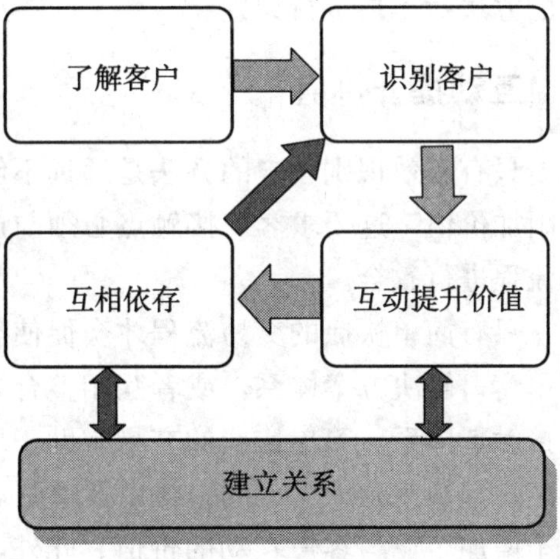

图4—2　客户关系框架

识别客户

在后续的互动过程中，企业必须能识别客户，让每一次交易都不是孤立的行为，而是前一次互动的延续。对于一家大型企业而言，可能会存在多个客户接触点，客户可能根据需要选择任意一个点与企业产生互动。企业应该具备识别客户的能力，将当前的互动与之前的互动联系起来。这要求信息系统能采集所有与客户互动的信息，并将其存储在一个数据库中，同时让这些数据能为所有接触点所用。这就意味着 CRM 数据库是集成客户服务需求、预订、付账等信息的数据库。

识别客户的方式很多，下面列出了几种：

■ 主叫线路识别有助于呼叫中心识别来电号码，并从系统中获取该客户的所有相关信息，进而让客户意识到企业已经记录了他的相关信息。

■ 通过登记的手机号码对用户加以识别。如 Tata Sky 公司使用已登记的手机号码或者客户身份证号码对用户加以识别。

■ 使用与产品相关的特定号码识别客户。如信用卡公司通过客户输入的信用卡号码对客户加以识别。

■ 在第一次互动过程中，企业会给予客户一个特殊的序列号，在日后的交易过程中可用该序列号识别客户。这与铁路或航空公司预订系统中的旅客订座记录（PNR）类似。

如果企业不能在后续的交易过程中成功识别客户，那么客户与企业的关系会中断，该交易活动也就成为一个独立的环节。客户**识别**（recognition）是企业与客户建立关系的基础，也是其之所以重要的原因所在。根据不同的产品或服务的类型，企业必须采用最恰当、最便捷的方法对客户进行识别。

互动提升价值

只有有效识别客户的方法是远远不够的，互动应该能够给客户带来附加价值，这要求客户接触点必须与产品和服务供应及交付的系统和流程进行整合。

只有简单快捷的交易流程才会促使客户成为企业的回头客。这需要单窗口解决方案体系，或者互相整合并确保客户信息能正确传递的多接触点体系。简单快捷的交易有助于增加客户关系的价值。将每一位客户都视为独一无二的个体以及增强客户对自身重要性的感知都有助于增加企业与客户互动的价值。此外，信守承诺是获得回头客的重要因素。

当信用卡持有者通过电话向企业咨询付款问题时，呼叫中心人员应该能够识别出该客户的身份并表示欢迎，这要求呼叫中心能很容易并全面地获取客户的相关信息。

相互依存进而建立关系

当客户对企业提供的服务感到满意时，互动过程会产生附加价值。长此以往，客户会对企业产生很强的**依存感**（interdependence），进而与客户建立**稳健关系**（strong relationships）。

如今，企业需要依托技术实现对客户互动、企业流程、设备和程序的整合。即使没有技术作为支撑，企业也能够实现 CRM 应用，但是很难成功地管理这些整合环节，大型企业更是如此。这也是软件和技术成为 CRM 重心的原因。要注意，技术仅能帮助和推动 CRM 的实施，它应提供组织所要实施的解决方案。CRM 是需要牢记于心的理念和方法，只有这样，企业流程和系统才可以正常运转。

4.4　客户关系管理的范围及演进

CRM 始于 20 世纪 80 年代销售队伍自动化出现之时（第 8 章将对销售队伍自动化进行详细介绍）。与此同时，呼叫中心的概念及应用也实现了飞速发展。最初，呼叫中心被企业用于处理客户有关咨询、服务请求和新订单的来电。随着与电信和 IT 网络的整合应用，呼叫中心开始被用于开展市场营销活动。CRM 正是在销售队伍自动化、客户服务和活动管理的多重推动下应运而生的。因此，客户服务管理、销售队伍自动化管理与营销管理三部分构成了 CRM 解决方案的核心模块（见图 4—3）。

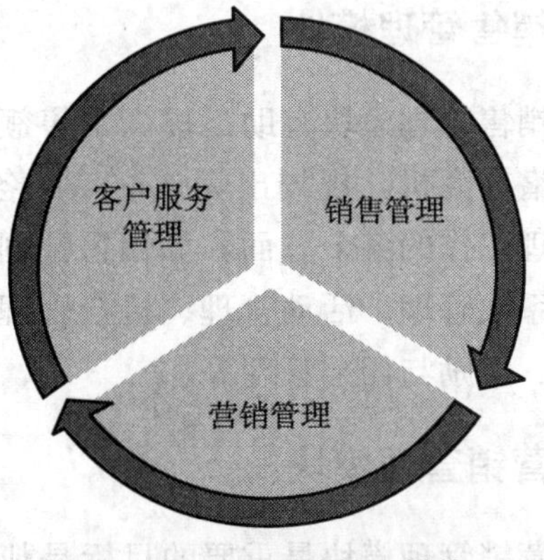

图 4—3　CRM 的核心模块

CRM 已经发展了一段时期。在与客户多次互动的过程中，企业获取了大量的客户信息，并将这些信息用于各种决策。对历史数据的分析可用作企业制定战略、市场营销和销售计划的参考依据，这是分析型 CRM；有关预测、客户、服务请求、销售订单、服务人员以及销售人员等的当前数据则用于企业日常管理，这是运营型 CRM。

毫无疑问，CRM 系统所收集的数据应该推动企业其他职能的运营，例如销售订单应该驱动生产管理、采购管理、供应链管理以及供应商关系管理。然而，缺少财务管理和人力资源管理的 CRM 整合系统是不完备的。**企业资源计划**（enterprise resource planning，ERP）系统是利用共享数据库对企业核心职能和流程（如物流、人力以及财务等）进行整合的软件系统。ERP 软件供应商已经实现其与 CRM 的整合，现在已经可以在市场上找到完整的商业套装软件。

企业可以选择单独实施 CRM 解决方案并与现有的其他系统进行整合，也可以选择含有 CRM 模块的全面集成的 ERP 解决方案。实施策略取决于组织现有的应用软件和工具、产品/服务类型、企业规模以及基于优势和劣势的企业战略等因素。

4.5 客户关系管理的核心模块

如图 4—3 所示，CRM 由三个不可或缺的核心模块——销售管理、营销管理和客户服务管理构成。每一个模块都具有处理并存储客户反馈信息、管理客户账户等功能。这一系统可以实现客户关系结构化的自动操作和管理。

销售管理模块

销售管理模块有助于提高销售额以及促使交易完成。它引导企业跟进潜在商机，规划出完成交易的各阶段。CRM 的销售功能涉及销售管理工作的各个方面，如销售计划和预测、组织和区域管理、客户和联系人管理、活动管理、机会管理、报价和订单管理、结算和合同管理、激励与佣金管理等。

营销管理模块

营销管理模块最重要的目标是帮助企业营销团队对客户群体进行分析并细分，从而使营销活动更有针对性。CRM 的营销管理模块涉及扩展客户业务所需的全部功能，如营销计划、活动管理、网络营销、商机管理、市场分析以及客户细分等，并且可以界定和测量相应的关键绩效指标。

客户服务管理模块

客户服务管理模块可以确保客户获得优质的服务从而转变为老客户，因此它是这三个模块中最重要的一个。CRM 的客户服务管理模块有助于计划并实施服务管理，使客户能够获得潜在的收益。服务请求可以通过诸如互动中心、网络、合作伙伴和现场员工等多种方式实现。

自我检测 I

1. 给出 CRM 的定义。
2. 给出 CRM 系统三个主要功能的名称。

4.6 技术与客户关系管理

CRM 并不是近几年出现的新概念，连普通杂货店的老板采用这种理念都已经有很多年了。杂货店老板熟悉顾客，当顾客进入杂货店时就能认出他们，并且通过以前的接触掌握了这些顾客的需求偏好，所以能够为他们提供个性化的服务。但是，由于技术问题，大型企业在早些年很难实施这种理念。之后，随着科技的发展，新兴技术可以帮助企业在与客户的每一次接触中获取他们的信息并用于后续的互动过程，可以帮助企业实现服务过程与企业内部流程的整合，从而使大型企业实施 CRM 的理念成为现实。

技术同样改变了企业与客户的接触方式。传统的个体接触行为已经发展成为技术推动下的互动行为。市面上已经与 CRM 系统整合的技术和技术接口主要有：

电子销售终端

电子销售终端通常是指零售店的销售终端，该终端利用与后台系统关联的软硬件实现对客户销售数据的处理。电子销售终端的实施需要收银设施和电子收款机的配套应用。

电子服务终端

电子服务终端是给客户使用的与企业系统相连接的软硬件综合体。

触摸屏和银行ATM机就是广泛应用的电子服务终端的例子。ATM机的使用已经改变了人们使用银行服务的方式。一方面，由于ATM机的出现，银行服务的交付不再受时间和地点的限制；另一方面，由于ATM机的采用，银行也节省了服务时间和人力成本。

网络界面

随着宽带和互联网的普及，网络成为企业与客户、员工、供应商以及合作伙伴之间最经济、最便捷的互动方式。如今，网站不仅成为在线产品信息和购物的平台，而且可以提供完整的服务方案。客户所有的需求都可以通过企业门户网站得以实现，而信用卡、借记卡、网上银行的发展使得网络更加实用。火车票预订、航班预订、在线缴税、在线交保险费用以及其他类似的功能改变了消费者行为和消费方式。

客户在购物前可以比较产品的特点、价格、服务项目并参考其他客户的反馈意见。网络和网站加剧了企业之间的竞争，迫使企业重新思考它们的营销战略。

从呼叫中心到互动中心

随着电信技术的普及以及越来越多的企业流程在IT平台上运行，呼叫中心作为企业与客户之间的联系纽带已经呈现出显著的重要性。通常，客户或者潜在客户会给呼叫中心打电话以了解产品、服务及其用途等相关信息，而且所有咨询、投诉以及建议之类的来电也可以在呼叫中心得到处理。

呼叫中心包括呼入和呼出两条电话通道。客户会通过呼入通道联系呼叫中心，而企业可以通过呼出通道实现不同的目的，比如潜在客户开发、商机追踪、向客户传递产品更新信息和发布新产品价格、市场调研等。

呼叫中心具有很强的电话处理能力，这里的员工都经过特殊的培训，能够以专业的方式处理呼入和呼出的电话。呼叫中心员工可以使用相应的设施进行呼叫监控，记录呼叫日志和呼叫内容。呼叫中心的工作人员通常被称为电话客服人员。所有的电话客服坐席上都提供了连接本地网络的电脑以及语音和数据的传输设备。电信网络和计算机网络的连接采用的是计算机电话集成（computer telephony integration，CTI）技术。

呼叫中心也有基于标准（如服务、优先级、升级、语言等）的电话自动路由设备。最初，呼叫中心被大型服务组织用于集中处理来电。但是，随着其与信息技术以及数据中心的集成（见图4—4），呼叫中心最终发展成为交互中心。

现在，呼叫中心已应用于各行业不同规模的企业。

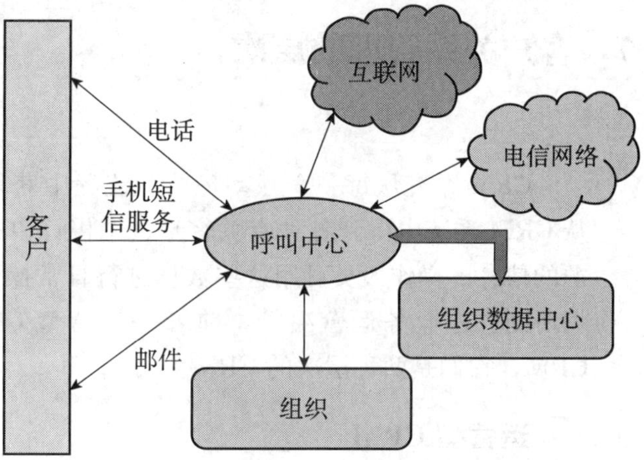

图4—4 交互中心

交互式语音服务系统

当拨打铁路服务热线时，我们首先会听到由电脑说出的问候语，随后被提示可以通过输入特定数字来选择不同的服务。这项技术便是交互式语音服务系统（interactive voice response system，IVRS），它可以处理很多已经被提前设置好的咨询问题，可以将数据库中的标准答案回复给客户。交互式语音服务系统是运用硬件和软件处理来电以及为来电者提供标准应答的计算机服务。在客户咨询过程中获得的特定信息可以被嵌入预先录制好的应答中。交互式语音服务系统常被呼叫中心用来作为处理大量客户来电的第一步，用于减少操作成本以及自动回应一些常规咨询问题。

移动GPRS、3G等

通用分组无线业务（general packet radio system，GPRS）是GSM移动电话用户可用的一种移动数据业务。它允许用户使用自己的移动设备访问网络系统，它提供的实际传输速率为40～60kbps。随着3G移动网络的普及，移动电话网络的连通速率将会大幅提高，这将为企业与客户打开一种全新的、强大的沟通渠道。而且，移动电话作为一种可以拿在手中并且连接互联网的强大电子设备，必将为客户提供一个真正的永远在线的沟通渠道。

除了这些为客户沟通带来变革的技术外，还有多种对CRM解决方案产生重要影响的软件和数据处理技术，我们将在第9章有关电子客户关系管理的内容中进行介绍。

4.7 客户关系管理的层次

CRM系统从每一个互动环节和流程中获取数据，所以企业可以从CRM系统中得到各种有关客户、销售订单、服务请求以及内部资源的信息。操作人员可用这些数据进行日常操作，管理者可用这些数据协助进行业务运营决策，前者是运营型CRM，后者则是分析型CRM，它们是两种层次的CRM。

运营型CRM

运营型CRM由操作人员用于处理个人事务。与客户互动的数据被存储在数据库中，而后被服务人员、销售人员、营销人员用于日常决策。一些CRM解决方案提供商将这些报告称为“仪表盘”，汽车仪表盘不仅能够提供方向而且可以帮助驾驶员朝着预期的目标前进，而这些报告像汽车仪表盘一样可以帮助企业了解目前的状况。企业管理者可以根据预定目标持续监控企业绩效，并采取纠正措施。运营型CRM处理客户信息可以实现多种目的，比如：

- 进行客户服务管理；
- 管理营销活动；
- 实现企业营销自动化；
- 实现销售队伍自动化；
- 运行销售管理系统。

分析型CRM

分析型CRM协助高级管理层利用历史数据的分析结果进行相应的决策。这些决策并非日常运营决策，而是关乎企业整体发展的战略性决策。CRM解决方案可以获取大量客户数据，以及客户服务、市场营销以及销售情况等详细数据。对这些数据的分析有助于深入了解客户行为及其需求。同时，这种分析报告还可以反映企业目前的能力和绩效。

利用数据挖掘技术可以从数据库中提取有用的信息，从而实现分析客户关系及行为的目的。这有助于营销人员进行客户细分以及调整未来的营销活动，从而提高营销活动的效率、提高客户终身价值并且减少客户流失。分析型 CRM 还能帮助销售人员了解交叉销售机会、客户流失、销售业绩、客户偏好、客户毛利、客户定位等信息。

CRM 分析有助于深入了解客户满意度以及忠诚度。这些分析可作为日后采取有效策略的基础。分析型 CRM 分析客户数据可实现以下多种目的：

- 设计并执行目标市场活动；
- 设计并执行销售活动；
- 设计并执行客户信息管理活动；
- 分析客户行为从而制定产品升级、新产品研发、服务流程再造等相关决策；
- 管理信息系统（例如销售预测和客户盈利分析）；
- 设计并执行销售和分销战略以及供应链管理。

自我检测Ⅱ

1. 列出多种用于客户接触的技术。
2. 从呼叫中心呼出的电话有哪些目的?
3. 列出分析型 CRM 的任意四种功能。

小结

CRM 是一个集合了销售、营销以及服务功能的系统，有助于关系营销的实施。本章介绍了实施 CRM 的重要意义、范围及其演变，不同的用户接触技术以及运营型 CRM 与分析型 CRM 的概念。

关键术语

客户关系管理（customer relationship management，CRM）　是企业为建立、维持和拓展客户关系而整合其战略、业务流程以及功能的一种管理理念和方法。

销售队伍自动化（sales force automation，SFA）　是用于管理销售活动的软件。

呼叫中心（call centre）　是客户或潜在客户以电话方式了解产品、服务和用途的场所。

计算机电话集成技术（computer telephony integration，CTI）　一种连接电信网络和计算机网络的技术。

运营型 CRM（operational CRM）　关注个人事务，并被运营人员用于处理销售、营销以及服务等业务活动的一种 CRM。

分析型 CRM（analytical CRM） 对客户历史数据进行分析，以帮助高级管理人员制定战略决策的一种 CRM。

复习题

1. 简述 CRM 的概念及其重要性。

2. 简述 CRM 的范围。

3. 给出呼叫中心的定义。它是如何演变成互动中心的？

4. 给出分析型 CRM 的定义。

5. 给出运营型 CRM 的定义。互联网是如何成为企业与客户主要的交流媒介的？结合企业案例加以分析。

6. 解释 CRM 的概念，描述它的范围和发展历程。

7. CRM 不仅仅是一个应用软件，更是企业的一种运营方式。结合服务业的企业案例加以阐述。

8. 阐述运营型 CRM 和分析型 CRM 的异同，并分析型 CRM 的用途。

延伸阅读

■ Dyche，Jill（2007），*The CRM Handbook：A Business Guide to Customer Relationship Management*，Pearson Education.

■ Sheth，Jagdish N；Parvatiyar，Atul and Shainesh G.（2003），*Customer Relationship Management—Emerging Concepts，Tools and Applications*，Tata McGraw-Hill.

■ Nath，Dhruv（2005），*The Nuts & Bolts of CRM*，Tata McGraw-Hill.

第5章 客户忠诚管理

学习目标

学习本章后，读者将会理解：

- 客户忠诚度的概念
- 客户忠诚管理
- 客户忠诚度的培养
- 设计并实施客户忠诚管理体系
- 设计并管理客户忠诚度计划

5.1 概 述

企业发展仅仅依靠争取新客户是远远不够的，更重要的是采用全新的方式增加老客户的重复购买次数，从而确保现金流入并提高企业的投资收益率。企业必须密切关注与客户的关系，并研究客户在产品或服务消费过程中的体验，这不仅能够增强客户重复购买的意愿，而且能够促使客户传播好的口碑，并最终成为产品或服务的拥护者，产生更高的客户价值。赢得客户忠诚是客户关系管理的终极目标。为了维持长久的客户关系，企业需要实施特殊的客户回馈策略和忠诚度计划。在本章中，我们将介绍客户忠诚的概念，以及如何通过设计并实施忠诚度计划来提高客户忠诚度。同时，我们还会介绍几个来自不同企业的忠诚度计划案例。

5.2 客户忠诚管理简介

客户忠诚管理是通过回馈客户的方式建立长久的关系进而增加企业收益的一种方法。除此之外，客户忠诚管理还可以有效减少甚至避免竞争激烈的环境带来的客户流失。从全球范围来看，客户忠诚管理已经被广泛应用于改善客户保留机制。研究显示，76％的美国零售商和75％的美国客户在利用忠诚度计划方面卓有成效。在印度，客户忠诚管理仍处于初级阶段，但在客户的感知和期望发生巨大变化的情况下必定会蓬勃发展起来。如今，由于互联网、各种媒体以及电信的普及，客户获取信息的方式得到了前所未有的发展。在媒体全球化、现代零售形态多样化以及品牌选择多样化的冲击下，客户的消费心理日趋成熟，这使得市场竞争异常激烈，最终导致客户形成多样化的需求并且很少忠诚于某一特定品牌。客户会不假思索地选择那些能够给他们带来更高价值的竞争对手的品牌，这些客户通常被称为**“品牌摇摆者”**（brand-swingers）。他们没有固定的忠诚模式，偏爱那些能够提供更多价值的企业。因此，企业需要依靠有效的营销手段提升老客户的忠诚度，同时拓展新的客户群。IT技术在企业的广泛应用促使各种客户忠诚度计划的实施成为可能。

培养客户忠诚度在任何企业的战略中都占据最优先的位置，因为一项有影响力的客户保留计划会给企业带来丰厚的利润回报。

客户忠诚度的定义

“忠诚度”被用于描述客户购买后的行为，即客户在一段时间内是否会再度购买该企业提供的产品或服务。购后行为是评估客户忠诚度的最重要的方面。获取客户忠诚的目的不仅仅是赢得客户的重复购买，还包括收获良好的口碑以及在客户与企业之间建立牢固的关系。

在竞争激烈的市场环境中以及经济低迷的情况下，维系老客户成为企业维持竞争地位最有效和最明智的选择。只有忠诚的客户才能够帮助企业走出困境。管理客户忠诚就是要想方设法招徕、挽回客户，实现重复交易。产品或服务质量以及客户价值的实现是客户忠诚管理最重要的两个方面，二者可以确保客户的重复购买以及客户与企业关系的持续性，从而实现较高的客户保留率以及客户终身价值。

弗雷德里克·赖希黑尔德（Frederick Reichheld）在《忠诚效应与忠诚原则》（*The Loyalty Effect and Loyalty Rules*）一书中指出，很多行业中，在管理客户忠诚方面表现最优秀的企业的增长率是行业平均增长率的两倍左右。忠诚效应表现为忠诚客户的成交额较大、服务成本较低。当客户与企业的关系加强时，企业获得的收益随之增加，而且增长值极为显著。企业每多保留 5%的客户，便可以增加将近 100%的收益。[①]

忠诚度的提升意味着企业的潜在客户逐步成长为企业的支持者、拥护者和合作伙伴（见图 5—1）。

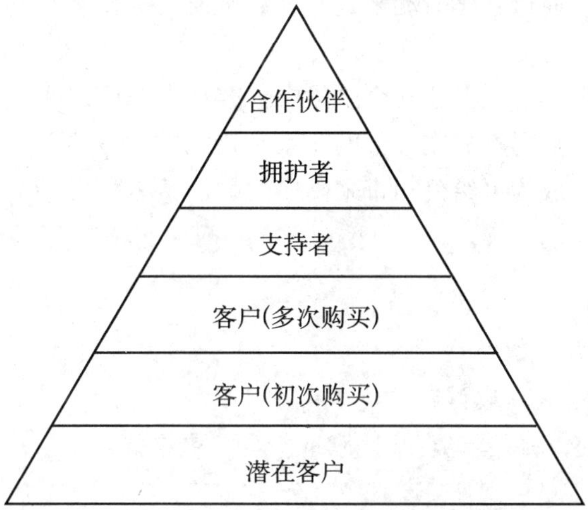

图 5—1　客户组织关系的发展历程

潜在客户：潜在客户是营销人员所定义的满足要求的目标群体，是市场中存在的个人或组织。例如，销售人员要确认将净水器销售给某一特定区域的家庭。

客户（初次购买）：当潜在客户被营销人员提供的产品或服务吸引并购买时，该潜在客户就转变为初次购买产品的客户。

客户（多次购买）：当初次购买产品的客户多次购买某企业的产品或服务时，就转变为这家企业的客户。消费者的初次购买可能是为了尝试该产品或服务，而客户是重复购买的消费者。对于客户而言，初次购买可能是一次非常满意的体验。例如，某电信运营商的移动通信服务的消费用户就是一个客户。

支持者：当客户对企业提供的产品或服务非常满意并将其推荐给自己的朋友、亲戚或者同事时，该客户就成为该企业的支持者。由于

① 资料来源：www. bain. com，last accessed on May 12，2011.

口碑效应可以吸引更多新客户，因此口碑对企业发展具有很强的推动作用。在潜在客户向客户转化的过程中，口碑是最有影响力的信息来源。

拥护者：拥护者是企业更高层次的支持者，除了会推荐新客户以外，还会持续增加企业的销售额并主动与企业沟通以改善企业的产品或服务。

客户拥护是企业最强有力的市场营销工具，客户成为企业产品或服务的代表，并强力推荐他人购买。

合作伙伴：当拥护者积极参与公司决策时，就成为公司合作伙伴。通过合作活动来提升客户价值，会使客户与营销人员间形成更强的黏合力。

在上述几个阶段中，客户忠诚度水平呈增长趋势，表现在客户与公司产品或服务的联系和接触的程度方面。随着时间的推移，客户会成为可给公司带来高净值的消费者，并为公司创造利润收益以及良好的口碑。

自我检测 I

1. 什么是客户忠诚?
2. 为什么说保留老客户比获取新客户更重要?

客户忠诚管理

客户忠诚管理是指为确保客户满意以更多地购买公司产品或服务而实施一个或一组方案，它是一个持续的过程。在某些情况下，公司提供具有质量保证的产品就可以培育客户忠诚。当然，客户忠诚也可以通过其他多种途径获得，例如自由报价、优惠券、低利率、高价实物换购、延长保修期、打折或其他回馈、激励措施。客户忠诚度计划的最终目标是提高客户满意度，从而使客户重复购买并推荐其他人使用该公司的产品或服务。

下面是一些公司的案例，这些公司使用一些创新的方法来提高客户忠诚度。沙克蒂信用卡（Shakti Credit Card）是 Big Bazaar 商场通过 ICICI 银行专门提供给家庭主妇的一种信用卡。Pantaloons 向客户提供一种绿卡，持有绿卡的老客户可以在下次购买时享有产品折扣或其他特权。Kaya Skin Clinic 采用多种方式提高客户忠诚度，如提供享有服务和化妆品优惠的会员卡。L'Oreal India 的方案是实行购物积分，在以后的购买中积分可作现金抵扣。Kellogs 也采用购买积分计划，客户可通过累积积分换取礼品篮。持有 Viahal Mega Mart 忠诚卡的客户在以后的购买中可享受价格折扣。Subhiksha 的会员卡持有者每个月可参与幸运抽奖，中奖者将获得邀请函等特别的礼物。这些方法都可培养忠诚的客户。

优质的客户服务是企业获得客户忠诚的关键要素。如果客户在产品使用过程中遇到问题，企业应该立即采取必要措施，并提供相应服务。客户忠诚管理支持系统的可用性及其对客户的关注程度对企业的实际运营十分重要。企业可以建立标准的售后服务程序，该程序应该具有一定的灵活性，以便更好地处理每个客户不同的情况。

客户关系阶段

客户忠诚管理涉及客户关系的三个主要阶段，分别是客户满意、重复购买以及推荐，它们是层层递进的关系（见图 5—2）。

图 5—2　客户关系阶段

1. 客户满意取决于产品或服务质量、售后服务以及对产品价值的认识。产品或服务的高质量有助于客户更好地认识产品价值。

2. 重复购买：如果客户对购买的产品或服务感到满意，或者市场上其他企业不能提供具有更高价值的产品或服务，那么他会重复购买这类产品或者继续享受服务。

3. 推荐：客户不仅会重复购买产品，而且会成为老主顾甚至推荐者。只有在产品能持续产生牢固的情感纽带时，这种情况才会出现。持续的价值实现和互惠互利是一个客户向他人推荐产品的先决条件。

客户关系的先决条件

企业要想管理客户忠诚，必须通过优质的产品及售后服务来确保客户满意。但并不是每一个满意的客户都会重复购买，不购买的原因可能是缺少购买动机，也可能是对竞争对手的产品和活动更感兴趣。客户忠诚管理关注的是如何吸引这类客户进行重复购买。客户忠诚管理的目标在于把这些满意客户转变为产品或服务的拥护者（见图 5—3）。

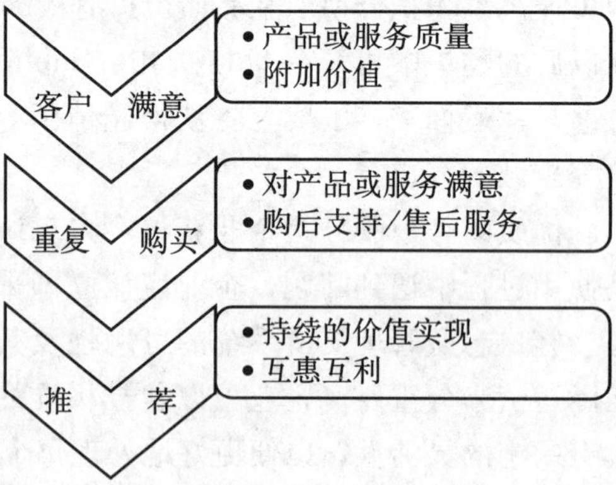

图 5—3 客户关系的先决条件

客户忠诚管理的意识体系

客户忠诚管理是一个综合过程，组织应充分利用客户在客户生命周期各个阶段与组织多个接触点的互动，优化客户体验并向客户传递更好的价值主张。客户忠诚管理要求企业必须了解客户在客户生命周期各个阶段的不同期望。但是，不同类型的客户的期望也会不同。因此，需要根据恰当的参数定义客户特性，这些参数可以是客户产生的利润、所用产品的类型、人口统计特征、消费心理、个性特点等。企业必须为目标客户群体合理制定相应的回馈策略，如图 5—4 所示。

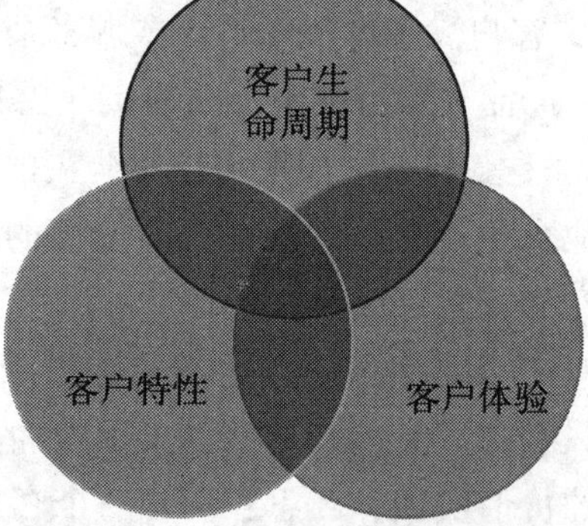

图 5—4 忠诚度管理的意识体系

客户忠诚管理的体系

客户忠诚管理的体系要求公司从每一个互动接触点获取客户信息，并以此为基础对客户特性进行划分。目标客户群体的选择应该基于忠诚度计划的目标。5.3 节将详细介绍忠诚度计划的设计与实施过程。这些计划会用于改善客户体验并增加所提供的价值。忠诚度计划的有效执行取决于各种线上和线下的促销活动，包括利用互联网、印刷品、户外媒体、手机等多种媒介进行的广告、公共宣传、公共关系和促销等。

客户忠诚管理的成功实施取决于接触点、客户数据库、客户特性划分以及CRM系统等所有要素的整合程度，如图5—5所示。

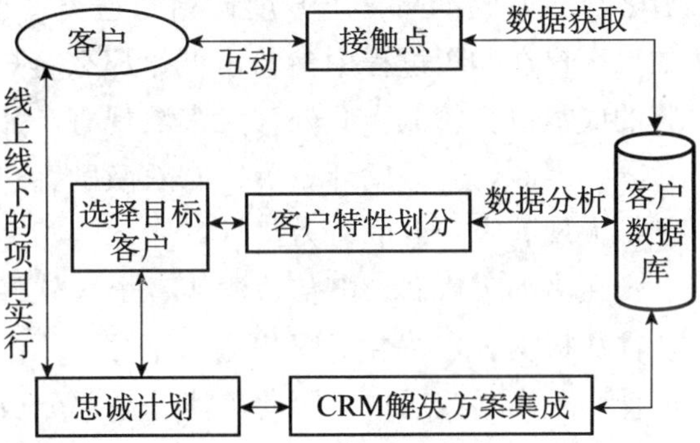

图5—5　客户忠诚管理的框架

自我检测Ⅱ

1. 客户忠诚的构成要素是什么?
2. 什么是客户拥护?
3. 详细解释客户忠诚管理体系。

5.3　忠诚度计划

忠诚度计划是为提高客户保留率并鼓励客户重复购买而开展的营销工作。这些计划旨在通过提高客户保留率来增加公司收入和利润。忠诚度计划是一个系统的行动方案，在了解和分析现状的基础上制定新的方针政策以确保客户保留率，进而将客户培养成公司的拥护者。客户忠诚管理可以提高客户保留率，从而给企业带来长远利益。

忠诚度计划的重要性取决于组织的商业模式以及它们如何提升客户价值。如果客户每一次与企业互动都会投入大量时间、金钱和精力，或者有与企业保持更长联系时间的可能性，那么企业失去这样一个客户，不仅会造成投资回报率下降，而且会对公司的声誉造成巨大的负面影响。对于任何组织而言，那些能显著增加公司收益的高净值客户都应该享有特殊待遇，对这类客户群体的服务需要实现高度的定制化以及个性化。因而，忠诚度计划就是要通过采取特殊优惠、客户认可、专门的活动、数量折扣以及其他措施来感谢并回馈客户，进而改善客户关系。

有计划的、结构合理的忠诚度计划还有助于加强客户账户和联系人管理，减少各种费用。但是，从广义上讲，如果市场竞争不激烈或者客户转换成本高，忠诚度计划与这类管理环节就没有太大的关联。如果客户在购买过程中参与度低，那么客户转换至竞争产品/服务/品牌的成本也会较低。此外，大多数现有产品的特点和属性相似，缺乏差异。因此，忠诚度计划可以有效激励客户，是组织提高客户保留率和扩大现有客户群的有力工具。

在诸如零售商、电信、酒店、个人软件、快速消费品等行业，企业往往根据客户特性对客户进行细分。不同客户的价值有所不同——或低、或高、或居中，因此可能一小部分极其宝贵的客户所带来的收益和营业额占主要部分，而大部分客户对收入的贡献却很小。

这类企业可以采取两种不同的方式来设计忠诚度计划。

聚焦高净值客户　这个模型认为高净值客户是最佳的客户群体，组织可通过三种方式提升高净值客户的价值，分别是提高客户保留率、减少现有高净值客户流失以及提高由中净值客户到高净值客户的转换率。

高净值客户流失或者减少消费，均会导致价值增长放缓，企业收益减少。组织真正的挑战是通过忠诚度计划确保高净值客户保留率及其消费额。

除此之外，组织还应该向中净值客户提供个性化的激励机制和消费回馈，从而促使他们转变为高净值客户。如果他们有成为高净值客户的倾向和潜力，那么他们会逐渐增加购买数量和频次，并最终变成高净值客户。

聚焦新客户　对于那些只有一次购买意向、不断在不同品牌/产品间转换的客户而言，企业采用基于频率的方法会非常有效。即便客户的消费额很小，企业也为其提供奖品，以引发再次购买行为。该方法会促进企业与客户频繁互动，并最终形成稳固的关系。

对于新设或新兴企业，这种方法是有效的，因为尚未明确新客户的长期价值，所以企业应该关注重复购买行为。

提供包括传统的印刷媒体（报纸和杂志等）、电信、卫星直播电视（DTH）以及其他订阅型服务的企业，依赖按月、按季或按年重复购买的客户群。然而，这些客户可能随时转而选择竞争公司，因为市场上可供选择产品丰富多样，使得他们可以频繁转换。

这类公司应该把忠诚度计划的目标定为确保参与度、使用率、口碑和推荐，采取一些有利于客户保留的措施，而不是直接或间接地向客户定期收取费用。

需要注意的是，组织不能理所当然地认为现有客户会永远是自己的客户，在竞争激烈的环境中，客户很容易被多种促销和竞争性活动所吸引而发生转换。大多数情况下，有计划的、合理的忠诚度计划可以使企业获得更高的客户保留率，进而获得更高的知名度和重复购买收益，带来更高的收入。

忠诚度计划的好处

合理制定并高效执行的忠诚管理计划可以带来以下好处：

- 与利润贡献多、业务份额大的客户建立长期稳定的关系；
- 增加客户和员工的推荐，促进销售增长；
- 提升长期财务业绩和股东价值。

每个公司都追求成长，以获取更大的市场份额。在竞争激烈的环境中，忠诚的客户群体是企业最有力的武器，可避免客户转换至竞争对手那里。

5.4　设计并管理忠诚度计划

一个典型的客户忠诚管理计划包括测量、计划、沟通、实施、检验和提升等环节，是一个循环的过程（见图5—6）。

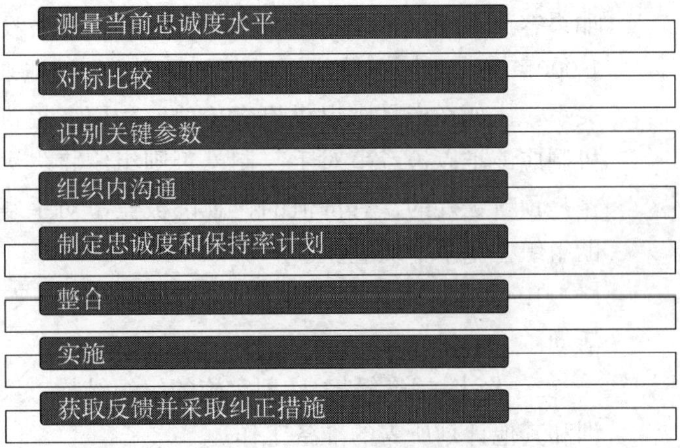

图5—6　客户忠诚管理的步骤

■ 根据调研和行为数据测量客户当前的忠诚度水平。组织可通过设计完善的调研问卷和内部分析发现公司在产品、政策和程序方面的不足，通过定期的客户反馈倾听客户心声以测量客户当前的忠诚度水平。

■ 将客户当前的忠诚度水平与竞争对手的做比较，并进行相应的分析。

■ 明确客户最重视的产品功能，并进行严密的后续跟踪。

■ 在组织范围内就调查反馈情况进行有序的沟通，提高全体员工的参与度。

■ 制定忠诚度和保留率计划，并将其与公司产品、政策和程序加以融合。

■ 开发新的计划，以降低客户转换率和增强市场竞争力。

■ 改变以长期忠诚度为代价追求短期效果的政策，比如仅对新客户提供高端服务和折扣，反之，要向终身价值更高的客户（详见第 2 章）提供所期望的待遇。

忠诚度计划的制定步骤如下：

1. 确定忠诚度计划的目标。目标应该是可测量的且具有可行性。

2. 根据市场团队、竞争者分析等编制预算，并取得组织的财务支持。

3. 根据忠诚度计划的目标，确定要依据客户终身价值或其他相关参数进行回馈的客户的资格。

4. 选择合适的客户回馈方式。需要注意的是，回馈方式必须保证客户购买得越多，可获得的有形和无形回馈越多。

忠诚度计划提供的回馈或者激励应该与客户带来的收入相匹配。如果客户一年仅带来 2 000 卢比的收入，那么没有哪个公司会回馈他 1 000卢比。组织必须制定低成本高效益的措施来激励客户与组织保持关系，比如在产品中提供更多价值、为服务提供延期等。同时，回馈机制应该难以被竞争对手复制，否则组织将失去该战略优势。这些利益是预料之外的、有价值的、难以被竞争对手复制的，因此它们能帮助组织在竞争中取胜。

1. 探索与他人的合作关系，以便开展交叉销售等分销以及促销活动。

2. 设计并编写利于计划实施的组织结构方案和程序，包括员工培训和其他计划所需的准备工作。

3. 将忠诚度计划与当前的价格计划、分销网络以及客户接触点等进行整合。

4. 监督计划的实施，通过调整服务能力计划及其他方法，确保计划成功实施。

5. 根据反馈采取有效的措施。可能需要重新规划和设计分销网络以及与中间商建立新的合作关系。

忠诚度计划的整合

企业需要特别关注各方案的内部整合。企业的产品、政策和规范应该围绕着客户忠诚管理进行（见图 5—7）。企业必须确保忠诚度计划与促销管理、活动管理、多种销售渠道、收银系统以及其他内外部流程之间的整合。要实现它们的整合，客户忠诚管理计划的制定必须基于 CRM 平台。

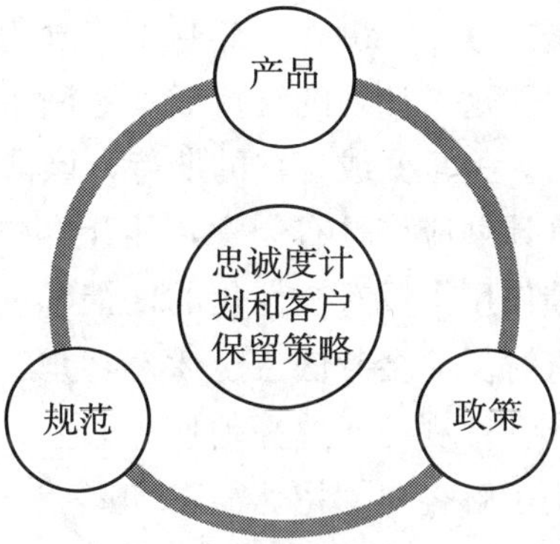

图 5—7　忠诚度计划的整合

5.5　忠诚度计划的类型

忠诚度计划中会设计回馈或激励措施，以保留现有客户并吸引新客户。基于回馈和激励机制，有如下一些常见的忠诚计划类型。

1. 感激型：这类计划向长期重复购买产品或使用服务的客户免费提供额外的产品/服务。例如，通信服务提供商向用户免费提供额外通话时间。

2. 回馈型：这类计划向客户提供与企业产品/服务无关的回馈。例如，信用卡公司赠送“回馈积分”，积分可用于购买其他各类产品。

3. 合作型：企业签署互利的特殊长期协议，要求双方互相进行重复购买。企业还可通过特殊计划与零售客户建立合作关系，例如推荐新客户会获得奖励。

4. 回扣型：这类计划下，企业向忠诚客户提供价格优惠方案。比如，通信服务提供商向用户提供通话时间越长则费用单价越低的特殊资费计划。

5. 亲和型：这类计划下，企业通过提供无形回馈和承担社会责任获得良好商誉。

忠诚客户卡是市场营销中常见的方式，尤其是在零售业。忠诚客户卡、回馈卡、积分卡、优惠卡或会员卡通常是塑料或纸质卡片，外形类似于信用卡或借记卡，用以证明卡片持有者是忠诚度计划的成员。

电子商务企业忠诚度计划的另一种常见方式是奖励积分。客户每次购买都会获得奖励积分，而积分多少取决于购买数量和类型。客户可累积积分，用于换取额外利益。

毫不夸张地讲，纯粹基于奖励积分的传统忠诚客户卡的应用时间很有限。这类计划的维持成本不断上升，而且它培养忠诚度的成效并不显著。一旦变成客户的期待，该计划就会被视为核心产品的一部分。忠诚度计划应该具有创意，能让客户感到惊喜，并对忠诚客户真正起到回馈作用。没有个性化的回馈和利益是没有用的，并不能培养忠诚度，有时反而会惹恼甚至激怒客户。对于大部分零售商来说，客户是因需求和便利性而选择他们。因此，零售商需要抓住机会让客户意识到他们了解客户的特殊需求和愿望。而这需要零售商针对客户制定个性化的忠诚度计划。

5.6 忠诚度计划失败的原因

缺乏精心设计和有效实施，是忠诚度计划失败的主要原因。一项失败的计划只会加大公司的成本，而不会增加公司的收入和利润。公司将会长期受困于这样的负面影响：客户不断期望获得更多的激励，但并不产生更多的价值。此外，这种境况会导致客户弱化对公司产品和服务质量的感知，对品牌建设和利润毫无贡献。阻碍忠诚度计划成功的原因有：

1. 设计不当；
2. 回馈政策不充分或缺乏吸引力；
3. 计划实施不当；
4. 计划沟通不足；
5. 计划未与组织的政策和程序整合。

为了克服上述障碍，公司采用的CRM解决方案应该能够灵活提供多种忠诚度计划，这些忠诚度计划能自动与组织的政策和程序整合。

自我检测Ⅲ

1. 建立忠诚度计划的步骤有哪些?
2. 列出不同类型的忠诚度计划。
3. 一项忠诚度计划失败的原因可能是什么?

公司案例

XTRAPOWER 车队卡方案

XTRAPOWER 车队卡方案是一项完全基于智能卡的车队管理解决方案，车队运营商和公司可通过灵活的预付和信用卡支付等方式，而不是现金支付方式，从IndianOil 指定零售商处购买燃油和润滑油。该计划提供了一系列的回馈和好处，比如个人突发事故保险和车辆追踪。方案实施两年后，IndianOil 的 XTRAPOWER 车队卡已经成为这个国家零售覆盖范围最广的车队卡。任何拥有或经营车辆的企业都成为 XTRAPOWER 车队卡方案的成员，并交纳象征性的年费。该方案中每个车队的车主都配有一张车辆控制卡，每辆车都配有一张车队卡。为安全起见，用车队卡办理的业务要经由唯一的个人识别号码认证。此外，这种卡可识别车辆在国内任何地方的行踪，有助于提高车辆的利用率，并让车辆按照指定路线行驶。

资料来源：www. extrapower. com，www. ioc. com，last accessed on May 5，2011.

小结

在本章，我们学习了客户忠诚度的概念，明白了竞争激烈的环境中忠诚客户的需求对于组织生存的重要性。本章结合公司实例阐述了客户忠诚管理、忠诚度计划、设计与实施忠诚度计划的步骤以及忠诚度计划的类型和好处。

本章还讨论了将组织的产品策略、政策和规范与忠诚度计划及客户保留策略进行整合的必要性。

关键术语

忠诚客户（loyal customer）　指愿意重复购买产品或服务并将其推荐给其他潜在购买者的客户。

客户忠诚管理（loyalty management） 指为获得客户忠诚而开展的对组织结构、政策和程序进行方向性调整的连续过程。

忠诚度计划（loyalty programme） 指激励客户重新购买的具体安排/定价计划/整体活动。

客户特性划分（customer profiling） 指根据产生的收入、产品种类、客户人口特征、心理特征以及个性等各种参数对客户群进行细分的过程。

奖励积分（reward point） 是一种忠诚度计划，给予客户特定奖励积分，客户可以累积积分用于购买其他产品。

忠诚卡（loyalty card） 是类似于信用卡的一种卡，零售商用其识别客户身份并制定忠诚度计划。

客户忠诚度（customer loyalty） 用来描述客户的购后行为，即他是否会进行重复购买的一种指标。其目标不仅在于获得重复购买，更是为了赢得正面的口碑效应。

客户拥护（customer advocacy） 指现有客户向潜在客户推荐产品或服务而表现出的信任的感情。

复习题

1. 为什么保留老客户比获取新客户更重要？
2. 如何理解客户忠诚度？
3. 讨论“产品质量和服务是忠诚度管理的先决条件”。
4. 什么是忠诚度计划？它与促销计划有什么区别？
5. 列举忠诚度计划的类型。
6. 忠诚度计划的好处有哪些？
7. “在当前竞争激烈的环境中，对组织而言，客户保留是一项挑战。”请根据公司忠诚度计划批判地分析这一观点。
8. 简述忠诚度计划管理的步骤。
9. 讨论忠诚度计划的类型及其对不同类型产品的适用性。
10. 忠诚度计划应该与组织进行整合。讨论在组织内整合并沟通忠诚度计划的方式。
11. 了解零售连锁店实施的不同类型的忠诚度计划。讨论它们的有效性并提出改进建议。

案例作业

比较两家信用卡公司的忠诚度计划，分析奖励积分对于确保信用卡持续使用和保有的效果。

案例分析

电信行业的客户流失

随着越来越多的企业进入印度电信行业，客户从激烈的竞争中获得了越来越多的利益。每个月新增1 200万～1 500万用户，截至2009年7月，印度电信用户总数已经超过47 900万。运营商还在不断增加新用户，但与此同时，保留现有客户也变得越来越难。

印度大部分地区有四家GSM运营商，有时还有两家CDMA运营商，最多会达到六家无线服务运营商。很显然，在竞争如此激烈的环境中，用户通常会从一家运营商换到另一家。由于电信行业蓬勃发展，所有电信运营商的首要目标就是增加用户数量。

增加一个新客户的成本要高于保留一个现有客户的成本，这是公认的事实。客户的流失会影响运营商的盈利能力。由于对农村地区市场的不断渗透，新增的有吸引力的客户越来越少，因此"用户平均收益"指数正在下降。在这种情况下，客户流失会严重影响电信运营商的利润。以48 000万客户总规模为基数来计算，即使客户流失率仅为2.5%，流失的用户也将达到1 200万名，这相当于所有运营商每月新增用户总数。如此巨大的数字，对于追求客户数量的运营商来说是非常有吸引力的，当然，增加相应数量的客户对于企业而言成本高昂。

客户流失的原因

用户流失是电信行业的普遍现象，电信运营商必须学会接受并正确对待。但是由于客户流失会影响利润，因此如何将流失率控制在一定范围内就显得非常重要。为此，需要分析客户流失的原因并制定客户保留策略。

用户流失的原因很多，大致可以分为以下三类：

1. 用户调整；
2. 现有服务提供商的内部问题；
3. 市场环境。

用户通常想要体验最新的设备、新的功能和服务。有些用户群体总是想从这一家服务提供商转向另一家。与此同时，还有一些用户群体可能会对现有服务提供商感到不满，主要集中在以下方面：

- 糟糕的服务表现和低质量的服务；
- 缺乏产品特色；
- 客户服务和资费问题；
- 缺乏责任意识。

某些用户可能会因其他公司的促销活动或定价计划更适合自己打电话的习惯而被吸引。此外，任何一家新进入市场的公司都试图与主导运营商争夺现有用户。

MNP及其对客户流失的影响

导致客户流失的另一个因素是近年早些时候引入的携号转网服务（mobile number portability，MNP）。MNP使得手机用户即使转换运营商也可以很容易地保留原有的电话号码。直到现在，用户选择新运营商的最大障碍仍是要不要更换电话号码。

在印度，手机服务是高度商业化的行业，运营商最关心的是尽可能多地增加新用户。但是，由于存在客户流失现象，他们目前必须关注客户的保留。

未来之路

对于手机用户来说，手机网络覆盖范围广和通话清晰是基本要求。手机用户也期望有新的特色、更好的用户关怀和创新的服务。电信运营商必须制定客户保留策略，这些策略主要针对实现差异化、改善服务质量、增加用户关怀、增加新型服务、提供诱人的定价包等方面以提升客户忠诚度。

结论

客户流失是电信运营商面对的主要问题，这意味着市场上存在大量流动客户。为此，运营商必须实现差异化、关注用户关怀并提高服务质量。与此同时，运营商必须构思新的忠诚度计划来激励那些忠诚的高价值客户。

讨论题

1. 电信行业客户流失的原因有哪些？电信运营商应该如何应对？

2. 研究任意两家移动运营商的忠诚度计划，分析它们的设计、实施以及效果。

延伸阅读

■ Schiffman, Leon G. and Kanuk, Leslie Lazar (2007), *Consumer Behaviour*, 8th edition, Pearson Education, Delhi.

■ Lewis, Michael (2004), "The Influence of Loyalty Programs and Short-Term Promotions on Customer Retention", *Journal of Marketing Research*, August.

■ Oliver, Richard L. (1999), "Whence Consumer Loyalty?", *Journal of Marketing* (special issue).

■ Dyche, Jill (2007), *The CRM Handbook: A Business Guide to Customer Relationship Management*, Pearson Education.

■ Sheth, Jagdish N; Parvatiyar, Atul and Shainesh, G. (2003), *Customer Relationship Management—Emerging Concepts, Tools and Applications*, Tata McGraw-Hill.

■ Nath, Dhruv (2005), *The Nuts & Bolts of CRM*, Tata McGraw-Hill.

第6章 服务质量与服务能力计划

学习目标

学习本章后，读者将会理解：

- 服务质量与客户关系管理的关系
- 服务能力的概念
- 制定服务能力计划的方法
- 排队论及其实际应用

6.1 概　述

为客户提供最好的服务是实施 CRM 系统的首要目标。组织的服务目标与其服务能力通常存在不匹配的情况。在这种情况下，组织需要重新审视其服务能力，重新思考相应能力下所期望达到的服务质量参数及标准。本章将介绍制定服务能力计划以达到既定的客户服务水平的方法。

6.2 服务质量与客户关系管理

销售、营销和服务构成 CRM 系统的三个基本功能。所有组织都极力通过改进其产品和交付最优质的服务来满足客户需求。客户满意度取决于产品及相关服务的价值实现程度，而产品和服务的质量是影响消费者价值感知的首要因素。实际上，服务质量受诸多因素的影响，如高管承诺、产品设计、员工关注、反馈机制及改善计划、服务交付系统等。服务交付能力的不足会导致 CRM 系统的失败。

6.3 服务能力的概念

组织提供的服务能否满足消费者的每个期望？拥有一套有效的 CRM 系统是组织的目标吗？这些都是管理人员必须回答的基本问题。这些问题若进一步分解至工作层面则可能是：一个银行分支机构需要多少业务柜台来提供取现服务，才能保证客户平均等待时间不超过五分钟？呼叫中心在不同的时段应该分别安排多少坐席？邮局应该如何在柜台之间合理分配工作来满足客户需求，同时实现资源的最佳利用？

服务能力是指服务交付机构在不影响服务质量的条件下能够实现的最大工作量。服务能力计划是根据现有业务质量参数及预测参数确定实现服务参数的最佳方法的一个过程。服务能力计划的目标是以一种具有成本效益的方式向用户提供令人满意的服务。

这可能需要在现有服务方法上进行调整或增加某些资源。病人在医院里需要什么服务？该服务的价值取决于对医生和医疗设施的信任和信心。除此之外，服务的舒适度和速度也非常重要，其中等候时间是需要管理的重要参数之一。事实上，应根据病情的紧急程度对病人进行分类，并对等候时间进行相应管理。事故中的伤者应该与那些常规患者区分开。医院接待的客户是情绪紧张的病人，因而医院很有必要弥合设施上的供需差异。

组织不仅需要保证充足的资源以满足服务需求，而且应该了解现有资源的使用状况。有多种方法可用来提升生产率和资源利用率，并有效管理出现差异的情况。

6.4 服务能力计划流程

服务能力计划与优化是一个持续的过程，其最终目标是实现服务资源的最佳利用，进而达到服务标准（见图 6—1）。它由六个循环的步骤组成，依次为确定服务水平需求、分析到达的需求、检查服务交付流程、分析当前情况、计划并实施改变、定期检查全过程。下面将依次详述各个步骤。

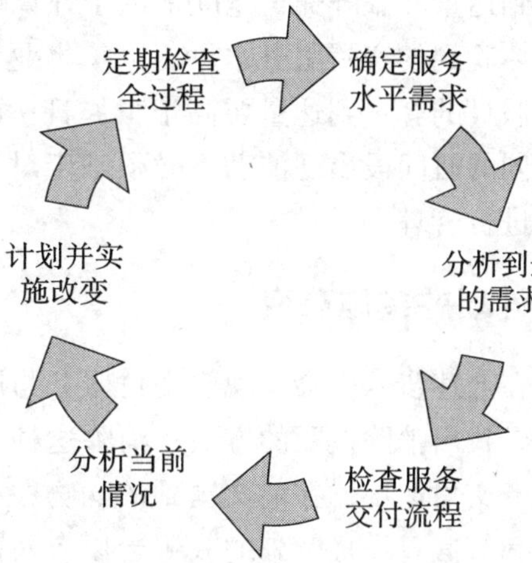

图 6—1　服务能力计划流程

确定服务水平需求

管理者首先要确定所需达到的服务标准。标准应该基于客户期望，而不是武断决定的。客户期望、管理者感知与实际标准之间的差距应该尽量缩小。以银行为例，管理者期望在五分钟、七分钟还是十分钟之内交付银行汇票，就是一项服务质量标准。

分析到达的需求

第二个步骤是分析到达的需求。同样以银行为例，到达的需求可表现为到某分支机构办理银行汇票业务的客户人数。服务需求量在不同的时间段可能会有所不同，可以对服务需求量进行时间间隔分析以确保能力计划的精确性。虽然服务需求量会随时间的推移而变化，但可以将在不同时间间隔的取款客户平均人数这样的基本统计数据作为需求能力计算工具的输入项。

检查服务交付流程

一般来说，对于能力需求计算工具而言，能提供每小时平均服务人数这类数据就可以满足服务能力计划所需。然而，管理者必须监督服务交付过程，通过优化流程来加快服务交付速度。加快服务交付速度的方法很多，包括过程标准化以及相关技术的应用。条码扫描技术的应用大大加快了收款系统的账单生成速度。如今，在零售行业，条码扫描技术的应用使收银工作快速高效，显著提升了服务交付效率。

分析当前情况

到达量和服务交付速度常用于计算可达到的标准服务水平与消费者所体验到的实际服务水平。以零售业为例，在某购物中心，周末以及节假日的客户到达量要高于工作日；即便在某一天中，到达量也会在不同的时间段出现波动。必须基于对具体情况的分析，对到达量的波动进行管理。

计划并实施改变

在上述步骤中会发现已交付服务与服务标准之间存在差距，下一步就是找出消除差距的方法。消除这种差距需要提升服务能力或者加快服务交付速度。在前文提到的购物中心的例子中，购物中心需要在周末和节假日增加额外的收银台以应对高客户到达量，并提供稳定的服务交付。

定期检查全过程

上述步骤完成之后，管理者需要定期检查整个过程，采取必要的措施来避免错误，并强化相关步骤以提高服务交付水平。

自我检测 I

1. 什么是服务能力计划?
2. 简述服务能力计划流程的步骤。

6.5 服务能力计划中的排队论

排队论可应用于客户到达服务站寻求服务的情况。实际上，排队等候服务的客户的到达时间是随机的。有多种数学模型可用于分析这种情况。排队论是诸多用于服务能力计划的模型中的一个，是根据客户到达速度以及服务交付速度计算等待队列的平均等待时间和队列长度的数学分析。排队现象在我们的日常生活中十分常见，比如等候缴付电费、病人在医院候诊、出租车在服务站等候提供服务、飞机在机场上空等候降落、客户在银行网点等候取款，等等。排队论一般被视为运筹学的一个分支，因为其分析结果经常被应用于与提供服务所需资源有关的经营决策。

排队论可应用于各种场景，比如：

- 飞机到达机场；
- 银行网点服务；
- 电信服务中心接待客户；
- 客户在饭店、酒吧等场所等待服务；
- 服务站的汽车服务；
- 病人在医院候诊；
- 排队打印；
- 客户在柜台预订火车票；
- 客户在超市收银台等待。

这个清单可以无限地列下去。所有这些场景都可用图 6—2 示意。

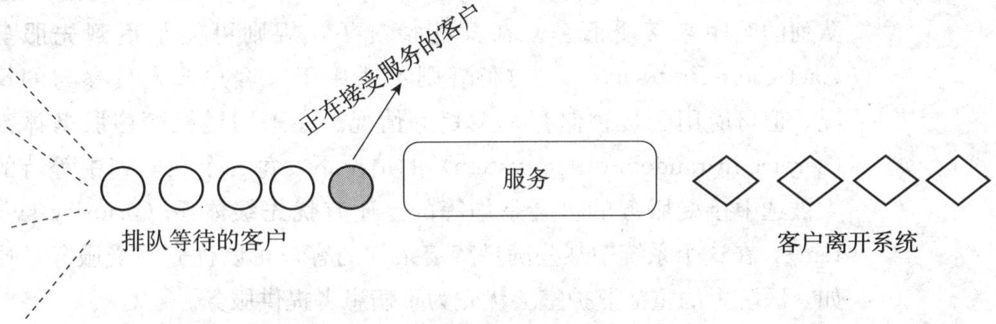

图 6—2　可应用排队论的场景

到达系统

进入排队系统的客户可能来自没有限制的外部人群，也可能来自其他队列。人群的来源可能有限也可能无限。比如，在火车票预售柜台排队的客户可假定为来自没有限制的人群。在车辆维修中心的商店窗口购买备用零件的技术人员则来自有限的人群，这类客户可能是一个人，也可能是一群人。此外，客户的到达可能是有规律的，也可能是完全随机的。大部分案例通常假定客户来自没有限制的人群，并且是随机到达的。分析这类案例需要知道**到达速度**（arrival rate），比如单位时间客户到达人数。到达速度一般用 λ 表示。

服务系统

服务系统中可能只有一个服务窗口，也可能有多个服务窗口。除了窗口数量，服务速度也是需要重点考虑的内容。基于服务窗口数量，可以建立不同的模型。

- 一个队列、一个服务窗口模型；
- 一个队列、多个服务窗口模型；
- 多个队列、多个服务窗口模型。

在火车票预售中心，客户分别在不同预售柜台前的不同队伍中等待，属于多个队列、多个服务窗口模型；客户在一个有多名发型师的理发店等待则属于一个队列、多个服务窗口模型。

排队规则

排队规则是指排队等待服务的客户的选择规则。最常见的排队规则是**先到先服务体系**（first-come-first-served system），客户按照到达队列的顺序来接受服务。在某些情况下，规则可能是**后到先服务**（last-come-first-served）。这种规则不适用于有客户或人员参与的情况，但可应用于货物储存及发货等情况。在采用**随机顺序服务体系**（service-in-random-order system）的情况下，每一个在队列中等待的人被选中接受服务的机会是均等的。还有**优先级体系**（priority system），在这个系统中某些满足特定条件的客户可以优先享受服务，比如，医院里的重症监护室会优先为重病患者提供服务。

6.6 排队系统分析

在先到先服务的排队规则下，客户以随机模式到达，可使用下述数学方程式进行分析：

假设：

W 为客户在系统中的平均等待时间（包括在队列中的等待时间以及接受服务的时间）；

λ 为单位时间客户到达数量；

μ 为单位时间可以服务的客户数量（服务率）；

Nq 为队列中的平均等待人数；

Wq 为客户在队列中的平均等待时间。

然后可以得到：

$$Wq=Nq/\lambda=\rho/(\mu-\lambda)$$

$$Nq=\rho^2/(1-\rho)$$

$$W=Wq+(1/\mu)=1/(\mu-\lambda)$$

式中，利用因子 $\rho=\lambda/k\times\mu$，k 为服务窗口数量。

利用因子（utilisation factor）（ρ）是服务窗口提供服务的时间比率。**等待时间**（waiting time）（W）是客户在队列中的时间，包括客户在**队列中的等待时间**（time in queue）（Wq）以及客户接受服务的时间。Nq 表示队列中的平均等待人数。等待时间（W）和队列中的平均等待人数（Nq）是计划服务能力时的关键参数。

根据上述计算队列中平均等待人数（Nq）的公式，我们可清楚地发现，利用因子（ρ）越大，队列越长，而一旦利用因子超过 70%，则服务会急剧恶化（见图 6—3）。

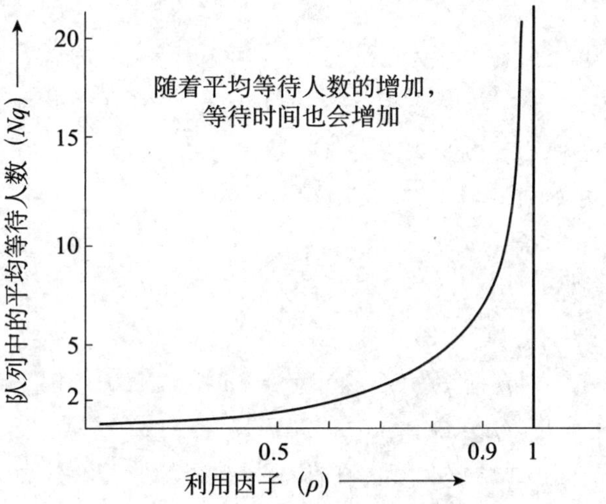

图 6—3　单个服务窗口模型

队列中等待的客户数量可通过降低利用因子来减少，利用因子的降低可以通过增加服务窗口或者提高服务效率来实现。实际中，更多的服务窗口意味着开设更多的柜台或者其他服务设施。服务效率可通过下述方式提高：

- 运用条码扫描仪等技术减少柜台的人工录入工作；
- 进行员工培训，提升其服务效率；
- 使用预先设计好的表格、格式和标准化流程；
- 向客户提供检查表，并利用显示屏提供所需信息；
- 利用 IT 系统快速精确地为服务柜台提供所需信息。

下面的案例详细阐述了排队论在实践中的应用。

运用排队论的例子

场景 A

某个收款台收取账单款项的平均时间为 3 分钟。如果平均每小时有 10 位客户到达并付款。那么

λ：每小时客户到达数量为 10 人

μ：每小时可以服务的客户数量为 20 人

ρ：利用因子$=\lambda/\mu=10/20=0.5$

根据这些数据，计算可得：

$Nq=\rho^2/(1-\rho)=0.5$

$Wq=Nq/\lambda=\rho/(\mu-\lambda)=0.5\times60/(20-10)=3$（分钟）

$W=1/(\mu-\lambda)=60/(20-10)=6$（分钟）

这意味着，平均每位客户需要耗费 6 分钟，其中排队等待 3 分钟，接受服务 3 分钟。

场景 B

现在假设每小时有 15 位而不是 10 位客户到达。在这种情况下，计算如下：

λ：每小时客户到达数量为 15 人

μ：每小时可以服务的客户数量为 20 人

ρ：利用因子$=\lambda/\mu=15/20=0.75$

由此可得：

$Nq=\rho^2/(1-\rho)=2.25$

$Wq=Nq/\lambda=\rho/(\mu-\lambda)=0.75\times60(20-15)=9$（分钟）

$W=1/(\mu-\lambda)=60/(20-15)=12$（分钟）

也就是说，平均每位客户排队等待 9 分钟，总共停留 12 分钟才能完成付款。

场景 C

如果客户的到达数量增加到每小时 18 人，情况则变为：

λ：每小时客户到达数量为 18 人

μ：每小时可以服务的客户数量为 20 人

ρ：利用因子$=\lambda/\mu=18/20=0.9$

由此可得：

$Nq=\rho^2/(1-\rho)=8.1$

$Wq=Nq/\lambda=\rho/(\mu-\lambda)=0.9\times60/(20-18)=27$（分钟）

$W=1/(\mu-\lambda)=60/(20-18)=30$（分钟）

即平均每位客户排队等待 27 分钟，总共停留 30 分钟。

总结

这个例子清楚地展示了利用因子与排队人数的关系。当利用因子从 0.5 增至 0.75 时，队列中的平均等待人数从 0.5 增至 2.25；当利用因子从 0.75 增至 0.9 时，队列中的平均等待人数从 2.25 增至 8.1，等待时间也增加到 30 分钟，服务质量急剧下降。

因此，利用因子的设定应该同时考虑队列中的客户数量以及平均等待时间这两个参数。

自我检测Ⅱ

1. 举例说明排队论在服务能力计划上的应用。
2. 用于一个队列的利用因子是什么？

小结

本章阐述了服务质量的概念以及服务能力计划的重要性与方法。我们也通过案例了解了如何在各种组织中运用排队论来计划服务能力。

关键术语

服务能力（service capacity） 指一个服务交付设施所能承受的最大工作量。

排队规则（queue discipline） 指等候服务队列中选择客户的规则。

利用因子（utilisation factor） 指服务窗口提供服务的时间比率。

等待时间（waiting time） 指客户在队列中的时间，包括排队时间以及接受服务的时间。

服务能力计划（service capacity planning） 服务能力是一个服务设施所能承受的最大的工作量，服务能力计划是根据现有的服务质量参数以及预测参数确定实现服务参数的最佳方法的一个过程。

复习题

1. 服务质量与 CRM 如何相互关联？
2. 服务能力是指什么？列举邮局中的各种服务设施及其主要服务质量指数。
3. 解释排队模型。它与服务能力计划有什么关系？
4. 解释等待时间、队列长度的概念。

案例作业

1. 参观银行网点并收集数据来研究客户到达模式以及服务交付的方法。运用排队论进行分析并提供服务改进建议。

2. 详细了解用于确定呼叫中心服务窗口数量的服务能力计划的方法。

延伸阅读

■ Dyche，Jill（2007），*The CRM Handbook：A Business Guide to Customer Relationship Management*，Pearson Education.

■ Sheth，Jagdish N；Parvatiyar，Atul and Shainesh，G.（2003），*Customer Relationship Management—Emerging Concepts，Tools and Applications*，Tata McGraw-Hill.

■ Nath，Dhruv（2005），*The Nuts & Bolts of CRM*，Tata McGraw-Hill.

■ Vohra，N. D.（2002），*Quantitative Techniques in Management*，Tata McGraw-Hill.

第7章

客户驱动型质量及质量管理体系

学习目标

学习本章后，读者将会理解：

- 质量及质量管理的概念
- 客户关系管理中质量的重要性
- 质量方针声明
- 持续改进的概念
- 质量管理体系及其与客户关系管理的联系
- 质量管理体系及其实施

7.1 概　述

我们在之前的章节中已经介绍了CRM体系的目标，即加强与组织的互动过程及产品使用中的客户体验，以便在组织与客户间建立互惠互利的关系。如果质量管理体系不能落实，该目标就不能实现。可以从不同的角度和背景来认识质量，它可能是指产品的质量、服务的质量、过程的质量或整个系统的质量。在本章中，我们将介绍质量的概念以及如何管理质量。最初，组织通过检查的方法来管理质量。但是与任何审核方法一样，检查也是事后的，因此存在局限性。后来，组织通过推行质量控制、质量保证和全面质量管理等理念，有效地提高了产品的质量。现在，组织已经建立了完整的质量管理体系，可以通过改善整个系统的质量进行质量管理，而不是仅仅关注某个特定产品质量的提高。如果该系统的质量提高了，那么作为该系统产物的产品和服务的质量自然也会改善。

7.2 质量及其与客户关系管理的联系

不专注于优质的产品和服务，CRM 系统将难以起到任何作用。富有成效的组织正采取一种更全面、更创新的方法进行质量管理。在它们看来，CRM 是一种建立和维持关系的工具，而且产品/服务的质量是这种关系的核心。随着对质量重要性的认识加深，越来越多的组织执行更正式的、标准化的程序来监测、管理和改进质量。诸如 ISO 9001 之类的行业标准已经成为许多商业领域的实践标准。

7.3 理解客户驱动型质量

商业组织对质量有自己的理解。对于一个客户驱动型组织来说，质量取决于客户对产品和服务的评价，因此，质量体现在产品与客户要求的一致性上，是客户感知到的产品的优秀程度。在价格和可用性等其他因素相同时，对产品的偏好就会成为组织认知客户心目中质量优劣的标准。质量没有一个统一的定义，而且通常是很抽象的。有些人尝试将质量高低与奢侈程度和费用状况画等号，然而要达到实际的管理目的，质量必须定义为可衡量的、可实现的参数，最重要的是这些参数要与客户满意度相联系。满足客户期望在实现客户满意方面起着重要的作用，而客户的反馈和意见等也需要不断被收集，这不仅有助于与客户保持联系，而且可以了解不断变化的客户需求和期望。客户心声应该是制定质量方针的指导原则，用于确保提供最优的品质。

质量必须被准确定义，以确保产品、服务和解决方案基于客户期待的和组织宣称的标准得到设计、交付和支持，并且可以持续改进以满足不断变化的客户需求（见图 7—1）。组织应基于客户持续的反馈采取相应的改进策略，以实现按照客户期望的质量标准为其提供产品及服务。质量必须同时获得效率和效益。

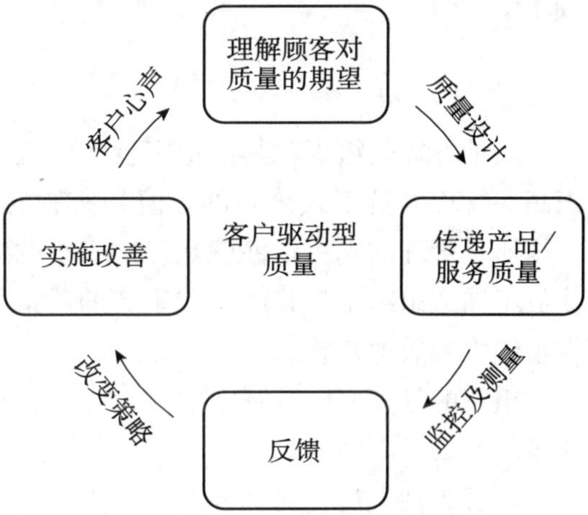

图 7—1　客户驱动型质量

7.4　质量管理

> 质量绝不是偶然产生的，它始终是高度关注、真诚努力、明智的方向和熟练执行的结果，它代表了面对众多选项时的明智选择。
>
> ——威廉·A·福斯特

质量不能自行产生，它始终是系统化工作的结果，因此必须进行管理。为确保形成客户驱动型的质量管理体系，首先需要在研究客户需求的基础上设计产品，然后建立内部和外部流程以生产和交付产品，再管理这些流程，以确保期望的产品和服务的生产和交付与最初的设计一致。在组织内实施科学的质量管理体系就可以做到这一点。

质量管理涉及整个管理职能的所有活动，这些活动确定组织的质量方针和目标，并通过质量管理体系内的质量策划、质量控制、质量改进和质量保证等方式加以实施。

也就是说，质量管理的起点是制定在质量管理体系内实施的组织质量方针和一系列质量目标。

7.5 质量方针

质量方针是组织对其质量宗旨的明确声明。尽管质量方针是由组织高层管理人员正式公布的，但是所有的利益相关者都应参与制定。实施质量管理的先决条件就是确定组织的质量方针和质量目标。只有让员工知道组织希望其产品和服务的质量是怎样的，质量计划才可能在组织中有效地实施。

组织的管理层应该制定质量方针，并且要使之与公司内部的其他政策相一致。

高层管理人员正式签署的质量方针是组织走向全面质量管理之路的主要标志。该路径本身会在产品、客户、市场及业务解决方案的适当条款中按照每项职能进行特别设计。质量方针的承诺应该由组织最高管理层进行说明，并确保被组织的各级人员理解、认同和实施。

有关质量方针的一些例子

1. 动力工程有限公司（Kinetic Engineering Limited）的质量方针

“努力交付在质量、交货及成本上满足并超出客户期望的产品。”该方针要通过以下内容加以部署：

- 通过流程控制及可变因素的减少持续改进产品质量。
- 升级制造技术和技能。
- 通过减少所有业务流程中的浪费降低成本。
- 人力资源的开发。
- 供应商的发展及参与。

资料来源：http://www.kineticindia.com/qualitypolicy.html，last accessed on May 6，2011.

2. 印度理工学院马德拉斯分校（IIT Madras）的质量方针

我们的愿景：

成为一个能保持其社会环境、生态环境和经济环境动态平衡并不断努力为国家提供卓越的教育、科研和技术服务的学术机构。

我们的使命：

- 创造并维持一个社区，使在其中学习的学生能够掌握知识并学会在适当考虑道德、生态和经济问题的基础上加以专业运用。
- 致力于学术研究并传播研究成果。

● 提供以知识为基础的技术服务，以满足社会和行业的需求。

● 协助加强国家在科学、技术、人文、管理、教育和研究领域的能力。

质量方针

尽全力在教学、科研、咨询和继续教育方面追求卓越的全球标准，并通过自我评价和持续改进的流程对我们的核心和辅助职能负责。

核心价值观

为达成使命，我们会做到：

● 开发人力资源为国家服务。

● 把教学看作一项统一的活动。

● 培养诚信、创造力和学术自由。

● 始终愿意尝试新模式。

资料来源：http：//www. iitm. ac. in/qualitypolicy，last accessed on May 6，2011.

3. Tata 工程有限公司（Tata Projects Limited）的质量方针

致力于成为一家领先的 EPC 承包公司，并致力于流程的持续改进，以提高客户的满意度。

资料来源：http：//www. tataprojects. com/qpolicy. html，last accessed on May 6，2011.

7.6　质量目标

质量目标是在一个特定的时期内要达到的特定目标。这些目标的达成是质量管理体系实施后的最终结果。质量方针描述了组织的意图和理念，质量目标则引发行动。设定质量目标的第一步是识别影响产品/服务表现的关键绩效指标。应当注意的是，这些关键绩效指标是可衡量且可实现的。组织应努力达到、维持并不断改进其产品质量，以满足不断变化的需求。质量目标的定义应与质量的关键要素（如适用性、性能、安全性和可靠性）相关。组织应提高其运营质量以满足客户和其他利益相关者的需求，并且使其质量目标可以适应流程的持续改进。

7.7　质量管理体系

质量管理体系是组织结构、规范、流程和实施质量管理所需的资源的整合，是管理整个组织质量的系统方法。质量管理体系必须同时满足客户和组织相互关联的需求和期望。

如图 7—2 所示，组织流程充分利用内部和外部供应商来满足内部和外部客户的需求。对组织来说，这形成了一种以最优成本获取并维持客户所期望的质量的商业需求。这种需求可以通过有效利用组织可用的技术、人力和物资来实现。成功的质量管理体系应当在满足客户需要和期望的同时保护组织的利益。该体系引导组织通过对人力、物资和信息的协调来实现质量目标。持续改进、客户导向及员工参与是质量管理体系的基本原则和核心原则。

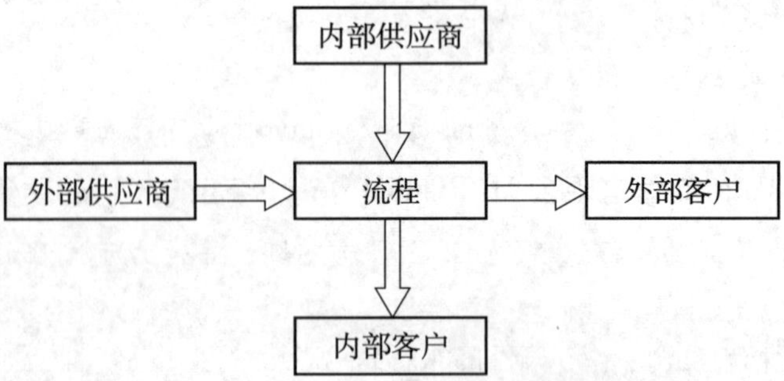

图 7—2 客户、供应商与流程的关系

7.8 质量管理体系标准

国际标准化组织制定的 ISO 9001：2008 系列描述了质量管理体系的标准，用于解决有关常规产品或服务的设计、开发和交付的准则和流程问题。组织可以借助申请通过 ISO 9001：2008 认证来说明自己对于该标准（包括该标准对质量管理体系进行持续（比如有计划的）改进的要求）的遵守情况。这是被众多组织采用的一项全球范围的标准。

ISO 9001 是关于质量管理体系的一系列标准，它可以应用于所有类型的组织，包括国有的、民营的、个体的或合资的，这些组织可以生产各种商品、服务及软件。这些标准是通用的，而不是专门针对某种特定产品的，所以可用于管理制造和服务业产出的质量。

为了通过 ISO 9001：2008 认证，组织必须将符合标准要求的组织流程及系统文件化，并提供客观证据证明组织所有与质量相关的活动都按照文件化的系统运行，并且确保组织的管理人员参与到同供应商和客户有关的质量管理过程中。设计一个文件化的质量管理系统是为了确保所有共同决定的要求被理解并得到持续满足，确保公司内部程序的说明材料使客户服务和产品质量受到高度关注。ISO9001 标准也要求公司对其文件化的程序资料进行控制，这些资料描述了所有物料和产品的设计、生产、检查、操作、储存及传递的方法，以及确保员工获得持续培训与开发的方法。为了通过并保持 ISO 9001 认证，公司的质量管理体系不得不由内部和外部的审计员进行持续评审。

7.9　质量管理原则

质量管理体系的原则是该体系的灵魂，是一套综合的、基础的原则或价值标准，以长期持续改进业绩为目标，在满足所有利益相关者需要的同时以客户为中心来领导和运作组织。质量管理原则有助于组织理解质量管理并指导其应用。

与国际标准化组织一样，以下八条质量管理原则可以帮助任何组织构建质量工作文化并成功实现质量管理。

1. 以客户为中心；
2. 领导力；
3. 全员参与；
4. 流程方法；
5. 管理的系统方法；
6. 持续改进；
7. 基于事实的决策方法；
8. 与供应商的互利关系。

以客户为中心的组织

> 产品或服务的质量不是生产者放进去的东西，而是客户从中得到并愿意为之付出的东西。制造商通常认为，质量很难做好并且要耗费很多财力，所以它和产品不是一个概念。这种说法并不恰当。客户仅仅为对于他们有用并给他们带来价值的东西付钱。其他东西都不能构成质量。
>
> ——彼得·F·德鲁克

组织的生存依赖于客户，因此组织应该理解客户现在和未来的需求，满足客户所有的要求并努力超出客户的期望。以客户为中心意味着要生产并提供客户喜欢和想要的、能令客户满意的产品及服务。

客户满意是客户体验到的许多积极和消极因素共同作用的结果。组织提供的满意因素越多，客户的满意度就越高。通过识别客户需求、设计满足需求的产品、生产和交付符合每一项设计的产品、保证售后服务、测量客户满意度及改进质量使客户高兴等方式可以实现客户满意。

领导力

领导力能让组织确立坚定不移的目标并为组织提供方向。领导力应该创造并维持一个内部环境，使人们能够充分参与到实现组织目标的过程中。好的领导力来自个人在文化的创造和维持、公司方向、工作期望及推动公司取得优秀业绩的领导力体系等方面的主动性和参与度。领导力体系指的是领导力在整个公司的实践——它是关键决策在组织内所有层级得以接受、沟通及实施的基础及方法。

一个有效的领导力体系会创造清晰的愿景，提出共同的价值观，给人们的行为方式带来本质上的改变，激励他们尊重客户及其他利益相关者的要求，同时对工作设定较高的期望目标并持续改进。它在价值标准和对共同目标的追求的基础上建立忠诚及团队合作。它鼓励并支持人们发展领导技能，提供关于行为和工作的指导和榜样，并避免会导致延迟决策的命令长链。

组织发生变革时，组织文化的改变是领导者所面临的关键挑战之一。人们可能拒绝改变并且表现出对新流程、技术或结构的抵制。在变革期间，领导者面对的大部分问题是沟通不畅导致的。给人们足够的时间理解真实的需要和变化的流程是很重要的。领导者应该推动开放的沟通，强调组织的价值标准、方向、期望、以客户为中心的理念及全员学习的义务。

全员参与

质量管理体系涉及共同决策和组织全员参与。所有级别的员工对于公司而言都至关重要，他们的充分参与使其能力能够用于创造组织的利益。全员参与的意愿可以通过激励员工和使员工满意来实现。能激发员工参与意愿的因素包括优秀的企业文化、安全和健康的工作环境、奖励和表彰机制、职业成长和个人发展的机会、家庭福利及社会保障等。

通过恰当的工作及职务设计形成的有趣的工作体系可以促进员工参与。职务设计的基本目的是促使员工锻炼判断力及决策能力，以提高自己在面对不断变化的市场需求时的灵活性和响应速度。这可以通过职务分类、岗位轮换、跨职能培训、工作安排等实现。

员工完成具体任务的能力可以通过教育和培训得以加强，教育和培训能够提升员工完成其全部工作、实现个人目标所需的知识和技能。

流程方法

一个组织可以被描述成一系列相关的流程或流程的网状系统，这些流程得到管理，以同时满足内部成员和外部客户的需要。必须明确管理流程的职责，确定涉及组织职能流程的接口。每一个流程都应该有一个对该体系的执行情况负责的所有者。相应地，流程的改进可以促使体系得到改进。从体系的角度来看，既然一个流程的输出会变成其他流程的输入（见图 7—3），那么任何流程的输入和输出都应该标准化。如果每一个流程所有者保证输出符合质量手册中的每一个进度表、标准和质量参数，整个体系就会像预期的那样运转。流程所有者也负责协调其他同级流程所有者，以确保他们得到的输入内容像质量体系中定义的那样。

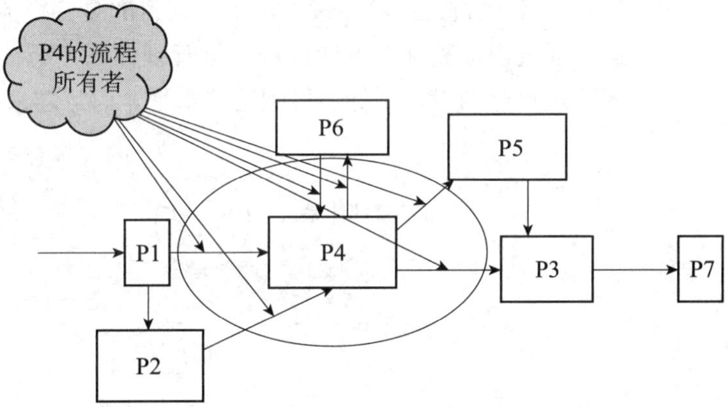

图 7—3　流程方法

管理的系统方法

对于一个给定的目标，识别、理解并管理一个有相关流程的体系可以提升组织的效益和效率。该体系通过识别所有相关流程及它们的互相依赖性来定义，并通过持续测量和评估所有相关流程来改进。一个有效的系统可以使组织对其满足客户要求的能力充满信心。

持续改进

质量管理体系的目标是取得卓越的业绩，该目标可以通过在字面上和精神上实施持续改进的理念来实现。持续改进是组织永恒的目标。

"计划——执行——检查——行动"（Plan-Do-Check-Act）四步模型（见图 7—4）是质量体系中持续改进概念的基础。组织的每项活动都要做出计划，以确保活动实施时所有资源都可用。在执行阶段之后，要根据计划的参数对输出进行检查/测量。如果有不相符的情况，就要分析根本原因，并据此采取行动（行动阶段）；如果符合标准，则在进入稳定期后审视质量目标，并提出指向卓越业绩的新目标。

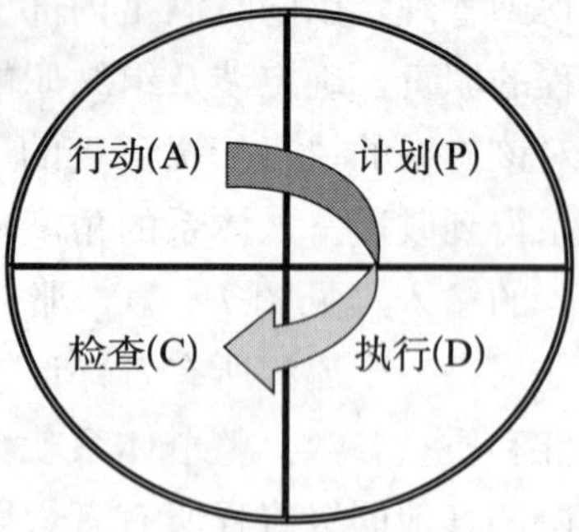

图 7—4　PDCA 环

质量改进是一项持续的活动，其目的是使得流程的效益和效率更高。通过内部和外部审计员对质量管理体系进行测量和评估，可以确保质量目标的设定不低于可到达的水平，而且越来越高（见图 7—5）。

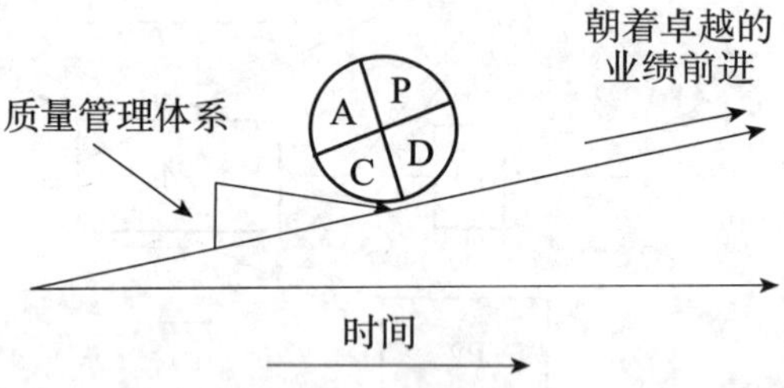

图 7—5　持续改进

基于事实的决策方法

有效的决策和行动是建立在对数据和信息进行分析的基础上。所有决策都应该基于对可测量的数据进行搜集和分析汇总所得到的事实，而不是凭借个人的兴致和想象。可以通过分析相关数据得到正确的信息。由于可以将正确的数据用于质量决策，因此基于事实做出的决策可以在很大程度上减少因错误决定导致失败的风险。组织应该根据对数据和信息的分析做出决策和采取行动来提高效果。个人经验和意见很重要，也可以供决策时参考。

与供应商的互利关系

由于与供应商的互利关系可以提升组织创造价值的能力，因此组织不会保持孤立的状态。对客户的需求及下级供应商的要求做出持续的反馈，可以确保优质产品或服务的持续供应。在互相信任和开放交流的基础上，选择对于最终客户当前和未来的需求有着共同理解的主要供应商建立质量伙伴关系。

建立伙伴关系是近年发展起来的一种新方法。建立伙伴关系是一种管理流程，通过团队协作促进供应链的顺利发展和运行，并允许团队为了共同的质量目标借助彼此的活动和专业技术。客户和供应商一起完成任务对双方都有益。建立伙伴关系为参与者创造了一种双赢的环境，更重要的是提高了客户满意度。

7.10　质量体系文件

组织为了设计、开发、生产和交付优质的产品或服务，需要有一些由各职能部门派员完成的单项活动。这些活动都是为了在各流程得到所期望的满足客户要求的产品质量，相互之间有联系。为了达到质量目标，既不能有剩下的未完成的任务，也不应该有重复处理的任务。所有的任务都必须按正确的顺序和正确的程序去完成。

换句话说，组织必须按照预先计划的规范的方法清楚地识别、定义、记录并实现相应的质量目标、任务顺序、任务程序及其他相关的质量保证活动。这保证了体系的连续性，即使管理特殊流程的人员有变化。

如 ISO 9001 标准所述，“质量体系应该以符合已选模型的要求的方式进行记录和说明”。这意味着质量体系的元素不仅要充足，而且要确保产品或服务符合特定的要求。记录指的是要建立和维护涉及公司运作各个方面的书面程序。为了完成质量方针的目标，所有相关数据的记录都要得到保存和使用。

为了满足 ISO 9001 质量体系的要求，组织对于其质量管理所采用的所有的要素及规定，都要用系统的、有条理的方式以及书面的方针和程序的形式记录下来。质量管理体系通常以**质量手册**（quality manual）的方式记录下来，质量手册陈述质量方针并描述组织的质量管理体系，可能还涉及组织的所有活动或其中的一部分。

质量手册可能由几级文件组成，每一级递进地提供更多的细节。总的来说，质量手册定义了完整的质量管理体系。

质量体系文件的完善对于任何一个组织来说都是最重要和最主要的活动之一。质量体系文件通常分为四个水平或层级来准备（由于每个组织的需要不同，可能会有三级或更多层级）。文件的四个层级是（见图 7—6）：

1. 质量手册；
2. 质量程序文件；
3. 作业指导书；
4. 质量记录。

下面简要介绍这些文件的内容和目的。

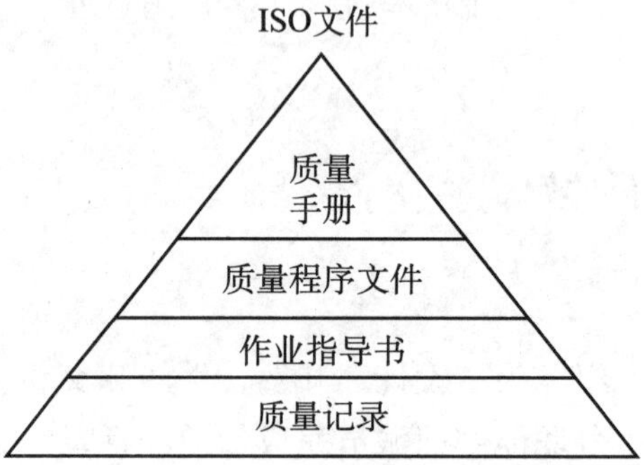

图 7—6　质量体系文件

质量手册

质量手册是一份包括组织的质量方针、质量目标、组织结构图、职责矩阵及质量体系描述等内容的文件。质量手册通常会解释质量标准要求如何被满足，并明确质量管理职能的责任人。质量手册的目的是将质量方针及目标告知员工及客户。大体上讲，它说明了组织为确保所生产的产品或服务在符合质量方针和目标的基础上满足客户的要求所要做的事。质量手册必须解释 ISO 9001：2008 的每个要素是如何应用于组织的质量管理活动的。其目的是向组织的客户、用户、专家保证组织已尽力关注 ISO 9001 标准的所有方面。

质量程序文件

质量程序文件的目的是记录质量手册中描述的质量方针和目标如何在每个职能部门或层级得到实施并实现，是一份仅供公司内部使用的保密文件。组织可以单独为每个部门编制质量程序文件。与质量手册中记录的所有部门和活动相关的程序都需要编制质量程序文件，描述相同或不同部门的群体如何共同努力来实现管理层提出的质量目标。通常情况下，该程序文件记录了从接到咨询请求到向客户交付产品或服务的所有活动。

作业指导书

作业指导书是第三级文件，用于详细地描述一项特定的活动如何被执行，并定义可接受的产品或服务的质量标准。它们由一线的操作人员和工作人员使用。这些文件有图纸、图片、操作表、检查表、测试进度表、流程图等形式。

质量记录

质量记录是为了保证和证明所提供的产品或服务是按照质量程序文件和作业指导书的特定要求开发和生产的，也证明了质量体系的有效运作。质量记录由参与设计、开发、生产、检验、交货、服务或其他操作及活动的人员填写。可以设计不同类型的表格和记录表，以满足生产记录、审核、检验记录、采购活动和特定的 ISO 9001 体系的要求。

基于上述质量体系文件，组织应该做好两项工作，即质量审核以及质量体系审查和评估。

质量审核

质量审核是一项系统的、独立的检查，以确定质量活动和有关结果是否符合计划的安排，这些安排是否有效实施及它们是否有助于实现质量目标。质量审核由经过培训的合格的审计员按计划的方式执行，在审核中发现不符合要求的情况要向高层管理人员报告以触发适当的纠正和预防措施。审计员可追踪稽核以验证纠正措施的实施效果。

质量体系审查和评估

一个组织的管理层应在指定的时间段开展独立的质量体系审查和评估，以确保质量体系对实施质量方针和实现质量目标有持续的适宜性和有效性。审查应包括一个结构化的评估，评估的依据有审计结果、客户投诉、市场信息反馈、流程表现、质量记录和质量系统的整体运行情况。在管理层审查的基础上，组织应采取适当的行动以改善产品、流程、设施、体系的质量并提高员工的素质。

7.11 实施质量管理体系

质量不是只用一篇文章就能够说明或承诺的东西。它必须摆在这儿。如果它没有摆在这儿，即使是世界上最好的推销辞令也不可能代替它。

——C. G. 坎贝尔

组织中 ISO 9001 质量体系的实施可以分不同的阶段完成。实施所需的努力和时间将取决于组织的规模、过程的复杂性、现有的质量管理体系水平和文化。实施中最重要的要求是高层管理者对质量管理体系做出承诺和全员参与。为确保所有员工参与，必须在整个组织中进行正式的和非正式的沟通（见图 7—7）。

实施的各个阶段如下：

1. 启动和规划；
2. 说明文件；
3. 实施；
4. 内部质量审核及稳定化；
5. 认证。

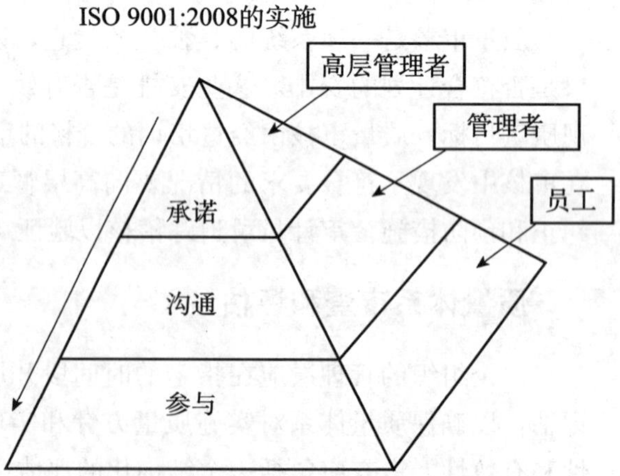

图 7—7 质量管理体系的实施

阶段 1：启动和规划

ISO 9001 实施过程中最重要的是有来自高层管理人员的强烈的意愿和坚定的承诺，其次是有一位称职的顾问。组织需任命一位管理层代表为协调员，该协调员负责在高层管理者的直接监督下安排组织的ISO 9001质量管理体系的实施计划并加以推行。

在实施质量管理体系之前，每一个组织成员都必须知道为什么以及如何实现质量管理体系标准。通过召开一系列的研讨会，可使高层和中层管理人员了解质量体系及他们在准备和实施中的角色和责任。

阶段2：说明文件

质量方针和质量目标的规划是文件准备的开始。员工应该参与到这个阶段中。质量方针应由员工广泛讨论后再采用，以确保被所有人接受并承诺实现。

编制质量手册是一个很费时间的过程，因此，质量手册应由实际的流程所有者组成团队来完成，并最终由最高管理层批准。

随着文件的准备，所有的生产和服务设施都会进行升级，以满足产品技术规格的要求。由管理层代表指导这项活动的实施并进行监督。

阶段3：实施

在质量体系文件的准备和生产及服务设施的升级完成后，所有的员工都要接受关于新质量体系的培训。他们将受到激励，并被告知他们在提高产品质量上的新角色以及新体系会给他们和公司带来的好处。组织还需要培训一些内部审计员来进行质量体系的内部质量审核。只有在所有人员都接受培训后，才会选择一个特定的日期举行适当的仪式并开始运行新的体系。所有的工作都按照新文件记录的程序进行，并且不允许与记录的程序有偏差。

阶段4：内部质量审核及稳定化

在外部培训师的帮助下，内部审计员被任命并得到培训。他们根据审计计划持续监测体系的执行情况，并向高层管理人员报告。相关人员基于内部审计员观察到的情况采取纠正措施，以纠正缺陷和不符合流程及体系规定的内容。

为了确保新的工作方式成为标准，有关人员会定期审查质量体系的实施情况，根据审查结果采取适当的纠正和预防措施，以确保新体系是稳定的并且被公司所有员工实践。

阶段5：认证

经过足够长时间的稳定运行后，由顾问、管理者代表和高层管理者共同审核体系的运转情况。一旦组织相信质量管理体系得到成功实施，就会由顾问帮助选择适当的质量体系认证机构，向该认证机构提出认证申请。

在检查了所有的文件后，认证机构会指派职业审计师进行最终的质量体系运作评估。

经过质量审计并采取符合要求的纠正措施后，如果一切都符合标准，组织即被授予注册证书。认证的有效期一般为三年，这使得组织需要持续维护认证所要求的内容。认证机构在授予组织注册证书后还会每半年至少进行一次监督审核。

小结

组织必须建立以客户为中心的导向并重视交付给客户的产品或服务的质量。本章详细说明了质量和质量管理的概念。要达到质量达准，就要重视所有的流程，而不是只关注一个流程或产品，只有这样才能使客户的需求得到满足。要想做到这一点，必须在书面上和精神上实现质量管理体系原则，而不是仅仅为了获得认证证书。质量管理体系的原则已经被国际标准化组织（ISO）标准化，本章详细介绍了ISO9001：2008，包括所需的文件、实施过程、认证及维护的细节。以客户为中心、领导力、全员参与、流程方法、管理的系统方法、持续改进、基于事实的决策方法以及与供应商的互利关系是质量管理体系的基本核心原则和理念。如果这些原则被完全、切实地实施，那么组织将不仅仅获得核心竞争力，还能在市场上长期获得竞争力。

关键术语

质量（quality） 取决于客户对产品和服务的评价，体现为客户感知到的产品和服务的优秀程度。

质量方针（quality policy） 是公司的高层管理人员正式宣布的明确声明，显示了公司关于其质量的意向。它为所有利益相关者指明了质量计划和质量体系的实施方向。

质量目标（quality objectives） 是在规定时间内可衡量并可实现的目标。

质量手册（quality manual） 是一份文件，其中包括质量方针、质量目标、组织结构图、职责矩阵和组织质量管理体系的描述。

质量程序文件（quality procedures） 是记录质量手册中描述的质量方针和目标如何在每个职能部门或层级得到实施并实现的文件。

质量管理体系（quality management system） 如果组织流程的设计重视质量及客户满意，那么可以说该组织实施了质量管理体系。

持续改进（continual improvement） 是一种信念，认为组织必须不断测量其流程的有效性，并努力提高其质量目标，以满足客户的需求。

复习题

1. 解释质量对于组织实现有效的客户关系管理的重要性。

2. 你是如何理解质量管理体系的？解释它的基本原则。

3. “持续改进是质量管理体系的核心理念。”举例证明并解释这句话。

4. 说明实施 ISO 9001：2008 质量管理体系的步骤。

案例作业

1. 研究你所选任意两个组织的质量管理体系的实施情况，并剖析质量管理体系在改进产品和服务质量方面的有效性。

2. “高层管理人员的承诺是质量管理体系实施的必要条件。”剖析这句话，并指出领导力在质量管理体系应用中的角色。

3. 说明通过什么方法可以鼓励全员参与系统质量的改进。

4. 区分质量方针和质量目标的差异。研究和分析汽车、银行和保险、医疗行业中一些公司关于质量方针的描述。

延伸阅读

■ Frank M. Gryna (2007), *Juran's Quality Planning & Analysis for Enterprise*, Tata McGraw Hill

■ Mitra and Amitava, *Fundamentals of Quality Control and Improvement*, PHI

■ Michael L. George, *Lean Six Sigma: Combining Six Sigma Quality with Lean Speed* (Paperback), Tata McGraw Hill

■ Goldratt, Eliyahu M. and Jeff Cox (2005), *The Goal: A Process of Ongoing Improvement* (Paperback), Productivity & Quality Publishing

■ Standardisation, Testing and Quality Certification (STQC), website: www.stqc.nic.in, last accessed on May 7, 2011

第Ⅲ篇　计划和实施客户关系管理

第 8 章　客户关系管理和销售队伍自动化

第 9 章　电子客户关系管理

第 10 章　客户关系管理的计划和实施

第 11 章　让客户关系管理取得成功

第 12 章　客户关系管理的 IT 解决方案及其集成

第 13 章　客户关系管理的未来

第8章

客户关系管理和销售队伍自动化

学习目标

学习本章后，读者将会理解：

- 销售队伍自动化及其与客户关系管理的关系
- 销售队伍自动化系统的目标及其理想的特征
- 销售队伍自动化系统的不同功能
- 销售队伍自动化系统的战略优势
- 销售队伍自动化系统成功的关键因素
- 销售队伍自动化系统的实施问题

8.1 概　述

在采用CRM应用系统之前，销售人员需要人工管理客户姓名、地址、电话号码等信息，这是十分困难的。销售人员必须时刻掌握和客户的下一次见面安排以及之前沟通中所获得的详细信息，他们唯一的选择就是记笔记，并把所有细节整合到个人工作计划中。后来市场上出现了一种名叫“联系人管理器”的应用软件，这是一种综合管理个人事务记录和联系人信息的软件，销售人员用它们来管理日常工作。

这些联系人管理器在某种程度上解决了单个销售人员的问题，但组织并没有从中获得太大好处。组织也需要一个帮助它们追踪销售人员绩效的系统解决方案。而且，所有潜在的和现有的客户信息都由销售人员掌握和控制，组织要靠他们创造销售业绩。如果裁减销售队伍，就会失去客户信息进而损失客户和业务。很多信息技术企业意识到这个系统需求，开始提供一种全新的销售队伍自动化系统。

随着销售队伍自动化系统在组织中的实施，很多有关潜在客户和客户的信息被放入系统以形成完整的客户信息库。一旦企业发现需要利用销售队伍自动化系统中的数据进行营销活动和服务的管理，就会希望将销售队伍自动化系统与市场营销和服务管理进行整合。企业最基本的三项职能（销售、服务和营销）的结合为客户关系管理应用系统的诞生提供了契机（见图 8—1）。因此，销售队伍自动化系统为客户关系管理应用系统的发展起到了积极作用。而客户关系管理系统更进一步集成很多现代客户沟通接口，诸如网站、电子邮箱、移动通信和互动中心，并融入企业资源管理系统提供的内部核心业务流程。

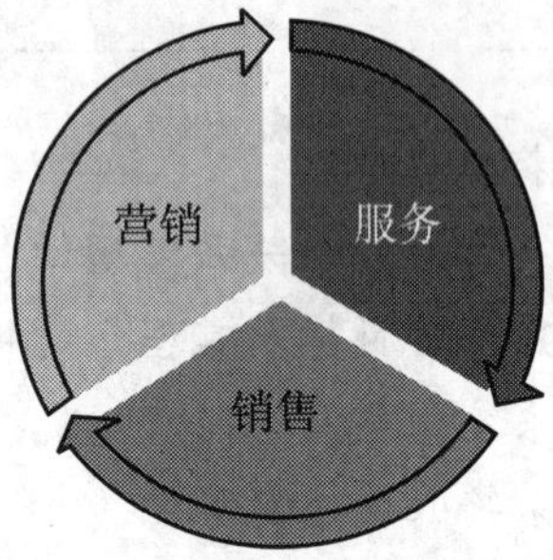

图 8—1　客户关系管理的核心模块

即使在今天，客户关系管理的核心仍然是销售，因此，了解销售队伍自动化系统的细节可以更好地帮助我们理解客户关系管理。在本章中，我们将讨论销售队伍自动化系统的功能和特点，这也是客户关系管理系统中销售功能的一部分。

8.2 销售队伍自动化系统

随着企业组织的复杂化和大型化，对于销售和销售队伍的管理变得尤为困难，尤其是大部分销售人员的工作都远离领导的监督和控制。

对于一家有数千名销售人员的保险公司来说，销售队伍的效率和效力是影响公司竞争力的关键因素。现如今世界变幻莫测，组织在销售管理中不能再过分依赖落伍的和传统的工具。传统的销售管理工具可以继续使用，但同时也需要运用一些更高效的高科技工具去取得竞争优势。在当今依赖技术的环境中，给销售团队提供合适的工具来与客户保持联系是企业生存的法宝。销售管理在组织的所有工作中是最具挑战性的。在当今竞争激烈且产品趋同的大环境中，销售人员越来越难以遇到目标客户。销售管理包括销售队伍、客户数据及其偏好需求管理，销售事务管理，任务管理，以及获得订单后的产品供应跟踪。这种管理需要一种既可以帮助日常运营又可以为未来计划和活动提供洞察力的工具。销售队伍自动化系统是一种整合信息技术和组织销售流程以协调所有销售活动的工具。

销售队伍自动化系统是一种典型的信息技术工具，它可以在后台数据库系统中整合销售流程，使销售业务人员和销售管理人员的销售任务自动化。系统提供高效的销售运作平台，同时提供数据分析的基础，这些数据分析可以用于计划、销售预测和策略制定。

8.3　销售队伍自动化系统的目标

销售队伍自动化系统的目标是协调销售流程，使其更加有效并改善与客户的互动。销售队伍自动化系统把各个阶段的销售活动信息和知识记录在知识库中，供销售人员和销售管理人员使用。销售队伍自动化系统中有一个联系人管理系统，可以追踪与客户沟通获得的所有联系人信息、所有联系活动的目的以及客户跟进计划。这个知识库可以被企业用于未来的电话销售和销售管理。与此同时，信息不再仅仅被员工掌握，而是成为企业的一部分，这样也避免了重复作业，不会造成客户因接到两个人（部门/渠道）就同一家公司同一款产品的推销电话而不满的情况。销售队伍自动化系统包括一个销售线索管理系统，具有线索甄别、线索指派和线索追踪功能。销售队伍自动化系统还包括区域管理、订单管理和计费等子系统，以用于实现完整的销售流程，并从员工、区域和产品等角度监测和分析销售业绩。

8.4 销售队伍自动化系统的功能

市场上有各种各样的销售队伍自动化系统，它们提供一系列的功能以满足不同的销售管理活动的应用需求。一个灵活、成熟的销售队伍自动化系统构架包含图 8—2 中所列的模块。

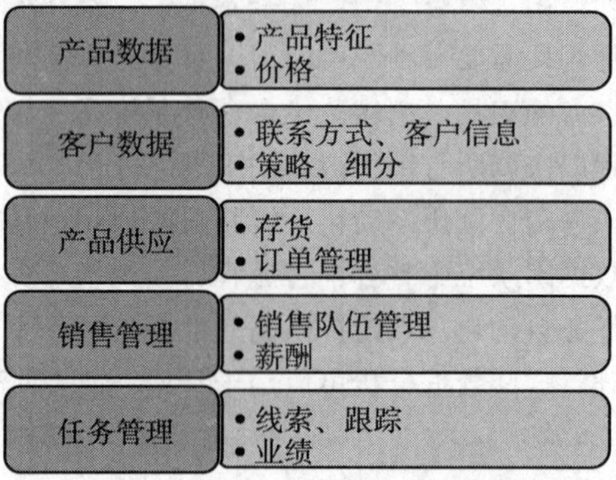

图 8—2　销售队伍自动化系统构架模块

产品和客户数据、产品供应、销售管理和任务管理等方面可以利用销售队伍自动化系统进行集成以获得最大的效益。销售队伍自动化系统的这些模块提供了一系列功能，包括客户与联系人管理、区域管理、线索管理、机会管理、销售流程/活动管理、激励和佣金管理、预测和分析、工作流和审批、产品目录维护、客户资产管理和合作伙伴管理。市场上不同的产品可能具备这个功能列表中的不同功能。图 8—3 显示了一个理想的销售队伍自动化系统应当具备的功能。

客户与联系人管理

销售队伍自动化系统维护一个包括所有客户与联系人的库。对于个体消费者来说，一个客户记录包括一个联系人记录，但对企业或机构客户来说，一个客户记录可能包含客户组织中不同级别的多个联系人。包括购买历史、购买方式和联系信息在内的完整的客户信息可供销售代表、客户经理和管理层使用。这些客户记录可以按照系统中所配置的产品/服务类型、终身价值、地理分布等标准分到不同的类别中。系统可以获取、监测、存储和追踪有关客户、潜在客户以及合作伙伴的所有关键信息，还可以维护客户联系人的级别信息以便更好地

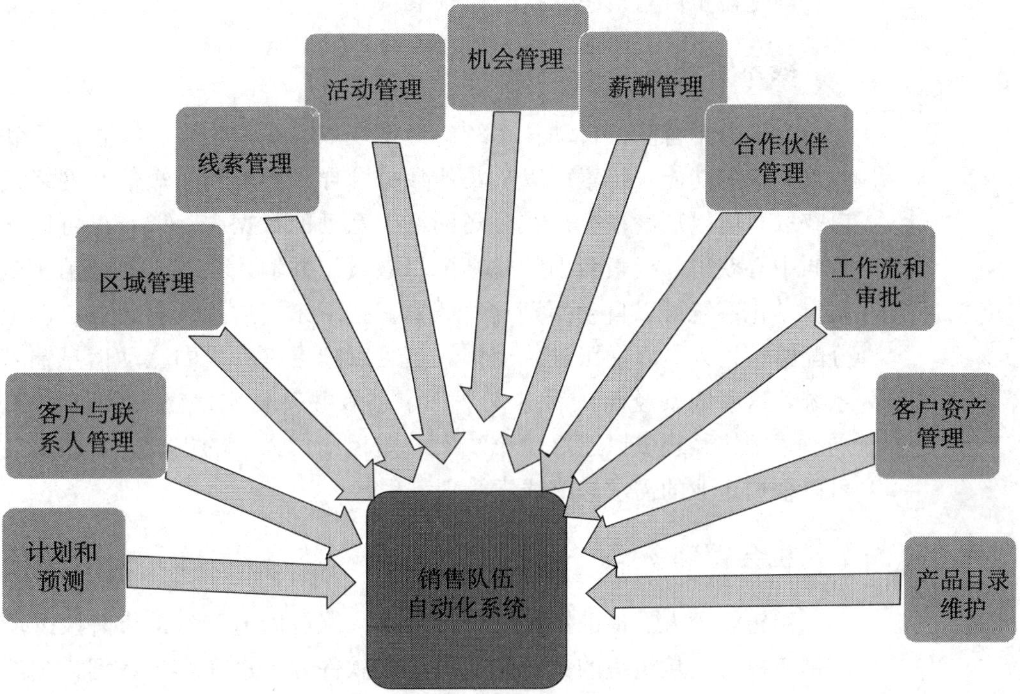

图 8—3　销售队伍自动化系统的功能

与企业客户合作。同样的数据可用于销售订单、发票以及将来与客户有关的任何事务。这有助于追踪客户的所有订单和购买情况，以便挖掘潜在的增加购买的机会。客户推荐的潜在客户的信息也会存放在该数据库中。客户类别和任何有关客户的服务等级协议都会被记录，以形成完整的客户概要。销售队伍自动化系统也可以制定客户联系人分配规则，用于为销售人员及其主管分配客户联系人。

区域管理

对于销售人员来说，时间是最宝贵的资产。没有成效、没有计划的销售区域管理会导致时间的浪费和机会的流失，因此，完善的销售区域计划和划分是非常必要的。在销售队伍自动化系统中，可以按公司指定的标准划分不同的销售区域和销售组织单元。定义销售区域的标准一般有地理位置、组织规模、收入、产品/服务或者客户的重要性。销售队伍自动化系统可以非常有效地为销售人员分配不同的销售区域和组织单元。

通过销售队伍自动化系统进行的销售区域管理可以实现客户和组织的互利互惠。组织获益于可以合理地计划、维护和分析销售区域的销售业绩，监控它们的销售队伍并有效地关注所有销售区域的状况。

客户则受益于可与组织保持密切联系。

线索管理

大部分销售队伍自动化系统有线索获取、线索甄别、线索指派和线索追踪的功能。线索可以从其他数据源导入或者利用短信和网络接口获取，可以从潜在客户在公司网站上互动的数据中获取，也可以从呼叫中心获得。线索甄别的规则可以被设定并输入系统，这样销售队伍自动化系统可以自动甄别这些线索。接下来，这些线索会被自动地分配给销售人员以便跟进。销售人员可以把更进一步的互动信息输入系统，这些线索经确认后进入下一个层级并转变成销售机会和客户。同时，销售经理可以追踪单个线索并监控销售人员的进度。管理员还可以根据企业的需求修改线索管理流程。

机会管理

销售管理人员借助销售队伍自动化系统可以追踪各销售阶段的所有销售机会，从组织的其他的业务应用软件导入潜在客户数据，把这些销售机会与客户、联系人、活动以及其他模块联系起来，以便把机会转变成销售，跟踪竞争状况并排除任何的瓶颈及障碍。

销售流程/活动管理

销售队伍自动化系统有一套销售的标准流程。销售流程包括完整的销售周期的一系列活动，并且可以按照销售部门的要求进行定制。这使整个组织可以按照统一的销售流程运转。日程管理也是系统的组成部分，可以提醒和指导销售人员开展相应的活动。

销售人员需要在系统中输入销售流程各个环节的完成情况，以保证可以查看并执行统一的作业方式。团队合作工具也是销售队伍自动化系统中的一部分。销售代表可以应用这些工具向他们的同事或产品专家寻求帮助来应对客户。对于复杂产品来说，个人销售是十分困难的。管理团队中不同销售人员的时间表也是一项艰巨的任务。销售队伍自动化系统提供团队合作的工具就是为了应对这样的情况。举例来说，在向企业客户演示技术产品时，需要由销售、产品和安装部门的人员组成一个团队，这样的团队可以借助系统中的团队合作工具组建，并且团队中每一个成员的时间计划表可以由系统自动更新。

激励和佣金管理

组织可以利用系统规划、制定和管理薪酬和激励计划，自动计算销售人员的奖金和佣金。通过对系统进行设定，可以让员工访问这些信息。

工作流和审批

大部分销售队伍自动化系统可以实现内部工作流和审批的自动化，这就提高了销售流程的效率，消除了任务或文件在不同层级上不必要的拖延，从而确保按时完成工作。

产品目录维护

假设一家企业有多样化的产品线，需要管理十分复杂的产品组合，以不同的价格策略迎合不同的细分客户，而且市场变动带来新特性、新产品的频繁增加和价格的频繁波动，那么使用过时的管理和更新纸质产品目录信息的方式是不现实的。而销售队伍自动化系统具有**电子产品目录**（e-product catalogues）的功能，可以确保从组织到客户获得最新的、正确的、统一的产品信息，理所当然地成为上述企业真正的救星。它同时也确保销售团队可以很容易地获得一致的产品及价格信息。

客户资产管理

企业如果清楚地知道客户已购买的产品，就可以为将来的向上销售和交叉销售提供线索。销售队伍自动化系统维护与客户购买历史相关的数据，因此，销售团队可以利用系统工具选取相关信息用于分析。销售队伍自动化系统如果记录和保存客户购买竞争对手产品的信息并用于未来的销售机会，那么系统的应用范围就进一步扩大了。

合作伙伴管理

销售队伍不仅包括直接渠道合作伙伴，而且包括大量间接渠道合作伙伴，因此，不具备渠道合作伙伴关系管理功能的销售队伍自动化系统是不完善的。确保直接和间接销售渠道的强大和成功是组织保证持续盈利的重要先决条件。如果有合作伙伴关系管理功能，销售队伍自动化系统就能够提供完整的销售漏斗的可视性，进而以集中的方式顺利实现销售职能。

预测和分析

销售队伍自动化系统提供全面分析历史绩效的工具，可以有效地用于销售计划和预测，只需要点击鼠标就可以获得关键绩效指标数据，如线索的转变情况、销售人员和团队的业绩、时间和区域性趋势、变化和相关统计信息。这些信息可以引导企业未来的发展方向和战略制定。

销售组织往往被要求计划、预测未来一段时间的销售情况。由于有历史数据，销售队伍自动化系统可以提供相关分析以用于销售预测以及销售目标的制定。这些目标可分配给不同的销售区域和不同的销售人员。

自我检测 I

1. 什么是销售队伍自动化系统?
2. 列出销售队伍自动化系统提供的任意五项功能。
3. 简述销售队伍自动化系统是如何进行线索管理的。
4. 说明客户与联系人的区别。
5. 通过销售队伍自动化系统进行区域管理的好处是什么?

8.5 销售队伍自动化系统的战略优势

在一个组织中实施销售队伍自动化系统能带来战略上的优势，因为这可使销售人员掌握的客户信息成为整个组织的资产。这些信息可以有效地用于统一的销售流程管理。仪表盘式报告可以应用于日常活动，分析型报告可以应用于预测和计划销售活动。常规报告的生成实现了自动化。通常来说，组织中的销售人员将超过50%的时间花在毫无附加价值的活动中，这些活动包括撰写销售报告、汇报预订信息等。销售队伍自动化系统的实施使销售人员可以把时间花在实际的销售活动中为企业创造更多的价值，从而节约运营时间和管理员工的时间并充分提高生产力。管理人员也能因对组织绩效有更强的洞察力而变得更有权威。客户所有的信息可用于提高满意度、得到更多向上销售和交叉销售的机会，从而提高销售量。

实施销售队伍自动化系统给组织带来了技术优势，销售人员即使在很远的地方也可以通过手机和互联网等多种技术手段与组织保持联系。销售人员可以通过这些技术手段获取有关潜在客户和客户的最新信息，同时，组织也可以通过这些技术手段与销售人员联系。当然销售人员还可以随时随地了解库存水平以及新的产品、模式和服务的信息，他们可以根据客户要求向技术团队、服务团队以及其他同事寻求帮助。

公司案例

销售队伍客户关系管理给安联公司销售商业保险带来优势

挑战

● 安联公司在英国的12家办事处用分散的销售和关系管理流程管理与各地2 000个经纪人的关系，以开展在英国领先的商业保险业务。

● 公司的目标是增加销售额，提高利润率。

● 公司希望简化运营以更好地利用销售资源。

● 公司希望和经纪人中介机构有更密切的联系。

解决方案

● 公司为英国12家办事处的350名员工部署了Salesforce CRM销售模块，建立了一张商业保险目标客户的单一实时视图。

● Salesforce CRM应用包括一些管理内容，如经纪人关系管理、新业务报价和发展管理。

● 一个实时的经纪人关系仪表板可展示很多关键要素，如通话计划、会谈时间、行动、大额保单的状态和新的潜在客户。

● 在新业务报价方面，Salesforce.com咨询公司协助开发了一个凸显实时要点的定制仪表板，可显示报价配置、市场报价、赢得保单、净利润和总额比率、大额保单和潜在客户状态。

● 发展管理可以评价数据的质量，了解对正确的经纪人或联系人的访问的进度，以及通过联系人创造机会的程度。

● 团队完成了对关键字段、标签页和定制对象评分系统的实施，很多是在无须技术部门支持的情况下完成的。

● Salesforce.com咨询公司设计和实施了一个自下而上的净推荐方式。

● 安联公司仅用六周就部署了一个计分系统来管理客户满意度报告和评价。

效果

● 自从实施了Salesforce CRM系统，承销商的机会转换率与去年同期相比提高了17.4个百分点。

● 业务拓展的总达成率比12个月前提高了10个百分点。

●“优先级1”的机会总达成率达到22.4%，是业务平均水平的两倍。已经关闭的优先级1的机会的数量每月增长108个。

● 作为自下而上“净推荐”评分系统，Salesforce CRM收集了12个地区的数据并提供一张实时仪表板视图，加快管理人员的决策过程，使公司能更快速地执行变化的管理方案。

- 90%的登录率反映了系统的普及程度和重要性。
- 安联公司在 6 周内出色地完成了系统在 12 个办事处、350 个用户中的推广。

资料来源：http：//www. salesforce. com，last accessed on January 21，2011.

8.6 销售队伍自动化系统成功的关键

计划通常比执行和实施更简单。在销售队伍自动化系统中，如果操作不谨慎，重要的问题将被忽视而无关紧要的问题将得到重视。在组织中有效、巧妙地实施销售队伍自动化系统必须考虑以下几个方面的问题。

销售人员对系统的接受

销售队伍自动化系统成功的最重要因素是为销售人员所接受。销售人员是系统的第一受益人，但通常拒绝额外的数据输入工作，害怕应用技术，担心被监督。新技术的附加价值必须通过认知计划传播，通过与员工沟通自动化和信息集中的优势帮助他们做好应用系统的准备。销售队伍自动化系统本身的价值应被使用系统的员工所了解。在部署系统之前，所有员工要得到足够的培训和指导。

销售流程的设计

销售队伍自动化系统成功的第二个重要因素是合理的销售流程设计。现有流程需要参考行业最佳实践进行仔细检查和分析。在组织内部需要就新流程的应用达成一致。为了做到这一点，新流程在最终决定之前需要经过广泛的讨论。

信息技术的基础设施

实施销售队伍自动化系统的信息技术基础设施必须满足组织的要求。基础设施使用初期遇到的困难和连通性问题会阻碍系统的应用。而且，与不同客户接口的集成需要合理的规划和实施。

薪酬计划

薪酬计划需要与输入系统的数据质量关联起来。最终，客户数据将是企业的重要资产。企业需要修订薪酬和佣金政策以鼓励新技术的应用。

自我检测Ⅱ

1. 列出实施销售队伍自动化系统的两个战略优势。
2. 列出实施销售队伍自动化系统需要考虑的三个关键因素。

公司案例

Sify 销售队伍自动化系统

Sify SFA 旨在管理销售周期的客户互动，从潜在客户到订单履行。Sify SFA 包括两种类型——企业型和医药型。

- Sify 企业型 SFA 面向关注关键客户的销售业务。
- Sify 医药型 SFA 旨在满足医药业务的独特需求。

Sify 企业型 SFA 是一个基于网络的销售队伍自动化系统解决方案，能切实帮助客户经理管理通话、获取信息以及获得价格/计划审批。

Sify SFA 让管理者仅动动手指就能获得客户经理的产出情况和活动信息。它提高了销售团队的生产效率和工作效率，因此带来高利润率并使客户满意。

Sify 企业型 SFA 的优势

- 它为客户经理和销售经理提供了一个统一的客户/潜在客户视角。
- 整合工作流确保任何建议书都要通过相应的审批环节。
- 系统提供基于角色的系统访问权限（客户经理/区域经理/全国销售经理）。
- 为每一个层级提供综合的报表。
- 提供任务和会议管理模块协助销售团队管理他们的活动。
- 避免数据的重复输入，所有的标准计算自动完成，从而避免重复工作。

Sify 制药型 SFA 是一个基于网络的主要用于制药业务的销售队伍自动化系统解决方案。医药代表可以在任何能用互联网的地方输入报告。所有数据会被公司的应用服务器保存以用于分析。Sify 制药型 SFA 建立了公司总部和各地医药代表的直接联系，因而公司能督促他们更新相关信息或通过门户网站文档库提供其他报告。

Sify 医药型 SFA 的优势

从这样一个系统中能得到如下好处：

- 避免重复工作：数据一旦输入就会被收集、生成报告，消除了重复输入数据的麻烦，所有的标准计算都是自动完成的。
- 提高生产效率：更快速的信息流可以解决令人头痛的问题并采取正确的做法。

医药代表还可以用一种更加快速的方式准备和发送他们的报告。

● 更好的控制：日常库存报告可以确保对促销材料有更好的库存控制并让公司密切注意它们的使用情况。日常控制报表和销售报表进行计划的比较和偏差追踪，可以确保区域经理获得所有信息。

● 以网络为基础的应用可确保用户按照需要访问信息。这对于四处奔走的用户更加重要。

Sify 医药型 SFA 可以帮助医药代表处理有关医师、医院、药剂师和零售商的特定咨询和活动，分析医药代表、客户经理等的业绩，以及审查库存和促销活动。

资料来源：http：//www.sifycorporate.com，last accessed on May 5，2011.

小结

在本章，我们介绍了销售队伍自动化系统及其目标和特点，详细解释了客户与联系人管理、区域管理、线索管理、机会管理、销售流程/活动管理、激励和佣金管理、分析和预测、工作流和审批、产品目录维护、客户资产管理、合作伙伴管理。对 Salesforce CRM 和 Sify SFA、成功的销售队伍自动化系统的战略优势以及重要因素也通过案例进行了讲解。

关键术语

销售队伍自动化（sales force automation，SFA） 是一种将技术和销售组织的信息及内部流程进行整合以协调销售过程的工具。

线索（lead） 用于识别潜在客户以发掘销售业务。

销售区域（sales territory） 是通过对地理位置、产品目录等因素进行细分而产生的销售的运营区域，需要分配给一个销售单元。

销售流程（sales process） 是完成一个销售周期的一系列活动。

仪表盘报告（dashboard reports） 指即时的运作报告。

分析报告（analytical reports） 指基于历史数据的分析形成的报告。

复习题

1. 什么是销售队伍自动化？它与 CRM 有何联系？

2. 实施销售队伍自动化系统的好处是什么？

3. 研究任意一个 SFA 应用系统，找出它的功能。

4. 实施 SFA 的障碍是什么？如何克服这些障碍？

5. 研究任意一个组织实施 SFA 的情况，从销售人员处获得应用反馈。

延伸阅读

■ Dyche, Jill (2007), *The CRM Handbook: A Business Guide to Customer Relationship Management*, Pearson Education.

■ Sheth, Jagdish N.; Parvatiyar, Atul and Shainesh G. (2003), *Customer Relationship Management—Emerging Concepts, Tools and Applications*, Tata McGraw-Hill.

■ Nath, Dhruv (2005), *The Nuts & Bolts of CRM*, Tata McGraw-Hill.

第9章 电子客户关系管理

学习目标

学习本章后，读者将会理解：

- 什么是 eCRM，它的优势有哪些
- eCRM 中数据的处理方式——OLTP 和 OLAP
- 市场上的 eCRM 应用系统——SAP CRM 和 Oracle CRM
- 一个理想的 eCRM 解决方案应具有哪些内容

9.1 概　述

随着竞争的日趋激烈和产品生命周期的不断缩短，企业需要更长久地留住客户。企业想要取得成功就必须拥有超过竞争者的战略优势，而且是一种其他企业在短时间内很难模仿的竞争优势。过去，企业通常通过特定产品和价格优惠来获得战略优势。但是现在，情况完全不同了，诸如产品创新、竞争定价、促销战略等方式会轻而易举地被行业中的竞争对手复制。例如，具有创新性、富有活力的印度电信产业在近几年就见证了这种趋势。如今，当一个电信服务提供商在市场上推出一种新的定价方式时，其他提供商会立即模仿，所以，没有哪个提供商会获得高于其他竞争者的战略优势。同样，一个电信运营商开展一种创新服务时，大量类似的业务会很快被其他运营商投放市场。因此，为了取得成功，企业必须超越传统的获得战略优势的方法。将客户关系作为战略优势就是这样一种方法。

要想采用这一方法，企业需要将与客户或潜在客户的每一次互动都看成是建立客户关系的机会。与客户互动的过程是根据实际情况和经验决定的，不会被其他企业模仿。一个企业只有将目标定为通过与客户的有效互动获得战略优势，才能使这种优势持久而具有战略意义。并且，只有在企业中成功推行客户关系管理的理念，才能使这种优势得以实现。

在实际应用中，客户关系管理要求获取所有的客户信息，并且可用于与客户的新的互动。在一个大企业中，不利用信息技术是不可能做到这一点的。只有信息技术才能捕捉所有的客户信息，将这些信息与企业内部流程联系起来，并且使其在不同的接触点都可以用来保持与客户互动的连贯性和统一性，企业要想实现这些目标就必须拥有电子客户关系管理（eCRM）这样的工具。信息技术在企业业务流程中的应用变得越来越普遍。市场上有很多种适合不同规模公司的 eCRM 解决方案。在本章中，我们将会讨论 eCRM 以及相关内容。

9.2 什么是电子客户关系管理

以前，eCRM 被认为是一种提供以网络为基础的互动或者借助信息技术获取客户信息并用该信息支持市场营销和促销活动的工具。如今，eCRM 经过一段时间的发展，已经成为一个公司与客户形成互利关系的平台。eCRM 通过信息技术实现了人员、流程、知识和客户的一体化（见图 9—1）。对于任何一个企业来说，它都是很有效的战略优势工具。

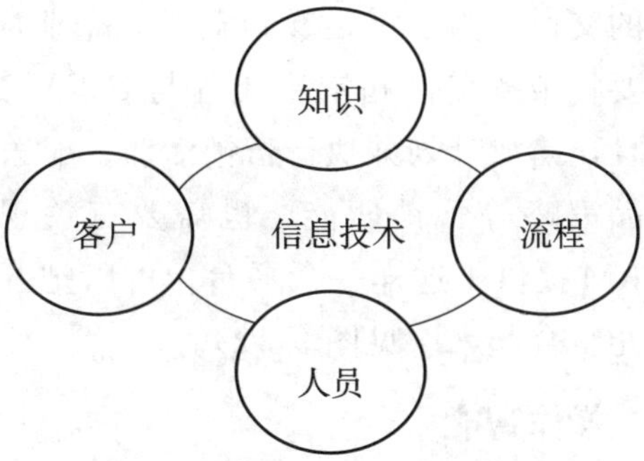

图 9—1 eCRM：与信息技术的整合

eCRM 使企业能够利用 IT 应用系统将从每次互动中获取的客户信息输入中央数据库系统。然后，这些信息被用于启动企业向客户交付产品和服务的内部流程。这些数据也被用于以后与客户的互动。如今，eCRM 是作为企业业务运行的组成部分而实施的，并且覆盖所有的客户接触点，其目的是涵盖客户整个生命周期，从潜在客户的识别到客户的长期保留。

9.3 电子客户关系管理的优点

eCRM 的出现给客户和企业带来了许多好处，主要包括以下内容。

客户信息的统一性

不论是通过哪个渠道，客户都能获取同样的信息。一线工作人员需要充分的客户信息以使与客户的互动更有成效。CRM 解决方案可以在所有的客户互动过程中获取客户信息，并且把它存储在中央数据库里来管理。这些信息不再局限于只有一线工作人员才能了解。如果企业的每个成员都可以从中央数据库中获取客户信息来与客户互动，就可以更好地理解客户，从而更好地服务客户以使其快速准确地做出决策。

整　合

企业为了促进客户沟通和接触更广的市场，提供了呼叫中心、网络、邮件、电话以及个人联络中心等多种联系方式。借助 eCRM，所有事务都可以集成到共享数据库系统中并且可以获取所有详细信息。但仅有这些还不够，与客户的互动往往伴随着后续的产品和服务的交付。为了满足交付需求，企业应该有相应的内部能力，这就需要将服务交付和销售流程与 eCRM 数据库和联系中心进行整合。而且，诸如计划并执行营销活动、配送决策、渠道管理、价格策略、产品策略等营销职能，也需要有关现有客户和销售业绩的数据。eCRM 提供了这样一个平台，可以把互动渠道和营销、销售和服务职能整合起来（见图 9—2）。

操作智能

因为有了 eCRM，诸如销售人员、营销团队、技术专家以及服务技术人员/工程师等操作人员在与客户接触之前便拥有了所有需要的客

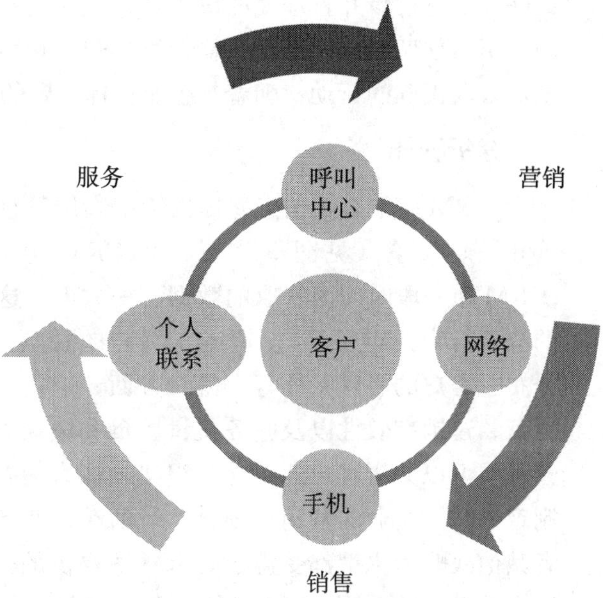

图 9—2　通过 eCRM 整合互动渠道与商业职能

户信息及其所用产品的详细信息。因此，员工不再一无所知，而运营管理者也能通过 eCRM 获得仪表板报告以用于日常运营管理（见图 9—3）。

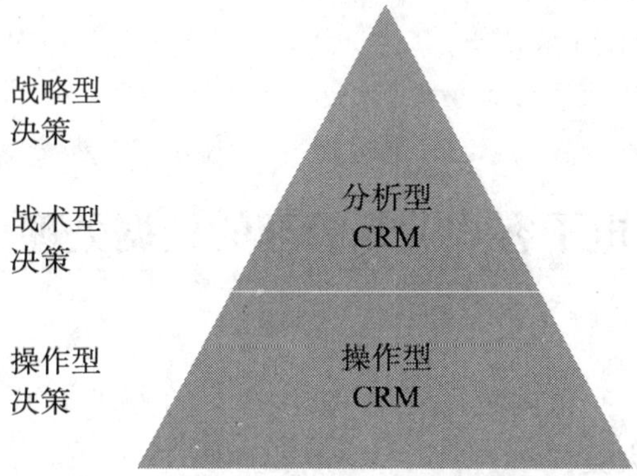

图 9—3　分析型 CRM 和操作型 CRM

仪表板报告（dashboard report）是供一线主管和经理们使用的工作报告，有助于可视化跟踪运营业绩与趋势，以便朝着工作及业务目标努力。eCRM 利用可视化的示意图、表格、条形图等提供复杂的信息，它可以监督工作业绩并实现关键绩效指标（key performance indicators，KPI）。这使得运营方面的绩效管理、测量和监控得以实现。

就像汽车仪表板可以指引方向并带领我们顺利到达目的地一样，仪表板报告也为企业的操作员工和一线人员指引方向，帮助他们做出更好、富有逻辑并且理性的决策从而改善业绩。像汽车仪表板可以控制汽车向预期的方向前进一样，我们也可以利用仪表板报告提供的信息，采取正确的行动，朝着与企业目标一致的方向前进。

分析智能

eCRM获取客户信息并提供给中高层管理者用于制定各种战略决策和长期决策（见图9—3）。由eCRM生成的分析报告基于的是eCRM在一段时间内获取的数据。一方面，这些报告描述了客户实际的消费行为、购买方式、企业与客户的联系、客户档案、客户的地区分布、客户的心理特征等。另一方面，这些报告也描述了企业在销售运营、营销有效性以及服务交付质量和绩效方面的表现和能力。最高管理层可以分析客户期望与组织实际能力的差异，并根据差距分析来制定战略。企业的营销计划、执行活动、业务流程再造、产品升级或者其他战略型决策都受益于eCRM所提供的分析内容。高层管理者可以自始至终地利用CRM分析来制定和执行战略，从而改善客户体验和增加客户终身价值。

自我检测Ⅰ

1. 什么是eCRM?
2. 列举eCRM的优点。

9.4 电子客户关系管理的数据处理

根据数据在事务中不同的处理方式，IT应用系统可以分为两大类：

- 联机事务处理（OLTP）；
- 联机分析处理（OLAP）。

联机事务处理

联机事务处理（on line transaction processing，OLTP）是指使用一整套应用系统进行日常作业。这些应用系统通常用于企业的操作活动。OLTP需要从数据库里获得当前的、准确的、活跃的信息。单个事务从数据库里提取的记录很少，因此所使用的IT资源也很少，但这些事务汇总起来的数量非常大。在这些应用系统中，处理时间是关键参数。例如，一名销售人员在从 CRM 应用系统中获取有关线索的详细信息或者更新与客户的日程安排时，总是希望系统快速给予回应。这些应用系统总是处理当前的数据。OLTP 数据在运行业务流程时至关重要，因此，数据库的数据流失会危及组织的运行。这也是要尽最大努力来确保数据库的可用性和安全性的原因，所以必须严格进行数据备份。

联机分析处理

第二种应用系统则利用操作型应用系统记录的历史数据制作分析报告。这样的应用系统叫做**联机分析处理**（on line analytic processing，OLAP）。这类应用系统中的事务量比较少，但是每项事务都很复杂。OLAP 数据通常被高层管理者用来制定战略型业务决策。可以通过技术手段从操作型数据库中提取汇总的数据，并存储起来用于 OLAP 应用系统。这些汇总数据的存储处就称为**数据仓库**（data warehouse）。

由于操作型 CRM 用于记录日常的操作活动，因此它采用 OLTP 数据库。企业的 CRM OLTP 数据库和其他数据库被用来生成数据仓库，分析型 CRM 就从这个数据仓库中提取信息（见图 9—4）。

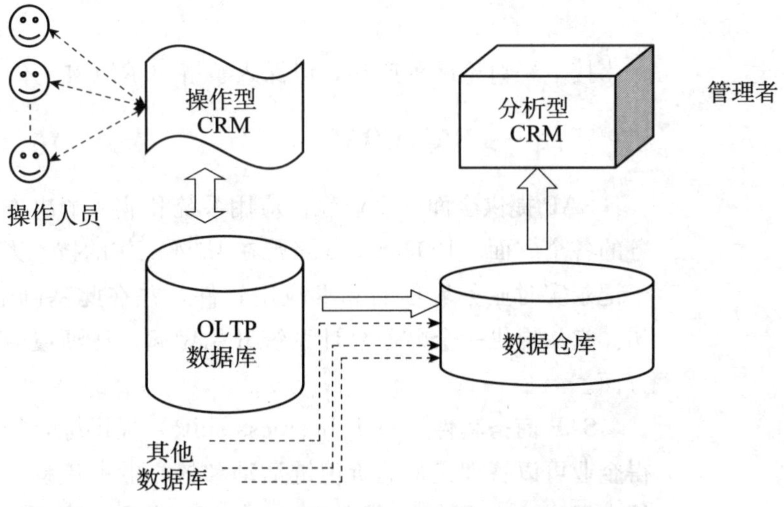

图 9—4　操作型 CRM 与分析型 CRM 的比较

9.5　市场上的电子客户关系管理系统及其应用

市场上有很多种 CRM 应用系统，它们在功能、性能、部署策略、集成能力以及价格等方面存在差异。

某些应用系统以软件即服务（software as a service，SaaS）的方式使用。在这种模式下，由服务提供商管理应用系统和数据，而企业通过支付使用费的方式来使用这些应用系统。企业可以通过每月支付使用费而不是购买的方式，避免支付 IT 基础设施的管理费用。

市场上的应用系统在功能和集成能力上有很大区别。一些可以轻松地与现有的 ERP 系统集成，另一些（如 ERP 系统）则是内置在 CRM 中的。

主要的 CRM 供应商有 SAP、Oracle、Microsoft、Net Suite 和 IBM。每个供应商都自称行业第一。但是严格来说，它们可能只是在某个特定的方面位居第一。选择合适的 CRM 取决于企业的规模、CRM 需求、现有的 IT 系统和企业内部的 IT 能力。

自我检测Ⅱ

1. 阐述 OLAP 与 OLTP 之间的不同点。
2. 列举任意两种商业化 eCRM 应用系统。

接下来讨论两种产品，以深入了解 eCRM 和它们的能力。

产品一：SAP CRM

SAP 提供全面的企业软件应用系统和业务解决方案来覆盖企业业务的各个方面。1992 年，5 名曾在 IBM 工作的技术人员开发了一套用于记录实时业务流程的标准应用软件，并在此基础上建立了 SAP 公司。它从提供一个财务会计系统开始做起，逐渐覆盖企业职能的各个方面。

SAP 商务套件（SAP business suite）提供综合的企业级应用，使得企业可以管理完整的价值链活动和核心业务流程。这些应用系统向用户提供全公司统一的信息，同时能灵活地管理动态的市场情况。SAP 商务套件主要用于那些有大量用户和流程的公司。

账务、人力资源和物流是所有企业的核心。SAP ERP 包含了一个公司里所有重要的业务流程。实施 ERP 的关键是通过使用一个公共的数据库来整合一个企业不同的操作流程。SAP 为不同规模的公司提供不同的产品。

SAP CRM 不仅覆盖传统的销售过程，而且给企业提供以客户为中心的解决方案，用于建立和保持与客户长期的相互满意的关系。在传统的直销中，客户的信息通常是分散在销售人员和技术服务人员那里的。有了 SAP CRM，这些信息得以集中并可以迅速分享。

SAP CRM 的核心能力集中表现在以下几个方面（见图 9—5），下面重点介绍其中三种。

营　销

SAP CRM 的营销功能包括广泛的客户参与所需的所有功能。它提供了营销计划、活动管理、网络营销、线索管理、市场分析和客户细分等职能（见图 9—6），也可以定义和测量相关的关键绩效指标。

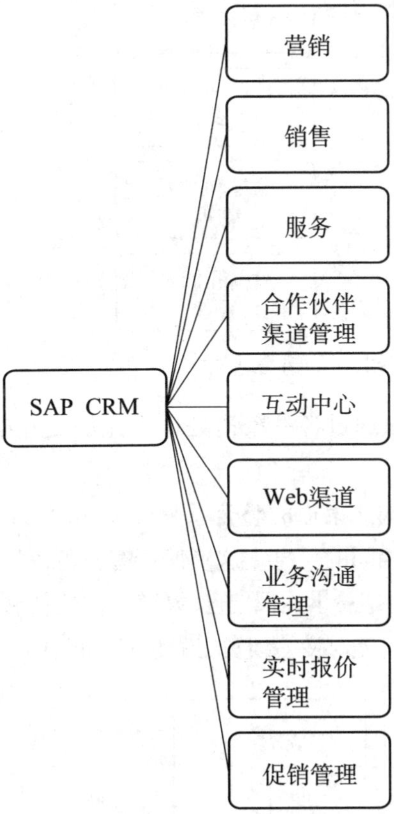

图 9—5　SAP CRM 的核心能力

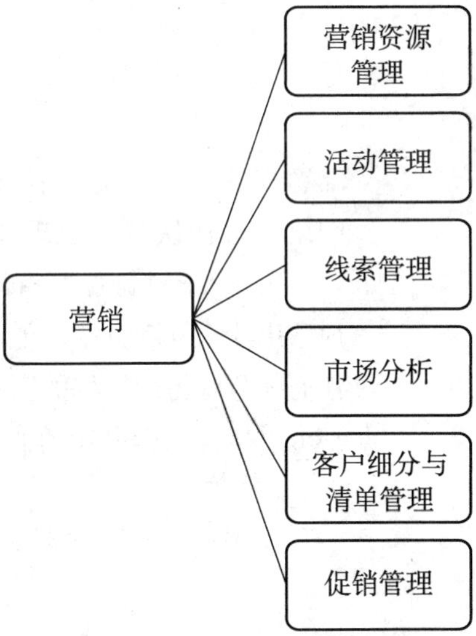

图 9—6　SAP CRM 的营销功能

销　售

CRM 的销售功能包括销售管理的所有方面，比如销售计划和预测、组织和区域管理、客户与联系人管理、活动管理、机会管理、报价和订单管理、账单和合同管理、激励和佣金管理（见图 9—7）。

服　务

SAP CRM 的服务功能提供了计划和实施服务管理的能力，以匹

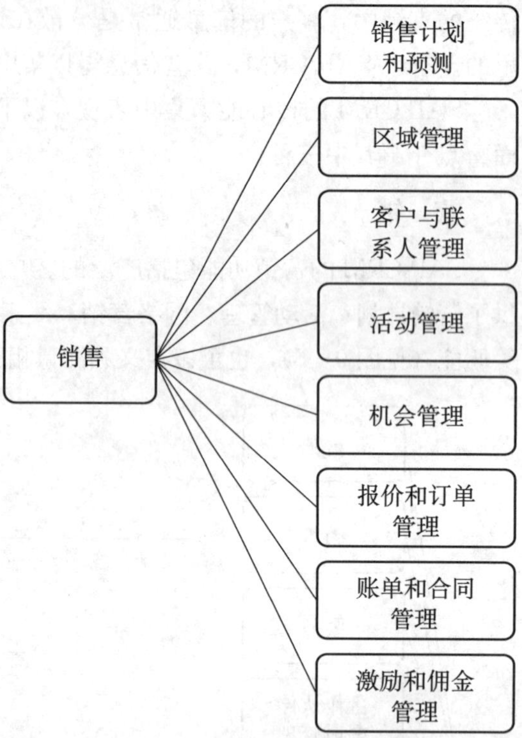

图 9—7 SAP CRM 的销售功能

配客户的收入潜能。服务要求可以通过各种渠道处理，比如交互中心、网络、合作伙伴以及现场的员工。

SAP CRM 确保所有的任务和沟通渠道的整合（见图 9—8）。不管客户采用什么互动方式，他都将获取相同的信息。这确保了客户可以从企业任何环节获得同样好的服务。交互中心、网络渠道、渠道合作伙伴和手机都可以整合到客户互动中。这些信息能够使一线员工做出正确的决策。

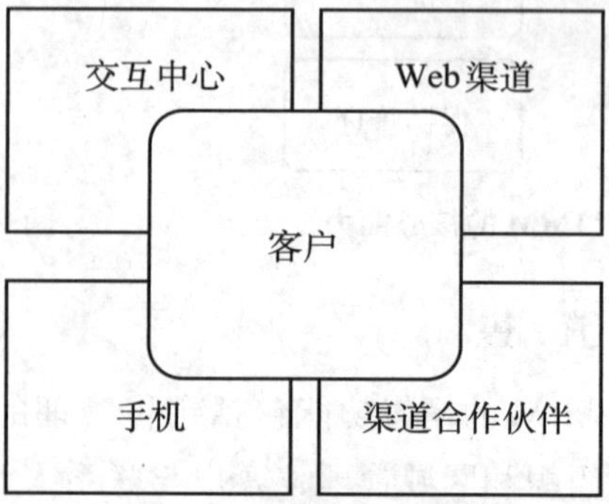

图 9—8 客户互动渠道

如果 SAP CRM 是作为 SAP ERP 的一个部分来实施的，那么它能与企业的所有职能充分地整合。SAP CRM 不仅能通过分析报表来洞察业务状况，而且可以提供日常业务的平台。

SAP 也为一些特殊的行业细分提供了定制的 CRM 解决方案。

产品二：Oracle CRM

甲骨文（Oracle）原本是一家数据库公司，现在也提供包括 CRM 解决方案在内的很多业务应用系统。其中一个来自甲骨文公司的 CRM 产品是“ Oracle CRM on Demand”。

Oracle CRM on Demand 是一个非常全面而且可以快速部署的 CRM 系统。它可以用作托管的应用系统，也可以用作软件即服务（SaaS）。甲骨文公司声称，这种解决方案可以与所有的业务流程整合并且可根据需要扩展。多数托管 CRM 解决方案基本上是销售队伍自动化工具，可以获取和整合信息。而甲骨文公司的这套应用系统提供利用信息获得运作和战略优势的工具。

Oracle CRM on Demand 是一种托管解决方案，它能够提供 CRM 解决方案的所有功能，并提供通常由基于数据中心的 CRM 解决方案实现的分析功能（见图 9—9）。此外，它可以和企业现有的 IT 应用系统集成。

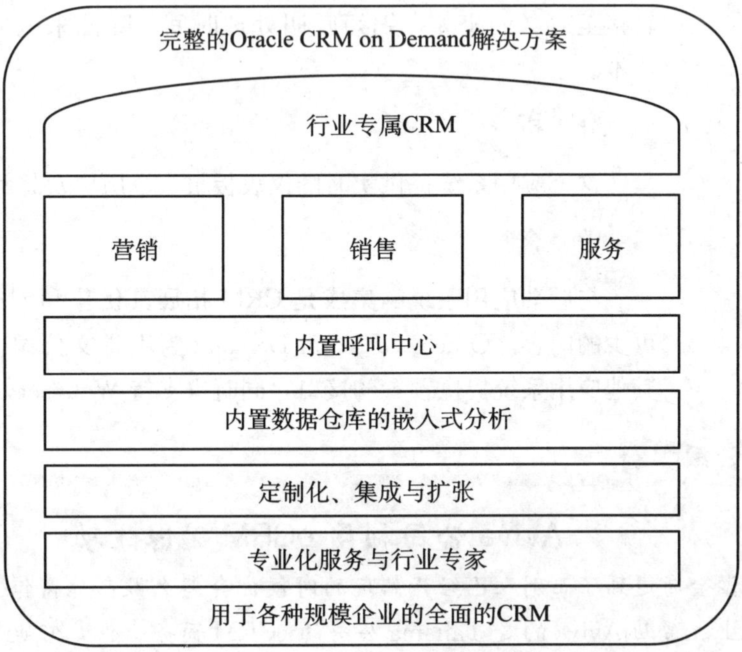

图 9—9　甲骨文公司的实时客户关系管理系统

资料来源：http：//CRMondemand. oracle. com accessed on May 7，2011.

下面介绍 Oracle CRM on Demand 的主要特征。

销 售

信息是销售管理的关键。甲骨文公司的解决方案能自动处理和简化销售部门使用的所有信息，按照从符合要求到结束应用的整个生命周期来管理线索，让每个人凭借单一的信息来源查看客户的全部互动信息。操作者的知识和方法可以与他人共享，可以借助预先创建的报表轻松地分析和预测销售情况。

服 务

Oracle on Demand 统一提供所有的客户和服务信息，这可以帮助企业提供快速全面的服务。

营 销

Oracle on Demand 为企业提供活动管理、线索管理、创建 HTML 以及电子邮件管理和活动分析方面的信息，使其在营销活动上得到更好的回报。

呼叫中心

这个应用系统有助于更加经济有效地运行呼叫中心，比如将来电转接至适当的坐席、缩短呼叫处理时间、降低来电的复杂性和处理成本。

分 析

这个应用系统提供实时的仪表板报告、历史及趋势分析报告。

整 合

与后端应用系统的集成是 CRM 拓展其优势和创造协同效应必不可少的内容。Oracle CRM on Demand 为甲骨文公司商业应用系统及其他应用系统提供预置的接口，同时也支持 Web Services 接口。

公司案例

Aviva 公司利用 eCRM 确保成功

当聚会时迟到了而别人已经开始玩的时候你会怎么做？你得像 Aviva 公司一样迎头赶上。帮助 Aviva 的是 Talisma 公司的 eCRM 商务套件，它也被 Aviva 用来整合自己面向客户的各个部门。

印度保险业完全放开之后，一些私营的保险公司开始涌入印度。Aviva 是在 2002 年进入印度的，也是最后进入印度市场的保险公司中的一个。其成功的秘诀在于更加深入地了解潜在客户，并且推出满足特定客户要求的产品和服务。

一个共同的平台

Aviva 2002年6月在印度开展业务之前就决定在整个企业部署eCRM套件。一个由十人组成的评估团队对包括Talisma在内的四个供应商进行了严格的评估。这个团队有来自IT部门的代表以及其他面向客户的部门（比如销售、营销和客户服务部门）的代表。

Aviva的应用经理塔伦·潘迪（Tarun Pandey）回忆："经过全面的评估，我们决定采用Talisma软件套件，这主要是因为它支持与我们呼叫中心业务的集成，而其他供应商无法提供这种集成。这个套件可以在企业内为面向客户的不同部门（销售、营销和客户服务部门）建立一个共同的集成平台。"

CRM套件系统的实施很顺利，2001年12月开始启动，并在六个月之后正式运行。潘迪解释道："因为我们是在印度市场开展业务之前实施CRM套件系统的，所以这个系统的实施很顺利。如果一个组织已经开展业务了，那么实施将会变成一个漫长的过程。"

这套系统不仅部署到营销、销售和服务部门，而且部署到合作伙伴和整个销售体系（包括银行保险合作伙伴和保险代理人）。Aviva已经实施了Talisma的eCRM的营销、销售、服务和联络中心模块，唯一没有使用的模块是聊天模块。时至今日，在Aviva已经有450人使用这个套件。

多步骤的活动

潘迪解释道："Talisman的eCRM帮助我们在不同的面向客户的部门、不同的地方共享客户的实时信息，有助于各部门跟踪客户的详细信息并迅速响应客户的咨询。"

该系统的实施也促使Aviva快速分析销售情况以及营销活动，这又反过来帮助公司在将产品和服务提供给客户之前进行一些调整。这使Aviva通过提供满足客户需要的产品和服务来赢得更多的新客户并且维持已有的客户。另外，该系统还帮助Aviva开发了多步骤营销活动。基于广告活动在不同阶段的不同反响，eCRM套件可以自动触发恰当的流程。Aviva的整套销售和营销方法通过这套系统的部署得以整合。公司的客户服务团队已经配合这套系统成功地通过多个渠道提供优质服务。

Aviva仅仅用了两年的时间就使得自己在印度的保险行业独树一帜。毫无疑问，Talisma的eCRM套件系统起了很大的作用，帮助Aviva推出了很多新的产品和服务，这些产品和服务使Aviva和其他竞争对手有了很大的不同。

潘迪称，"Aviva之所以选择Talisma的套件系统，主要是因为它支持与公司呼叫中心业务的整合，而其他供应商无法提供"。

由于Aviva是2002年最后一批进入印度市场的保险公司，因此它必须采取有效的措施来经营。问题在于，作为这个市场中的新公司，Aviva对印度的客户知之甚少，所以当务之急是整个企业在开展业务之前部署e-CRM。为此，公司指定了包括

Talisma 在内的四个供应商来整合企业内面向客户的不同部门（销售、营销和客户服务部门）。

e-CRM 的实施可以帮助共享实时的客户信息来追踪客户的各种详细情况并对需求迅速做出反应，同时也有助于对业务进行快速分析和决策。这帮助 Aviva 赢得了更多的客户并且留住了现有的客户。所以，只用了短短两年时间，Aviva 就在印度保险业声名鹊起，所部署的 Talisma 的 eCRM 使得 Aviva 推出了很多不同于竞争者的新的产品及服务。下面就是 Aviva 主动采用 eCRM 而取得的一些优势：

- 提供更好的客户服务；
- 增加客户收入；
- 有效地发现新客户；
- 高效的交叉/向上销售；
- 帮助销售人员更快地完成交易；
- 使呼叫中心更加高效；
- 简化销售和营销环节。

资料来源：www. scribd. comhttp：//www. scribd. com/search？ cat＝solr&q＝Aviva＋uses＋CRM＋to＋insure＋success，accessed on May 10，2011.

9.6 电子客户关系管理解决方案的具体要求

市场上有许多可用的 eCRM 解决方案，这使得企业很难选择一套最适合的方案。而且，eCRM 的实施不仅仅是安装一款软件，它的使用应该带来令客户满意的服务。市场上标准的 eCRM 解决方案需要定制化以满足组织的要求。除此之外，eCRM 需要与企业现有的 IT 应用程序加以集成。基于 eCRM 解决方案应包括销售、营销和服务等职能并且可与账务和会计系统集成，我们为所有企业提供一份理想的 eCRM 解决方案清单。虽然这份清单并不详尽，但是我们尽可能涵盖 eCRM 解决方案的大部分值得拥有的功能。

CRM 的销售需求

下面详细讨论 CRM 的销售需求。

一般需求

这套系统应该能被用在潜在客户联系组织的所有接触点上，包括服务中心、渠道合作伙伴、呼叫中心、网络、短信、销售人员、合作伙伴等。在管理系统安全方面，应该可以将销售部门的经理用户或一般用户按各自的角色添加到系统中。出于安全考虑，用户账号和密码需要由管理员分配给各个用户。管理员也应该能从有销售功能权限的用户名单里移除所有销售人员并且注销其用户账号。一般用户应该能添加线索、机会、基于任何产品和客户的订单。

销售经理汇报层级结构图应该包括基层的推销人员；应该能基于细分的销售客户计划设立有差别的零售业务用户和企业销售业务用户；应该提供针对个体销售经理和合作伙伴的绩效监督办法，并允许销售主管决定把什么信息开放给销售部门的一般用户；也应该能让销售主管检查和分析销售活动以评估销售部门的一般用户的绩效。

新线索/机会的创造

系统应该允许通过获取所有需求来创造线索/机会。如果有新线索，销售部门的一般用户应该可以根据要求在线索/机会页面输入所获取的客户详细信息。应该允许为每一个潜在客户创建联系人，这些联系人可以按影响者或决策者的角色进行分类。一般用户应该能够对线索/机会做记录，并以附件方式存于系统中；还应该能够将线索/机会文件的电子版以附件方式添加到系统中。同时，一般用户应该能列出提交的文件清单，并能够为线索分配优先权。系统应该能管理所获得的针对同一潜在顾客的竞争者信息，并允许从营销公司/部门引进客户/线索的信息；也应该能把客户经理的名字附加在所获取的线索上。

系统应当支持从初次接触潜在客户需求到转变为真实客户的线索监控能力，支持分类数据以查看潜在客户信息。所有正在或者计划使用的收集客户线索的机制都能被整合，并且数据应该直接流向相关经理。

线索/机会的分配

系统应当允许组建一个销售团队，并让该团队对分配给他们的潜在客户的销售负责。销售部门的一般用户应当能够把线索分配给销售代表、销售团队或者合作伙伴的销售团队。系统应当支持根据给定特性（例如产品、技能和以往的经验）对销售代表进行选择。销售代表或者团队应当能够访问被指派的线索/机会，并且从系统中获得相应的通知。系统应当让销售代表能够拒绝或者退回分配给他的线索。而且，当一般用户不是处理某个线索的合适人选或者由于文件验证或可行性检查失败时，一般用户可以在给出拒绝的理由后退回分配给他的该条线索。系统应当提供可供销售的产品及其价格清单。同时，系统应当能够在获得订单前识别订单的可行性。如果有已存在的线索/机会或客户提出对新产品/服务的咨询，那么这些咨询可以被传递给相同的销售代表或销售团队处理。系统应该能够给不同的行业定义独立的/排他的合作伙伴群。

系统应当支持将线索分配给个人以创建、修改、接受和关闭该线索，确保不会漏掉任何业务线索并且能成功地传递给销售团队。

报价管理

当客户决定购买产品时，销售部门的一般用户应当能够为潜在客户/机会报价，创建一份服务订单。系统应当实现复杂的产品优惠报价机制和基于服务可行性准备报价方案；能为销售经理提供准备和提交报价方案的审批支持。系统应当提供跨不同组织实体的报价准备和审批工作流，允许收集关键交易或者机会信息（例如联系人、产品组合、日期等信息），可自定义机会进展的不同阶段，能端到端地监测机会的进展情况，并确认进展已经停止及可以采取行动的机会。

系统应该能够实时监测自定义绩效指标，比较业绩和目标/计划的差距，制定基于任何业务事件或时间触发的工作流规则，追踪竞争对手，掌握交易成功或失败的主要原因。

系统应该能够创建和设定与销售人员有关的销售区域和配额。系统应当支持针对某次机会的报价，以及基于标准模板的机会提案，该标准模板包括公司具体的信息和从报价中获取的数据。系统应当能将提案打印出来或者邮寄给顾客。

线索/机会的搜索

销售用户应当能够根据搜索参数搜索已存在的线索/客户。系统应当能够跟踪和保存客户与销售人员的沟通历史，由此生成客户的360度视图。当销售用户搜索一个已存在的线索或者客户时，他应当能够查看到这个客户所有已经购买的产品或服务的信息。

客户管理

eCRM的客户管理应当具有以下特征：

- 管理联系人和客户信息。
- 对任务、电话、电子邮件、预约等进行管理。
- 能够添加、追踪和编辑联系人、客户和供应商之间的关系的信息。
- 追踪维护合同和续约通知。
- 账户映射和计划。
- 应该获取的关键客户信息包括电信费用支出情况、竞争对手的存在情况、地点、联系的状态、有联系资料的客户方关键人员等。

■ 应该持续获得客户互动信息（会议纪要等），能访问客户全部的历史信息。

■ 对客户特定文档（合同、提案、特殊的费率协议等）进行管理。

■ 可获得客户的全国视角或地方视角。

■ 实施客户战略和前期活动计划。

销售漏斗管理

销售漏斗从整个企业的角度给出正在进行的销售活动的全景。为了有效地管理销售漏斗，eCRM 解决方案应当具有以下特征：

■ 有关于机会进展阶段、预期收入、被忽略的线索的报告。

■ 整个销售团队能看到销售漏斗中自上而下的所有销售机会。

■ 需要监测的其他因素有：

—每位销售经理、每件产品的获胜率；

—每一个销售阶段（可行性、提案等）所花费的时间；

—失去机会的主要原因；

—来自企业不同层次的支持要求。

■ 在个人或整体层面上对成功/失败的交易进行分析。

■ 配额管理：追踪销售机会、目标达成情况。

■ 预测：个人的或者总体的预测。

基于现有的全部机会和历史趋势，合理准确地为下个月或者季度等规划销售方案。

预测基于企业在多个维度（例如产品种类、收入/启动费用等）上的追踪。

机会流程

■ 事件处理路径：部署规则并升级规则，以确保事件能够得到恰当的处理。

■ 活动创建和分配：对特定的用户或者队伍自动创建和分配活动。

■ 外部调用：将外部系统和第三方应用软件引入服务生命周期。

销售的生产率

■ 搜索和发现：在数据库中搜索客户、联系人、机会和其他实体。

■ 与微软 Office 或者组织使用的其他文档处理系统集成：实现文档创建、文档模板、输入/输出和邮件合并功能。

■ 移动性：提出的解决方案应当能够在未来实现功能扩展，可以根据业务需要离线或通过移动设备扩展功能。

网络销售

系统应当允许通过相关特性实现网络销售，例如用于企业业务的产品目录、搜索工具、基于用户所设定标准的产品比较功能、个性化、线索的创建和追踪能力。

其他销售要求

■ 销售用户应当可以选择来自产品类别/产品列表的有效的产品组合。

■ 对于无效的产品组合，系统应当对用户给出提示。

■ 系统应当能够提供在给定的时间内将线索转化为客户的数量。

■ 能够追踪到每个客户接受服务的地点。

■ 系统应当向潜在客户/客户发送通知，并提供从线索到潜在客户各阶段的状态信息。

■ CRM 系统应当能够实施组织的工作流程。

■ 系统应当提供事件升级功能，即如果某个销售代表在某个特定的时间内没有处理线索/机会，经理会接到通知。

■ 如果一个销售代表未能处理线索或者遇到问题，他应当用邮件或其他方式告知销售经理。

■ 该系统应当能够依据某些特征将潜在客户/客户分组。

■ 客户细分是必要的，系统应当能支持自定义细分标准，进而可根据企业业务划分情况对潜在客户进行分类。

■ 用户应当能够利用瘦客户端/标准浏览器来使用该系统。

■ 分配客户，分解产品销售目标，并基于实际数据和目标数字的对比来追踪销售代表的业绩。

■ 创建、读取和编辑由销售/客户代表负责的客户信息。

■ 管理对文档资料查阅的申请，以便销售/客户代表能够及时获取信息。

■ 按角色创建详细的销售人员报告，以便追踪其绩效并根据需要发放佣金。

■ 创建关于销售人员的详细的绩效报告，以便为内部销售人员设计竞争和激励方式。

■ 创建和提交关于获利概率、产品种类和价值的预测，以便更好地控制和监测公司的销售进度，并有助于制定网络计划和购买计划。

■ 记录、浏览和编辑企业客户的专用预算。

■ 允许所有服务人员监测有关提案和潜在销售机会的信息。

■ 实现现有客户信息记录中必填字段的自动填写。

■ 对于复杂的服务内容，系统提供合同管理工具。

■ 系统应当使服务水平协议和其他合同中所提条件规范化。

■ 签订合同应当是销售活动的一部分，随后为这个客户创建服务请求时，系统应帮助确保合同义务得到履行。

■ 应当能够提供合同遵守情况的报告。

■ 系统应当支持线索的闭环，支持通过营销活动管理、分析、细分来追踪线索来源的有效性。

■ 对线索进行认证、取消认证、关闭、重启和评分。

CRM 的营销需求

下面介绍 CRM 的营销需求。

知识管理

所推荐的知识管理系统应该为所有的知识管理对象提供一个统一的内容库，这些对象包括陈述报告以及诸如视频文件、图片等富媒体资料。该系统除了提供对特定服务的最佳实践和解决方案的访问外，还应当能够创建、存储和维持一个解决方案数据库（例如 FAQs、图表、用户指南、客户担保等）。

知识管理系统也必须有关于企业提供的所有产品和服务的信息库，包括标准客户陈述报告、提案模板、业务案例模板、定价文档等。系统解决方案应当实现文档的相互参照，支持单向的和双向的链接，这能促进企业用户更高效地找到相关内容。它也应当能够同时连接不同的内容项，以便替换旧的内容。知识管理系统还应当支持基于文档关键字的元数据分类应用。

列表管理和细分

系统解决方案应当允许创建基于标准和数值的列表，以便实现数据查询和管理。用户应当能够净化、过滤和合并这些客户列表，这有助于开展特定的营销活动。系统解决方案能够通过对 CRM 系统进行数据输入/输出作业的数据迁移来更新这些列表。

活动策划和执行

eCRM 的产品应当提供以下功能：

■ 活动定义：能够定义多阶段的活动，并与 CRM 系统内的目标列表联系起来。

■ 产品目录（与 SFA 相连）：创建价格列表、折扣列表、产品类别列表，并把产品与活动联系起来。

■ 型录管理：连接、管理和更新与活动目标有关的文件。

■ 报价管理：管理基于规则的报价、管理基本客户信息和问询的动机。

■ 任务和活动：分配、监测和安排任务及活动。

■ 预算编制和审批：预算的制定、追踪和审批进程。

■ 活动管理：能够设计、复制、关联、结束、开展和重新开展活动。

■ 整合客户认知以设计新的/创新型的产品和营销活动。

■ 能够通过网络、邮件和短信设计与开展不同类型的活动。

■ 能够开展地区型和细分市场型的活动。

对商业智能工具的需求

仪表板分析

■ 仪表板：用户可访问销售、营销、服务和订单管理所需的预先配置的可定制仪表板和报告。

■ 能够建立关于关键绩效指标的可定制的仪表板。

■ 报告：建立标准的或者定制的报告来评估活动成功与否。

■ 钻取能力：支持报表的充分钻取。

销售业绩管理

■ 销售漏斗管理：基于销售漏斗进行报告和分析。

■ 分为产品型、地区型、地理型、公司型、垂直型等。

■ 生成特殊的报告，比如排名前十位的交易的报告。

■ 关键绩效指标：中心数据库可定义关键指标和计分卡。

服务开通需求

订单生成

■ 系统应当为新的和追加的产品/服务生成订单。

■ 为投诉和故障排除记录生成服务订单。

■ 现场服务能获得相关详细信息。

■ 生成的每个订单都通过一个 ID 来唯一标识。

■ 系统应当允许在 CRM 内启动集成的订单输入流程。

■ 系统应当允许可配置订单的生成，选择一个基本产品及与产品兼容的附加项目。

■ 系统应当能够创建企业电信产品的订单。

■ 系统支持员工对订单的录入。

订单执行

■ 系统必须追踪订单执行过程中每项活动的状态。

■ 必须将所有新提供的订单的状态更新为订单获取。

■ 必须更新状态以支持所有要求采取技术手段解决问题和投诉的服务订单。

订单关闭

■ 只有在完成订单所需的所有活动都完成之后才能够关闭订单。

■ 必须追踪一个既定客户提出的所有服务订单。

■ 必须追踪一个既定订单中所有的活动。

■ 必须能够通过一个 360 度视图查看订单及其状态。

■ 支持人员必须能够访问一个既定客户所有订单的历史信息。

CRM 的服务支持

下面，我们简单介绍 CRM 应当具有哪些特征来确保顺畅的服务支持。

请求捕获

CRM 系统的作用是为客户服务提供一个单一窗口，比如：

■ 就预订服务投诉。

■ 运行各种工具的操作程序。

■ 就有关故障修复及其预订服务投诉。

■ 生成记录编号供客户参考。

■ 支持 FAQ/信息请求服务（产品和服务的详情、价格计划、促销方案等）。

■ 联络中心能够整合现有的和将来的多媒体，例如 CTI/IVR、语音、网络或者邮件。

■ 能获取和传送从多种渠道（包括电话、网络自助服务、邮件、传真、短信、直接联系等）接收的请求。

■ 具备虚拟联络中心的功能，以便分散在不同地方的坐席都可以访问。

■ 让客户能够通过网络和联络中心取得联系。

■ 坐席能通过网络聊天方式引导客户，以相互发送和接收文件以及文字信息。

■ 所有有关客户的信息能在一个 360 度的单一视图中查看，以便客户想更新状态时能很容易地做到。

■ 不论老客户在什么时候打电话，其详细信息都能够出现在弹出窗口中。

■ 能基于诸如有效性、技能、客户类别等不同参数将收到的请求分配给坐席。

■ 当有呼入电话出现在坐席的屏幕上时，能够在线启动脚本来确保客户的相同活动得到相同的体验，例如同样的初始问候；在特定的情况下，该脚本应该可以修改。

■ 客户服务系统具备在数据库中搜索的功能，以确定打进电话的是现有客户、以前的客户还是新客户。

■ 搜索在一套图形用户界面（GUI）上进行。

■ 客户服务系统为客户服务代表提供用以将线索传递给客户经理的功能，以便更新已有的客户信息。

■ 支持对主要客户和各类客户提出的重复问题进行分类，系统可以获取各种信息类或商业类请求以及投诉。

■ 拥有基于不同的产品、账单、款项、产品特征等进行投诉分类的管理功能。

■ 坐席知道客户通过 IVR 做出的选择，以便做好为客户服务的准备，如果 IVR 已经认证客户信息，坐席就不应该重复相同的问题。

■ 能够从系统中得到客户以前的电话/沟通的历史信息。

■ 通过系统能够了解提出请求的客户的类型，例如，零售商、中小企业、公司联系人等，还能识别来自企业联络人的要求，以便做必要的验证。

■ 系统能够在呼叫中心记录包含客户信息的投诉（姓名、编号、地址、联系电话、回拨时间/日期、投诉/问题/要求的类型等，以及其他基于投诉类型的附加信息）。

■ 能够根据客户的重要性和情况的严重程度安排处理问题的顺序。

■ 坐席能够获取以既定模式打进电话的潜在客户的相关信息。

■ 所有与客户互动的信息都能够被获取并可用。

■ 除了能对分派的作业进行审计跟踪之外，还能进行再分派。

■ 如果客户没有得到满意的解释，能够给同一部门或者其他部门重新提交投诉/问题记录。

■ 将特定投诉/问题记录返回同一部门的次数体现在 CRM 中。

■ 系统能够根据要求/投诉的类型/子类型将问题记录/事件发送给不同的部门。

■ 系统能够自动创建需求的编号，这个编号能够使客户跟进其提出的需求，也能在 IVRS 上使用，以便客户可以核查其需求的状态。

■ 如果在某一指定时间内，跨多个部门出现大量的有关某个特定投诉/故障的报告，系统能够自动向客户经理报警。

■ 与在预订时标记为“立即处理”的投诉一样，对重要编号的需求提供优先处理。

■ 必须能获取事件终止的原因，并且事件也必须转给相关人员以便展开预防行动。

■ 系统支持基于客户基本信息的电话处理。

■ 无论何时都能维护最新的、详细的客户需求状态。

■ 系统能获得客户满意度得分。

■ 能够主动获取客户信息并支持系统、应用和网络报警。

请求处理

■ 投诉单可以根据其严重程度和周转时间升级，基于周转时间升级的工作流和模型是可配置的。

■ 管理网络故障单系统的升级界面。

■ 系统将允许通过投诉单/纪要来记录和跟踪问题的解决情况、客户的投诉或咨询。

它应能使投诉单/事件与以下任意对象相联系：

■ 客户服务组合。

■ 计费组。

■ 用户。

■ 发票。

■ 支付。

■ 信用票据/收款票据。

■ 另一个投诉单。

系统应该存储以下传递给投诉单的信息：

■ 分派的员工。

■ 状态。

■ 处理和变化的历史。

■ 其他说明。

系统应该支持特定投诉单的不同接收方式，例如电话、邮件、传真、个人到访等。发起这个投诉单的用户将会被记录下来并且在以后的阶段不允许改变。

■ 应该能确定可用的产生投诉单的原因列表。

■ 管理员应该能够设置可用的备忘录主题列表。

■ 系统将允许一张投诉单和其他任意数量的投诉单相联系，以揭示不同投诉单所反映的不同问题之间的关系。

■ 系统将允许在任意投诉单中附加不限数量的文本信息或记录，以便描述问题要点以及解决步骤等。

■ 输入的员工姓名以及相应的日期和时间等文本信息都应该被记录在系统中。

■ 应该可以通过信息文本中的关键词来搜索投诉单。

■ 投诉单的状态应该显示该投诉单目前的处理阶段，例如打开状态、运行状态或关闭状态。

■ 请求的处理应该基于该请求所属的类别/子类别。

■ 系统应该允许用户严格根据公司制定的程序变更投诉单的状态。

■ 应该可以为所有的投诉单存储历史记录，包括投诉单状态、优先级、类别、负责该投诉单的员工的任何改变等，还应该记录所有改变的日期和时间。

■ 系统不仅要存储每一张投诉单的有效期，而且应该存储它的连接历史。

■ 系统可以从投诉单中生成信息并通过传真、打印、电子邮件等渠道传递给包括客户、服务提供商和经销商在内的多方人员。

■ 当投诉单的处理超期时，系统能自动通知系统用户。

■ 坐席应该可以获取根据请求的类型和子类型来处理某种请求的准则。

■ 如果针对预订投诉的受理方是错误的，应该能转到正确的部门。

■ 坐席应该能根据关键词、连接或者其他方式在数据库中搜寻有关请求的信息。

■ 应该在请求点上标记字段，这样只有存在相关信息时才能进一步处理这个请求。

■ 在收到服务请求和投诉时应该可以获取客户所拥有产品的详情。

■ 客户填写的请求明细应该以一种自由文本格式记录。

■ 系统应该可以根据请求的种类或者用户输入的其他标准来给出解决方案。

■ 必须能进行呼入和呼出，并且两者都应该有访问解决方案和疑难问题库的权限。

■ 对于需要处理问题的投诉，呼入坐席需要尝试去解决这个问题；否则就要作为事件记录下来并基于某些参数的情况升级给呼出坐席。

■ 解决方案的管理需要知识库/解决方案库。

■ 系统要能够跟踪所有问题/投诉的成功的和不成功的解决方案。

■ 对于一个给定的问题或者投诉，需要列出前十种解决方案或决议。

■ 如果坐席未能成功解决某个特定问题，可以寻找以前类似的投诉或者错误的解决方案。

■ 坐席可以在线访问所有在接收新订单或者其他服务请求时需要填写的表格。

■ 可以通过获取期望的回复时间和内容来迎合需要回复电话的服务请求。

■ 处理一个请求的各个步骤将涉及多个实体，所以应该能通过将这些任务指派给多个人或一个小组来同时或者顺序地完成相关活动。

■ 应该可以通过不同的标准关联需求，这些联系的建立不能仅仅由坐席决定，应该有一些标准、准则可供坐席用来设定联系。

■ 能够根据客户提供的错误提示信息告诉客户出现问题的原因并采取相关的行动。

■ 系统应该在接收请求时就能识别该产品是否在保修期内。

■ 可以通过让客户完成一套系统的问答来解决一些简单问题。

■ 坐席应该能够自动或手动将传真、电子邮件、短信发送给客户、其他小组成员、管理者等。

■ 一些常规性工作应该自动完成，如自动将通知发给小组成员。

■ 系统可以维护一个可基于不同标准进行查询的请求数据库，具体而言，它应该可以获取请求的新功能和方案信息，以便企业在不能使用当前功能的情况下，可以基于需求量来制定决策。

■ 基于 SLAs 或者用户选择的服务升级应该适用于所有的请求，在不能从有关当事人那里找到必需的信息之前，请求应该一直保持开放的状态。

■ 与客户的账单和付款相关的所有信息都应该能从 CRM 系统中获得。

■ 系统应该能够获取客户的详细信息及其对于某一产品或服务的兴趣的信息，并将这次互动作为一个线索指派给选定的人员。

■ 坐席应该能够收到有关客户需求的状态的详细反馈情况，以便将这些信息提供给相应的客户。

■ 客户应该能够通过邮件登记请求、投诉以及提出获取信息的要求。

■ 系统应该能够把所有邮件转给指定的处理人员，该指定处理人员可以根据邮件的类型再次转发邮件。

■ 如果所要求的详细信息全部可用，那么邮件会触发订单或者服务请求并告知客户。

■ 即使所要求的详细信息不全，也能通过邮件或者呼出电话来从客户那里获取详细信息。

■ 应该能够记录和追踪邮件及聊天情况。

■ 系统应该能够让操作人员、主管、经理通过特定方式进入后台多个应用系统。

■ 呼叫中心应该有一个投诉解决指南，可用于处理有潜在解决方案的各类投诉。

■ 能与客户预约。

■ 能与其他的 BSS 应用系统紧密集成。

请求关闭

■ 请求完成时，应该能够自动更新其他坐席因支持该请求而产生的处于开放状态的请求，该请求的呼出电话应该在待呼出电话队列中等待。

■ 只有在客户确认问题已经解决的情况下才能关闭请求。

■ 已经完成的请求必须在呼出电话队列中等待向客户确认/传达。

■ 只有在收到客户确认问题得到圆满解决的反馈后才能关闭请求。

■ 在 IVRS 中应该可以进行常规更新，当请求状态、编号变更申明等在 CRM 中生效时，这些变化也应该传递到 IVRS。

■ 在客户对错误的纠正情况感到满意之后，就可以将该错误发送到错误历史存储库中。

请求报告

■ 请求状态——在给定时间里所有请求的状态，这些请求的类别和子类别信息。

■ 等待情况——在每个处理层级上所花的处理时间和在当前环节上的等待时间。

■ 解决时间——在给定一段时间内解决投诉所需的最长和最短时间。

■ 类别方面——在给定一段时间内一个类别或者子类别的投诉总数。

■ 频率——某一客户投诉或者请求出现的次数。

■ 区域方面——在每一个区域范围内出现投诉的数量。

■ 请求的来源——在给定一段时间内每一个来源出现请求的数量和种类。

■ 坐席监控报告——服务升级报告、坐席解决时间报告、SLA 遵守状况。

CRM——产品和定价管理

■ 从各种来源识别和评估有关新的产品、服务的想法和概念。

■ 可预测产品盈利能力和收入。

■ 识别目标市场细分和客户细分。

■ 定义定位、目标群体和独特销售主张。

■ 依据产品目录进行产品配置，并发布在 CRM 等不同系统中。

■ 实现单一的产品目录管理和集中的配置规划管理。

■ 可管理产品描述、单价、计价单位组、批量折扣、数量等。

■ 系统应该支持产品定义和服务管理。

■ 系统应该提供一种基于图形用户界面的工具来开发产品和供应品。

■ 系统应该支持产品、供应品和属性的再利用，并支持创建模板或者模型来促进标准的界定。

■ 系统应该允许管理员基于角色和权限来管理用户访问系统的不同产品管理功能（例如定义产品、确定价格等）。

■ 系统应该允许用户就产品相关性、兼容性和不兼容性定义业务处理规则。

■ 系统必须支持可选的、要求的供应品组件和产品“特征”。

■ 系统必须支持对合作伙伴、渠道或者客户定义其特定的合格性和兼容性规则。

■ 系统应该支持定义本身就很复杂的产品和供应品（多层级、多种产品、产品包、各种预配置、特殊规则和价格等）。

■ 系统应该支持 BSS/OSS 系统中的产品目录同步。

CRM——账户管理

客户管理

■ 系统应该支持创建客户记录。

■ 支持横向和纵向的层级关系，并且支持为客户创建多个成员结构关系。

■ 必须支持企业面向业务的账户并且能支持其建立结构关系。

■ 形成多级账户结构。

■ 能够指定结构中的任何一个层级作为计费单位。

■ 能够为账户结构的不同层次分配职责。

■ 能够在账户结构中设置收入中心。

■ 能够对账户结构中不同成员给予产品包折扣。

■ 能够设计账单结构来反映公司不同类型的组织结构。

■ 系统应该能够显示某个目标账户的详细的从属关系。

■ 系统应该能够在账单结构中组织客户，账单结构可能包含自付费账户或者不付费而由父账户付费的子账户，子账户也能选择像最高层级账户那样的账单周期。

■ 系统应该能够为账单结构中任一客户提供汇总表，这些汇总表包含所选客户名下生成的所有周期性账单；系统也支持对其他账单生成类似的汇总表，并能够将这些汇总表发送给单一客户的联系人。

■ 系统应该支持定义客户的详细信息，如姓名、家庭住址、信用卡资料、客户类别。

■ 系统应该支持特定格式和群体规则下的 BSNL 特定客户身份号码的定制。

■ 系统应该支持为一个客户定义多个联系人信息，也应该支持通过手动或自动方式为一个客户设置对应的商业周期环节。

■ 系统应该允许更新客户信息，并且有灵活性来允许用户去创建一个过去的或将来的客户记录。

■ 系统应该支持按照规范的系统工作流创建一个客户账户记录。

■ 系统应该支持为一个客户创建多个账户，它必须支持定义账户的详细信息，如姓名、家庭住址、账户类型、子类型。

■ 系统应该支持为一个给定的账户定义多个联系人信息。

■ 必须支持为账户记录增加一些自由格式的信息（例如评论）。

■ 系统应该支持对于服务详情（例如服务的类型、服务的质量和其他一些信息）的定义。

■ 系统必须能够支持客户记录的文件或者图片附件（例如可以把服务合同的 Word 文档或扫描件和相应的客户记录连接起来）。

■ 系统应该支持通过接口来获取与客户连接的存放于外部系统的文件或图片。

■ 系统应该支持为服务记录增加一些自由格式的信息（例如评论）。

■ 系统应该允许更新服务信息，并让用户能创建关于过去或者将来的服务记录。

■ 系统应该支持根据特定的账户类型设定账户的服务类型。

■ 系统应该支持对可用于一项服务的物理设备类型的定义。

■ 系统应该支持通过系统常规的工作流来实现设备与服务的连接或者不连接。

■ 系统应该记录与服务有关的历史变化，并支持服务的激活和停止的历史信息，同时实现与所提供系统的连接。

■ 系统应该允许账户和服务所有权的转移，在这种情况下，账户附加的服务也将会被转移，系统还应该能灵活地支持同时转移（或者不转移）与账户或者服务有关的费用。

■ 系统应该支持账户的合并。

■ 必须能维护各层级的综合历史信息。

■ 系统应该支持一旦发生关键性信息更改就发送报警提醒（例如，如果一个客户的计划等级降低，组织的相关人员就会收到提醒），提醒的发送目标及发送方法都应该可以调整。

客户协议或合同管理

■ 系统应该为组织与客户之间合同的定义提供支持并予以呈现。

■ 系统应该支持合同类型和种类的定义，并且为每一份开始和截止日期有效的合同提供唯一识别码。

■ 系统应该将合同与折扣功能、产品定义功能（如定制的产品包装）、使用或者租赁功能（如特殊计划）整合在一起。

■ 系统应该支持合同生成和审批流程与销售流程的整合，支持自动更新或取消合同，支持为同一客户提供多份合同。

■ 系统应该支持生成与合同相关的报告。

客户结构/复杂的账号创建

■ 系统应该支持定义客户间的结构关系。

■ 支持横向和纵向的层级关系，并且支持为客户创建多个成员结构关系。

■ 就多层级结构关系而言，系统应该支持定义结构中的优先级。

■ 系统应该支持更新客户的层级结构关系（例如客户进入或离开这个层级结构）。

■ 系统应该支持在同一层级结构之间债务或者折扣的转移等（例如车队账户中的费用可以转移到公司总部账户中）。

■ 系统应该支持将折扣计划应用于客户各层级成员（例如，只需要在结构中的主客户上附加折扣计划，其下每一个子客户就都能应用该折扣计划）。

客户细分

■ 可以使用多个标准来识别账户的战略重要性，例如，可基于客户盈利能力、收入排名、可利用的服务宽度等进行细分。

■ 对于问题和线索等的优先级应该根据客户的类别或者细分来决定，同时能进行相应的跟踪。

■ 可以根据客户的收入和盈利能力来对客户进行排名。

■ 在不同的服务区域为客户规划、定制的活动应该尽可能基于不同地区的整合信息。

CRM——订单录入

■ 集成的订单输入方案：系统应该包括一个为不同类型的产品、服务、安装位置、地理区域和客户而设置的集成订单输入流程。

■ 订单输入流程应该与客户关系管理工作流整合起来。

■ 与业务支撑系统的整合：订单输入流程应该通过整合层与业务支撑系统或者运营支撑系统集成。

■ 系统默认的标准订单配置：系统能够实现一些标准的默认订单，这些订单已经配置好并且很容易实施。

■ 复杂产品的配置：就复杂产品而言，系统应该提供一个精密的包括以下功能的产品配置工具。

—排除组合中的某些无效选项的规则。

—对适用的选项实施强制性组合的规则。

—能进行有效性检查，并展示单个组件的结果，这些组件可以是物理上的，也可以是逻辑上的。

■ 订单输入能为复杂的企业可配置型供应品订单提供设置技术参数的机制。

■ 订单生成和历史信息：订单输入流程应该包括保存订单信息和历史的功能。

■ 由客户类型产生的限制：有能力根据商业规则来对不同的客户类型进行限制，并能够控制不同类型客户订购的产品或服务。

■ 订单优先权：客户服务代表有能力展示和分配订单的优先级以表明该订单所需的关注等级。

■ 订单的编辑及其影响：能获取和编辑正在执行的订单。

■ 客户日期：能够记录客户所期望的供应、预约、测试和服务等开始的日期。

■ 合同发送的手动覆盖：能够采取手动方式决定是否发送和订单关联的合同文件（能够覆盖默认为发送的情况）。

■ 订单状态：能够选择或者更新一个订单的状态（如搁置）。

■ 订单日期同步：对于资源发生变化的订单，允许单独确定交付日期。

■ 一份订单多个地址：能够记录一份订单的多个地址（例如安装地址、地点A、地点B等，文件接收地址）。

■ 账单账户及账单所需信息：能够获取账单账户以及产品或服务的结账所需的账单信息。

■ 订单识别：系统将生成唯一的内部订单号，它应该可以为一份有内部订单号的订单关联若干外部订单号。

■ 订单搜索规则：能够通过多个条件查询和检索订单（例如订单号、项目号、姓名）。

■ 对产品和服务的数据访问：有能力访问产品目录。

■ 提供订单状态的信息：向CSRs或者其他实体提供有关订单状态的信息。

■ 订单跟踪：能够跟踪订单在所有任务层面的信息，这可能要用到GUI接口或外部系统。

■ 订单监测：能够通过各种类型的信息（例如地理信息、订单类型、资源分配等）监测订单。

■ 能够建立订单或者订单组件的相关性：可以实现只有在之前的订单或者订单组件完成以后才能处理当前订单或者订单组件。

■ 所有活动的时间记录：一份订单的所有活动都必须有开始时间和完成时间的记录。

■ 订单取消、拒绝和修改：系统能够取消所有订单或一份订单的某个单项，也能够提供拒绝和修改订单的功能。

■ 取消订单时释放资源：当取消一份订单或者一个订单项时，系统应该能够取消工作指派和预留的资源，只有在可配置的留验期过后才能释放库存。

■ 订单取消后要通知下游系统：系统应该有能力将已取消的订单或者订单项告知所有相关的下游系统来释放资源。

■ 订单取消规则定义：系统应该能够为订单取消制定规则，例如完成的订单不能被取消。

■ 查看要修改的订单：系统有能力查看所有被拒绝而要修改优先级或描述的订单。

■ 查看被下游系统拒绝的订单：系统有能力查看被下游系统拒绝的订单的状态。

■ 能够通过条件查找被拒绝的订单：能够通过多个变量（例如，销售代表、年龄、订单类型、产品或者服务、客户、交付日期、市场细分、优先级等）分类查找。

■ 通过拒绝类型将拒绝订单分组：系统能够通过拒绝的类型自动

地为被拒绝的订单分组。

■ 被拒绝订单的分配：系统能够根据订单的类型、订单的来源和客户的地点等将被拒绝的订单分配到不同的校正组。

■ 被拒绝订单的通知：系统能够基于业务规则自动通知负责该工作流程的负责人（例如对于一个 VIP 客户，将会触发个人或者小组将被拒绝的情况通知该客户）。

■ 掌握被拒绝订单的状态：有能力查看与被拒绝订单相关的状态信息。

■ 由于被拒绝而更新订单状态：有能力将拒绝与订单联系起来并且更新订单状态（例如将一份订单搁置）。

■ 管理多份订单的修正：在改正某份特定的被拒绝订单之后，能够成批地收回多份订单。

■ 内部产品目录：系统将包括一份内部产品目录，该产品目录可以灵活细致地按照相关的不同层次结构的选项、依赖性和特征定义产品或者服务。

■ 与外部遗留系统的集成：有能力与外部系统的产品目录相连接。

■ 与外部产品目录相连接：系统必须能够通过在线或批处理方式访问信息。

■ 产品组件重用：能够在多个产品包中重复利用组件和产品。

渠道和激励管理

■ 内部和合作伙伴的销售和服务人员的薪酬会因工作不同而不同，包括组织合作伙伴的团队成员在内的用户都将使用这个系统。

■ 渠道激励：按等级层次和产品给渠道伙伴计算应付奖金。

■ 销售激励：能够使对销售人员的激励与业务目标相匹配。

■ 服务激励：能够提供跨职能的激励来鼓励合作。

客户自助服务

一般功能

■ 系统应该提供管理客户层级的功能，一个客户应该能够管理他自己的账户层级并指定等级和账单组。

■ 系统应该提供能够由客户自己管理个人信息的功能。

■ 客户应该能够管理除了一些基础参数以外的个人信息。

■ 系统应该为客户提供历史信息；客户必须能够查看服务、设备、账户状态和费用情况。

■ 系统应该提供基于网络的互动服务，这个自助服务软件应当是基于网络的，并提供基于互联网的互动服务，这个CRM网络界面必须有用户所期望的个性化功能。

■ 客户应该能够拥有自己的账号和密码，自助服务软件应该为个人提供注册功能，分配唯一的个人识别码（PIN），同时必须设置密码（用于授权），只有这样才能获得特定的服务。

■ 客户可以在系统中更改密码。

■ 自助服务的用户ID只有在有明确要求（如订单输入时进行打勾选择）的情况下才能得到。

■ 如果客户发送了一封特别的邮件，就会得到自动回复的邮件，这封邮件会给客户一份需要填写的表格，当他回复邮件时，该表就会根据支持系统的格式自动地转化为记录。

■ 可以提供一个唯一编码供客户从互联网上访问IVRS或自助服务菜单。

■ 客户应该能够访问服务信息和知识库。

■ 客户应该能够通过不同的沟通途径与服务提供商互动，例如自助服务中的“联系我们”的链接；能整合搜索知识库、排除故障的链接、常见问题解答等。

■ 客户应该能够提交和跟踪服务请求。

■ 基于客户资料和偏好进行个性化调整。

■ 进行账户查询，了解细节。

■ 能够为客户提供查看其所有产品和服务的单一账单视图，也能够让客户看到个人或团体服务的独立账单，能够支持可打印的pdf或网页、通过邮件发送账单、记录明细项目账单、组账单以及账单副本等的应用。

■ 查看未生成账单的收费。

■ 客户应该能够查看产品或服务目录、请求报价等。

■ 通过表格来发起或追踪服务单/服务请求。

■ 支持常见问题解答和交互性基础问题解答。

■ 可以指出订单中每一项物品可能产生的票据纠纷。

■ 提出退款要求，跟踪并查看该要求的调整历史、欠款/收款单据和还款情况。

■ 网络自助服务应该允许客户看到使用历史、购买历史、服务水平、实现的服务情况报告。

■ 为了在线支付而与支付渠道集成。

■ 网络自助服务模块应该为企业客户（整个企业的自助服务访问）

提供一站式功能，它能够使用标准的浏览器安全地访问其相关信息，包括但不限于：账单、未出账单、账单支付、投诉登记和监控、一般查询和目录查询、在线申请和购买产品或服务、更新个人信息等。

■ 一年 365 天、一天 24 小时可用。

■ 能够为企业客户管理员提供全面的、个性化的自助服务。

■ 能够在不需要安装客户端的情况下简易地部署。

账户和服务管理的特点

■ 查看提供的产品和服务目录。

■ 从菜单里选择各种服务和服务特性，并提交激活或反激活的请求。

■ 有助于基于不同标准选择最适合的服务，网络自助服务需要在 CRM 或者其他现有的 IT 系统中发布信息。

■ 能够查看网站上提供的自助服务特点的详细列表。

■ 在简单计算后从网上提供的详细费用计划列表中选择费用计划。

■ 更新公司信息。

电子账单的提供和支付

■ 跨多个后台账单系统合并账单。

■ 在经过必要的认证后获得合并账单。

■ 根据账单付款。

■ 维护账单历史。

■ 生成汇总的可打印账单。

■ 生成支付收据。

■ 提供过去的支付详情。

■ 有用于发现账单纠纷、跟踪和查看早期投诉、查看投诉处理信息等的界面。

■ 应该能够分析、整理和过滤账单或使用信息。

■ EBPP 平台将提供与账单及其他外围系统开放集成的能力（Web 服务、XML、API 等）。

■ 有通过汇总使用情况报告等进行企业账单分析的界面。

■ 有导出 PDF、XLS 等多种格式的账单的能力。

■ 企业客户管理员应该能够出于预算目的建立层次结构，而这种层次结构与核心账户层次结构是不同的。

故障单

■ 能够通过网络为客户提供自助服务。

■ 能登记故障单。

■ 能查看故障单状态并更新。

■ 能关闭现有的故障单。

■ 能就客户出现的事故提出解决方案。

■ 将获取通过其他渠道输入的故障单，并跟踪所有故障单的状态。

销售要求

■ 客户管理员能够从网上得到CRM的产品目录，并为新服务下订单。

■ 客户能够通过门户对订单提出要求。

市场营销需求

■ 能在网站上搜集线索信息，跟踪新用户并与他们建立良好的关系（例如，让他们填写问卷来进一步了解他们需要的产品和服务信息）。

■ 能推出个性化的促销活动、宣传语和基于客户的通知（例如，给客户发送有针对性、可操作和可定制的信息，以确保他们接受这类信息并采取行动）。

报告需求

商业智能工具

■ 商业智能（business intelligence，BP）平台必须是一个全面、综合的分析解决方案的套件，通过让更广泛的用户用网络自助服务的方式访问从相关数据源（用户可访问）获得相关的、可操作的智能性信息来增强业务洞察力。这个商业智能工具应该包括管理报告、联机事务处理分析、实时查询、仪表板、计分卡、业务活动监控、微软Office集成以及移动/手持交付等功能。这些都需要由一个单独的商业智能平台提供，并作为一个网络应用来使用。

■ 满足管理应用报告、联机事务处理分析、实时查询、仪表板、计分卡和业务监控需要的应用系统应该是零足迹应用系统。零足迹也意味着没有任何小应用程序。

■ 实时查询功能：商业智能平台必须提供一个基于网络的实时分析解决方案，在这个方案中，最终用户可以与能生成图形、关键表格、报告、测量仪、仪表板等信息的逻辑视图交互。

■ 仪表板功能：最终用户应该通过丰富的基于角色且易于理解的网络仪表板来与商业智能平台互动，它可提供对实时报告、提示、图表、计时器、透视表和图形的访问。该仪表板应该支持刻度盘、图形等用于展示和追踪指标的可视功能。

■ 计分卡功能：应用系统要能够建立和显示计分卡以用于指标管理，例如能生成策略地图、追踪根本原因的因果图。

■ 联机事务处理分析功能：解决方案能根据需求做 ROLAP、MOLAP、HOLAP 分析。

■ 支持多维数据的不对称分析和 Multi-grain 分析。

■ 事件管理：商业智能平台不仅应该关注报告，而且应该提供为洞察信息而进行操作的能力。这意味着能使业务用户迅速找到并处理报告的问题，并采取相关业务/职能行动。

■ 实现工具间的无缝导航，进而扩展各工具所能展现的内容。

■ 业务用户应该能够在报告中添加评论、标注，其他用户可以浏览这些评论以便知道缘由和历史。

■ 应该允许最终用户通过一个简单的对象拖放功能创建属于他们自己的仪表板。

■ 单一元数据层可以被不同的商业智能功能使用。

■ 解决方案可分别基于数据仓库的星型模型和事务系统关系表建立业务元数据层模型。

■ 解决方案应该可动态地建议和推荐如何最优地设计元数据。例如，解决方案应该能检测关联路径的定义以确保没有类似循环关联的问题。

■ 微软 Office 的集成能力：考虑到大部分的用户在日常操作中都采用像 Word、Excel 和 PowerPoint 这样的 Office 文档，BI 平台必须能够在确保访问数据的安全策略的同时将最新的应用数据嵌入微软 Office 文档。

■ 在这一层面提供的所有解决方案必须有通用的面向服务的体系架构、数据访问服务、分析和计算基础设施、元数据管理服务、诺顿业务模型、安全模型以及管理解决方案。

■ 商业智能平台应该能对联机系统的操作数据和数据仓库系统的历史数据进行分析，特别是能够对驻留在数据中心的联机系统数据进行高级分析。

■ 应该支持可选钻取路径。这些路径应该在元数据建模解决方案中被创建。

■ 商业智能平台的表示层必须基于纯粹的网页架构，这个架构以 HTLM、DHTML 和 Java Script 为基础，是既没有客户端下载、小应用程序也没有插件的纯网页。

■ 多渠道报告发布功能：商业智能平台应该提供一个可扩展的报

告服务器，能够生成不同来源的、多种格式的、发布在不同渠道上的富格式报告。来源包括 SQL 服务器、Oracle、Informix、Sybase、Files、XLM、URL、Sybase SQL Anywhere（JDBC-ODBC 桥连接），渠道包括邮件、WebDAV、打印、文件服务器 ftp 下载，格式包括 Word、Excel、rtf、PDF 和 XML。

■ 应该支持向特定用户组发送部分报告的能力（即破裂功能），应该与 LDAP 自动集成，并且能够与 LDAP/ADS/进行单点登录的任何其他身份验证机制集成。

■ 商业智能解决方案应该有公共的开发和制作环境。

■ 商业智能工具之间的无缝导航能够改变和扩展工具之间的内容，例如商业智能组件之间的工作流对大多数工具来说是非常强大的（例如，用于分析的查询应该是在报表模块中进行格式处理，实时查询可以在报告模块中打开，最终用户可通过门户网站访问带有标示协同能力的仪表板）。

■ 所有的商业智能内容（保存的报告、分析、特殊查询和度量）都应该可以作为 Web 服务自动创建。商业智能团队或者应用系统开发者不需要付出额外的努力来创建 Web 服务。大多数的现代应用系统都支持 REST 和 SOAP 协议，并且商业智能内容也支持这些协议。

数据提取、转化和装载工具

投标者会运用一个数据**提取、转化和装载**（extract，transform and load，ETL）工具来与企业报表软件进行整合。这个 ETL 工具从不同数据库中提取信息来帮助报表软件生成报告。下面是 ETL 工具用于报告的一些功能：

■ 提供图形界面而不是编写代码。

■ 其自身具备并行能力，而不依赖于数据库的并行能力。

■ 有均衡的优化功能。

■ 当数据从源向目标转移时能以流的方式得到处理。

■ 能直接有效地处理平面文件中的数据，而不需要将其放入数据库中。

■ 能在 SMP 或者 MPP 平台上运行。

■ 支持多通道并行。

■ 支持共享和本地容器的可重用性。

■ 支持可以分区存放的数据集。

■ 不要求托管数据集来完成工作。

■ 能够通过单独的硬件进行规模扩张，并且可扩展性不应取决于数据库。

■ 可以不依赖数据模型、数据库布局、源数据模型架构来处理分区和并行问题。

■ 支持各个层面的影响分析，并且不局限于模式元数据。

■ 提供共同的元数据库、元数据管理和报表。

■ 可以选择创建共享和本地容器。

■ 支持并行作业范围查找功能。

■ 有打开即可用的渐变维度转换器。

■ 有开发人员协作机制；当一项作业被某用户锁定时可以打开一个只读副本，并且告知是哪个用户锁定了该作业。

■ 有一个监测工具，可以选择显示一份完整的作业执行日志和调度作业计划。

■ 能够创建作业序列，并且有选项来处理条件、错误情况。

■ 有超过 400 个预置功能和程序。这一整套数据转换功能应该使从源到目标的数据映射变得简单并且完善。

■ 有一个内置的完善的图形面板，能够帮助开发人员通过简单图形界面的拖放功能设计组件来展示环境中的数据流动。开发人员使用这个工具的好处在于拥有一个多用途的脚本语言、强大的调试功能和一个供外部代码访问的开放应用程序编程接口（API）。

■ 可以在不做任何修改的情况下将开发环境中创建的作业（更少的处理器）部署到生产环境（更多的处理器）中。

■ 可以创建中间数据集以保存分区数据。

■ 可通过之前封装的以直观图形界面访问的转换对象来解释 ETL/ELT/ELTL 功能规范。

■ 包括分割数据流/多目标、条件、分裂、联合、旋转、反旋转、内存键查找、跨流程可重用的键查找、缓慢变化的维度、作业错误的处理等特性。

■ 可利用数据集成套装高性能地处理大规模的数据量来解决大规模的业务问题，可利用多处理器硬件平台的并行处理能力。该工具可以扩展以满足日益增长的数据量和不断缩短批处理时间的需求。这可以通过充分利用并行处理能力减少处理时间，为集成海量数据线性提高数据吞吐量。

■ 用报告模板在 Web 浏览器中提供工作报告。

■ 有一个资源评估器。

■ 有一个性能分析工具，该工具可以选择静态模型和动态模型。

■ 提供搜索作业的功能。

■ 有强大的找出不同表、文件转换间依赖性的功能。

■ 能创建包装器。

■ 有针对动态关系数据库管理系统（RDBMS）的转换器。

■ 支持数据流水线和数据分区。

■ 能够并行运行诸如 C++代码或 Java 代码的应用程序。

■ 支持运行时间列传播（RCP）。

■ 支持多进程而不是多线程。这可以获得无限的并行性并将开发人员从担心线程安全代码中解放出来。

■ 允许开发者顺序地开发但并行地部署，以便在简化开发工作的同时获得最大的使用性能。

■ 支持大容量和可扩展性（将 30GB/天的负载增至 400GB/天的负载）。

■ 工具的变动数据捕获选项，具备在不创建任何暂存区域的情况下传递实时变化的信息的能力。

■ 使源系统的影响最小。

■ 通过源数据库（Oracle、Sybase、DB2 等）日志文件了解数据的变化，并对源系统的性能产生最小的影响。

■ 提供双向数据同步功能。

■ 支持事务的完整性。

■ 提供有保证的传输。

■ 支持发生中断时的逻辑重起点。

■ 可选择从实时日志文件中读取变动内容或把变动内容发给目标对象。

■ 针对目标复制数据时能创建有关数据的派生字段。

■ 有用于配置整个 CDC 过程的监视仪表板和 GUI 工具。

■ 支持连续和定期的镜像。

■ 可以过滤从源复制到目标的数据行。

■ 使源系统的影响最小。

■ 对所选择的表建立审计跟踪，以实现数据的可追溯。

■ 支持用户退出系统和冲突检测机制。

■ 支持自适应应用、概括、审计和整合映射方法。

■ CDC 的日志读取器留在数据库内存空间之外。

■ 变更数据的获取方式应该有一个异构数据库的支持。

■ 能支持不同版本的源和目标数据库。

■ 能访问不同硬件平台上的源数据库和目标数据库。

■ 有基本的转换能力。

- 提供可视化图形界面来启动/停止进程、进行监控和配置。
- 数据质量工具有概率匹配引擎。
- 数据质量工具有图形匹配规范设计器。
- 数据质量工具有图形匹配设计器，可显示数据的匹配统计结果。
- 数据质量工具应该有一个易于使用的、直观的点击式图形用户界面，可确定自动实现数据质量的步骤——数据调查、标准化、匹配和保留。

数据仓库

在有多个系统的情况下，建议使用一个数据仓库解决方案，因为很多系统会产生、使用和需要数据，而拥有一个单一的信息仓库也很重要，这将会降低运营系统的负载。有很多应用系统意味着有很多版本的数据，也就有很多版本的信息。数据仓库有助于获得单一版本的真实情况；它将会支持数据分析和数据挖掘，支持交叉销售和向上销售。解决方案提供商的电信数据模型给出了一些行业最佳实践。数据仓库应该支持无共享架构，并且扩展架构应该能拥有超过 20 个节点的规模。数据仓库应该支持多节点配置。

数据仓库应该支持哈希分区、范围分区以及多维度集群，其数据压缩功能应该能够减少储存成本、优化性能，同时实现数据备份和压缩，从而采用表级别压缩以使压缩程度达到最大。它应该能够实现横向扩张，并且不应该存在任何的数据量的限制。

数据仓库应该能够在多个网络节点上运行一种特定的查询来实现真正的并行，并且应该支持分区内的并行和分区间的并行。它应该拥有不需要任何数据库管理员干预的工作量管理功能。

小结

不考虑技术的应用，在组织中推行 CRM 概念几乎是不可能的。eCRM 是 IT 系统在组织中的实际应用，它提供了一个 CRM 理念得以生存的平台。在本章中，我们了解了 eCRM 的含义、重要性、范围和意义。它能促进公司与客户及合作伙伴的联系，这些联系可以通过任何流程、功能系统和电话、手机、传真、邮件、网络等通信方式来实现。eCRM 通过整合销售、营销和客户服务带来最好的结果，实现了在宝贵的客户信息基础上的内部合作。通过两个商业应用系统的信息，我们深入了解了 eCRM 的特点。最后，我们试图列出 eCRM 解决方案最重要的功能，以满足组织的需求。这个解决方案也许仅仅是在云上托管的解决方案，也许需要创建一个数据中心。

关键术语

电子客户关系管理（eCRM） 指组织实施CRM的软件应用程序。

联机事务处理（on line transaction processing，OLTP） 是用于组织运营活动的应用系统。

在线分析处理（on line analytic processing，OLAP） 指那些用来通过业务应用系统的历史数据创建分析性报告的应用系统。

仪表板报告（dashboard reports） 是一种实时运营报告。

分析型报告（analytical reports） 是基于对历史数据进行分析所做的报告。

复习题

1. 什么是eCRM？它的范畴有哪些？
2. 实施eCRM有什么益处？

案例作业

1. 研究任意一种eCRM应用系统，找出它的特性和功能。
2. 研究市场上有的5种eCRM的应用系统，进行对比并检查它们在不同类型的企业中的适应性。

延伸阅读

■ Dyche，Jill（2009），*The CRM Handbook；A Business Guide to Customer Relationship Management*，Pearson Education.

■ Sheth，Jagdish N.；Parvatiyar，Atul and Shainesh G.（2003），*Customer Relationship Management—Emerging Concepts，Tools and Applications*，Tata McGraw-Hill.

■ Nath，Dhruv（2005），*The Nuts & Bolts of CRM*，Tata McGraw-Hill.

■ Chaudhuri Avijit，Shainesh（2001），"Implementing a Technology Based CRM Solution"，*CRM—Emerging Concepts*，Tata McGraw-Hill.

第10章 客户关系管理的计划和实施

学习目标

学习本章后，读者将会理解：

- 如何制定CRM业务计划
- 业务流程重组（BPR）对于CRM项目的重要性
- CRM实施的步骤
- 选择CRM应用系统涉及的问题
- 组织采用CRM的好处
- 组织对CRM的有效管理

10.1 概　述

在前面的章节里，我们讨论了CRM系统的重要性以及eCRM应用的各种特性和功能。在本章中，我们将探讨在组织中实施和采用CRM的相关事项。CRM并不只是购买和安装软件，而是需要一种有详细计划的、结构化的方法，这种方法涉及新理念的应用和组织内文化的转变。CRM的实施过程可能会因组织的总体目标、商业目标、现有员工的技能水平和技术可用性的不同而不同。在任何一个组织内成功实施 CRM 都需要具有高技能的训练有素的专业团队，因为 CRM 本身就很复杂，而且需要技术、人员和流程各方面的整合。

10.2　客户关系管理项目的范围和意义

组织推行 CRM 可以非常简单，仅从关注客户保留、以客户为中心的工作方式上对员工进行指导和培训，但也可以是一个持续数月的复杂项目，包括引入新技术并转变组织的运作方式。

实施 CRM 的目的就是实现业务变革。这种转变不是在某个时间点突然发生的，而是一个渐变的过程，需要经控制保持一个正确的方向。与一般的观念不同，一个 CRM 项目并不仅仅涉及 IT 部门，而应该是整个组织的一部分。首先应由高层管理者开始应用 CRM，为所属部门树立榜样。

每个组织在开始启动这个项目时，都需要清楚地了解它的目标，以及它给组织、每个部门、每位客户带来的价值。了解 CRM 的用途也会促进参与，进而为组织的 CRM 项目做出贡献。如果采取了正确的行动，CRM 项目就必定会成功。

10.3　客户关系管理实施中的业务流程再造

在组织中实施 CRM 需要在客户服务、销售和营销过程中有高度的组织性和系统性的变化。此外，CRM 的实施不是一个独立的项目，而是一种改变管理的工具。CRM 的目标是把企业从以产品为中心转向以客户为中心。为了确保 CRM 的成功实施和应用，有必要重新设计所有的业务流程以确保其符合 CRM 的理念。在业务流程再造中，通常需要将每一个原有流程文档化，并在目标发生改变的情况下分析这些流程，寻找差距并制定未来的流程。BPR 对于 CRM 的成功实施至关重要。关于 BPR 的流程和方法的详细内容将在第 11 章中介绍。

10.4 客户关系管理实施的流程

CRM 的实施包括计划、设计和实施阶段。CRM 业务计划是 CRM 成功实施的基础。它概要描述了目标、职责和推行项目的时间期限。下面是 CRM 实施涉及的一些步骤（见图 10—1）：

- 当前内部环境分析。
- 竞争环境分析。
- 确定 CRM 的目标并对 CRM 需求进行优先级排序。
- 保持战略一致性。
- 财务分析。
- CRM 工具和技术的选择。
- 管理组织内 CRM 的使用。
- 整合方法。
- 数据迁移。

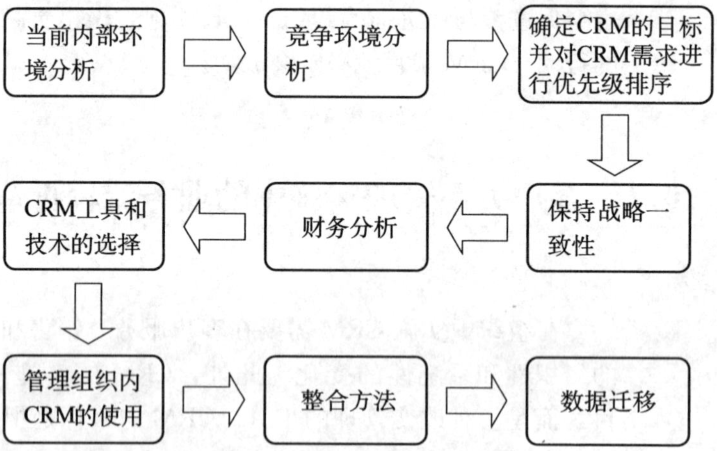

图 10—1 CRM 实施的流程

当前内部环境分析

首先，要识别当前客户关系周期中正在影响服务交付过程、营销活动和销售管理的问题。然后，测量与这三个方面有关的现行关键业绩矩阵。

■ 关键服务业绩参数一般包含平均故障间隔时间（mean time between failures，MTBF）、平均修复时间（mean time to repair，MT-

TR)、一段时间内的投诉或服务请求次数和反复投诉的百分比。

■ 关键销售管理业绩参数包括线索到销售的时间、线索到销售的转化效率、客户推荐的次数、现有顾客的重复购买等。

■ 关键营销业绩参数包括每次活动获得的线索数量、线索获取情况、线索的划分等。

需要对这些现行的业绩矩阵进行分析，以便找到其薄弱的地方。

竞争环境分析

任何组织都不是独立运行的，它们需要面对市场中其他组织的竞争。组织的绩效应该与相同业务领域内的其他竞争对手进行比较，分析其面对其他对手时的优势和劣势。当然，也必须识别竞争对手比自身强的决定性因素。

确定 CRM 的目标并对 CRM 需求进行优先级排序

根据前面步骤的分析，组织需要明确实施 CRM 的目标，确定期望的绩效矩阵，分析服务交付、销售管理和营销活动管理的现有业务流程以开发新流程，并为此收集相关的数据。

各组织可能会有不同的 CRM 目标，即使在同一组织内，不同的部门也会因特定的需求、需要和优先程度而有不同的 CRM 目标。例如，客户关怀部门也许希望减少投诉和服务请求的数量，因此可能致力于为客户改善自助服务设施和知识库。但另一方面，销售经理也许希望有更广泛、更详尽的仪表板报告，以便更有效地管理日常的销售活动和提高运作效率。类似地，营销部门也许希望能获得客户电子邮箱数据库来发起一次邮件营销活动。将所有这些需求整合到组织业务目标中是非常必要的。组织和各部门的目标需要协调一致，以更好地发挥部门之间的协同作用。基于业务需求，应该优先关注那些对主要业务流程至关重要的、需要参与市场竞争的目标。此外，对于那些会导致高成本和错失市场机遇的方面也需要给予关注。

保持战略一致性

CRM 的目标要和组织总体战略保持一致，而且 CRM 的实施应该是得到高层管理人员的全力支持的一种战略选择。

财务分析

需要对组织实施 CRM 的成本和投资回报率（ROI）进行估算。测量一个 CRM 项目的投资回报率是一个复杂的过程，因为它的回报和收益可能是有形的也有可能是无形的。但不管怎样，即使仅仅出于财务方面的考虑，也应该对项目的投资回报率进行估算。财务方面的回报可能是收益的增加（比如销售的增加），也可能是由于在获取客户和长期保留客户方面的低成本带来的边际效益的提高。

CRM 工具和技术的选择

市场上有各种不同的 CRM 应用和技术，它们在功能、性能、部署战略、整合能力以及成本方面都有很大的区别。一些适用于大型组织，另一些则更合适中小型组织。

由于包括许多功能和特征，因此 CRM 应用系统一般比较复杂。但是，CRM 技术的选择应该以组织的需求为基础。例如，某些 CRM 应用系统是以销售功能为核心的，其他一些应用系统则可能更关注客户联系人管理。因此，对于一个呼叫中心而言，后者相对来说更合适，前者则更适用于销售组织。

CRM 的产品可以是独立的，也可以是其他商业应用系统的一部分。小型组织可以选择 SaaS（软件即服务）解决方案，从而不必为建立、运行和维护 IT 基础设施而花费资源。在这种情况下，只需要每个月支付使用费。这种方案避免了管理 IT 基础设施带来的费用。但是对于大型组织而言，建立自己的 IT 基础设施是更好的选择。

当然，市场上的应用系统在功能和集成能力上也各有不同。有些可以很容易地和现有 IT 系统（如 ERP 系统）集成，另一些则可能会有许多问题。在为组织选择 CRM 系统时，需要对不同的 IT 应用系统进行分析，看看 CRM 如何与这些 IT 系统集成以及 CRM 供应商实现这些集成的能力如何。

选择一个合适的 CRM 应用系统取决于许多因素，包括组织的规模、产业情况、行业情况、业务需求、IT 战略，以及正在使用的 IT 应用系统——这也是最重要的因素。

如果市场上那些标准的 CRM 应用系统不能满足组织所有的需求，那么组织会根据其流程和需求对 CRM 应用系统做定制调整。但是，定制调整的应用系统也存在问题。首先，给系统打补丁可能引发一些在验证过程中没有注意或没有测试的错误。其次，可能会因为新版本或升级而需要重新进行定制调整。在这种情况下，从应用系统供应商那里获得技术支持也会是一个问题。使用市场上标准的产品并重建自己的内部流程会是一个更好的选择，因为这些产品都遵循了行业最佳实践，更重要的是，这种应用系统可以随着供应商提供新的版本和补丁而不断发展。

组织需要理解定制和配置的不同。标准化的CRM应用系统有很多的选项，可以按照组织的需求来选择。最好是选择一个能够根据具体要求提供多种系统配置方式的供应商，而不是去定制调整产品。

管理组织内CRM的使用

不能把实施CRM简单地视为实施一种应用软件。它是管理流程的一种改变，是让组织的注意力从产品转移到客户身上的工具，也给员工提供了能更好地满足客户期望的信息和设施。

CRM的实施路线图应包括以下内容：

1. 培养意识；
2. 建立团队；
3. 培训；
4. 物质激励。

培养意识

组织各个层级的沟通是CRM成功的重要因素。在组织内推行CRM应该从了解计划开始，做好相应准备并实现组织内观念模式的转变。组织的三个核心——人员、流程和信息——将会因此发生改变。人们对于使用新的系统会有本能的抵触，因为他们不愿意改变自己一直以来的工作方式。销售人员将不得不把他的电话的所有详细内容输入系统，而不再是仅仅写工作日记。销售经理需要从系统中生成报告，而不再是手工编辑。一个服务工程师需要登录系统或者通过SMS来接受服务请求，而不再是依据服务部经理的手写凭单。被监视的不安全感和一种对变化的自然抵触会让人们变得不情愿，并开始寻找借口来拒绝使用这个系统。这种问题可以通过让大家意识到新系统能给员工和管理者带来能力提升等好处得以解决。这些好处要在人们了解计划的过程中不断强调。销售人员需要明白将客户和电话的详细情况输入系统后就不需要靠人脑记忆日程及会面安排了，并且在见面之前还能得到该客户的所有信息。

建立团队

CRM是一种整体的方法，需要从高层到底层所有人员的参与和贡献。组织所有层级人员对CRM的实施都有相同的责任，因为每一个员工都是组织的“接触点”，会造成积极的或消极的“关键时刻”（详见第1章）。因此，需要培养强有力的团队文化，建立一个有明确角色和职责的跨职能团队，并制定团队之间的协调机制。

培　训

如果在实施 CRM 之前没有对员工进行必要的培训，那么 CRM 的实施必然会失败，就像期望有人在接受驾驶培训前能开一辆新车一样。有时，组织会因为预算不足、时间限制和缺少培训的能力而试图跳过用户培训。但培训之所以重要，不仅是因为它能提高使用者对 CRM 的接受程度，而且因为它能更好地利用 CRM 工具的特性。只有通过适当的培训，销售人员才能明白怎样在打电话之前找出该客户的详细信息。

物质激励

很多 CRM 项目因为缺少使用者的参与和贡献而失败。为了让使用者接受并产生兴趣，提供货币或非货币的物质激励就显得非常必要。

整合方法

想象一下，你的组织内有一套非常有效的 CRM 系统，这套系统给你提供了相应的工具和技术，让你能了解客户、开展市场营销活动、管理销售过程并在客户需要时提供服务。现在，你正在为最近要上市的产品开展营销活动，突然一位客户给呼叫中心打电话。这位客户希望订购这种新产品，但是他想知道产品能否在周末送达。如果你不确定送货时间并承诺确认后给他打电话，那么问题就来了。现在你就需要找到其他负责生产、检测、包装、运输等部门或单元的人员的联系方式。如果其中任意一个电话不能接通，那么客户需要一直等待回应。于是，客户会寻找其他的产品。这就解释了为什么要把 CRM 和组织的其他职能进行整合。毕竟，一个组织不仅包括销售、市场营销和服务单元，而且包括其他重要的职能和运作领域，比如财务、人力资源、生产、供应链和物流。

一个独立的 CRM 只有与所有组织职能整合才能实现组织所期望的协同作用。我们会在第 12 章详细地讨论整合的问题及方法。

数据迁移

在实施 CRM 的同时，必须保证在找到一种更好的获取客户信息的方法之前，现有的方法不会被弃用。除此之外，组织的很多部门会有很多有用的客户信息。把这些现有的知识资产放入系统中的方法也是非常重要的。向新系统的转变不能破坏现有的知识资产。如果这些信息存在于实物表格中，应该鼓励员工把这些信息输入系统。但是如果这些信息在其他软件系统的数据库中，需要仔细地规划数据迁移的方法。

自我检测 I

1. 什么是 CRM 业务计划?
2. 列出 CRM 实施中涉及的重要步骤。
3. 为什么 CRM 实施流程中的培训很重要?
4. 怎样才能有效地管理企业中 CRM 的应用?

公司案例

印度工业信贷投资银行的 CRM 实施

银行简介

印度工业信贷投资银行（ICICI Bank，以下简称 ICICI 银行）成立于 1994 年，是当今印度的第二大银行，在全球银行业中位居前 150 名。在不到 10 年的时间里，ICICI 银行已经成为提供多种金融服务的全球性银行。到 2007 年，它的资产超过 790 亿美元，市值达到 90 亿美元，通过大约 950 个分支机构、3 300 台 ATM 机和有 3 200 个坐席的呼叫中心为 1 400 万名客户提供服务。这种指数式增长的关键点就是 ICICI 银行坚定不移地专注于技术。

零售战略

ICICI 银行对于其零售业务计划有很大的野心。它的战略都围绕着技术进行集中部署，从而降低服务成本、留住更多客户，在提高流程效率的同时实现交叉销售和向上销售。包括互联网、ATM 机、呼叫中心、联系中心、台式电脑、查询机、手机和其他手持移动设备在内的电子渠道都能用于开展金融活动，确保了客户与银行接触且在进行交易时有多种选择。ICICI 银行采用了“线上与线下”（click and brick）结合的策略，平衡实体渠道和电子渠道的能力，以确保快速的产品交付、金融交易和文档编写。作为计划的一部分，ICICI 银行实施了一系列不同的项目来建立全球规模的 CRM，这给组织内的每一个人提供了面对客户的整体视角。ICICI 银行的 CRM 增加了虚拟的全球银行与它的客户及潜在客户的沟通，当然也加强了组织内部的沟通。其隐含的想法就是加强与客户的每一次联系。ICICI 银行相信，一个真正以客户为中心的关系只有通过关注每一个客户的独特想法才能实现。因此，最紧迫的需求是推行运用先进技术的 CRM 解决方案。

CRM 的发展蓝图

CRM 在 ICICI 银行是一种行为准则，也是一系列分散的软件技术。该 CRM 会专注于在销售、市场营销、客户服务和支持方面与管理客户关系有关的业务流程的自动化和完善。组织的最终目标是实现一对一的营销。CRM 应用软件不仅让多个业务职能之间的协调更加便利，而且协调了与客户之间的多种沟通渠道，包括通过面对面、呼叫中心、ATM 机、网站、电话、查询机、分支机构、销售助理等沟通，从而让 ICICI 银行能更有效率地实施客户终身管理。它让 ICICI 银行通过追踪客户完整的生命周期历史进行一对一的营销。首先，它在产品销售流程中实现了自动的业务流程追踪，进而能生成定制的报告并促进交叉销售。它通过为定义、追踪、执行和分析活动提供软件界面使组织能更有效地管理营销活动。

关键业务驱动因素

ICICI 银行成立于印度刚开始放松管制、推行自由化，而印度储备银行（Reserve Bank of India，印度的中央银行）正为银行业的私有化做准备之时。当时，银行业被国有和外资银行所垄断。国有银行为全国大部分的民众提供服务，拥有非常多的分支机构，但是很少或根本没有实现自动化，并且不关注服务。而外资银行虽然有很高端的技术，并且提供创新的产品，但是它的经营网络很小，只为那些高净值的个人或企业提供服务。察觉到这个尚未开发的机会，ICICI 银行决定以增长迅速的中产阶级和企业为目标客户，通过提供高层次的客户服务和高效率，在以较低的成本实现更大的规模上和外资银行竞争。这个战略中一个至关重要的方面就是技术。ICICI 银行把自己定位为谙熟技术的客户友好的银行。为了支持它的专注技术的战略，ICICI 银行需要一个强大的能实现其业务目标的技术平台。在对几个全球性供应商进行评估之后，ICICI 银行选择了印孚瑟斯技术公司（Infosys）作为自己的技术伙伴，并选择了该公司的全球银行解决方案 Finacle 作为自己的核心平台。使用 Finacle 的主要好处是，它有一个开放系统的方法并且总成本低。与当时的大多数银行不同，ICICI 银行在它的第一个分支机构开始营业时就实现了自动化。选择 Finacle 的因素包括它面向未来的技术、最佳零售和企业银行特性、可扩展的结构和良好的跟踪记录。

解决方案概要

对于 Finacle 来说，最大的挑战就是确保大多数金融交易的直通式交易程序（STP）运行良好。由于 ICICI 银行旗下还有好几家公司，因此 Finacle 需要无缝集成信用卡、共有基金、中间人业务、呼叫中心和数据仓库系统等应用系统。另一个挑战是管理好交易量。ICICI 银行经历了内涵式增长和外延式增长阶段。它先收购了 MADURA 银行，然后又反向兼并了自己的母公司。基于开放系统的可扩展架构使 Finacle 能够成功地管理因此而出现的交易增长。其交易量从 2000 年的每天 40 万次增加到 2005 年的每天 210 万次，峰值交易量增长了近 4.5 倍。现在 ICICI 银行通过 Finacle 每天可以处理 270 000 张支票并管理 7 000 个同时上线的用户。

自 1994 年以来，ICICI 银行和印孚瑟斯技术公司的战略伙伴关系已经越来越稳固，而且它们的紧密合作也带来了很多的创新。例如，1997 年，ICICI 银行在印度率先使用 Finacle 电子银行解决方案构建网上银行，并确立了自己在互联网和电子商

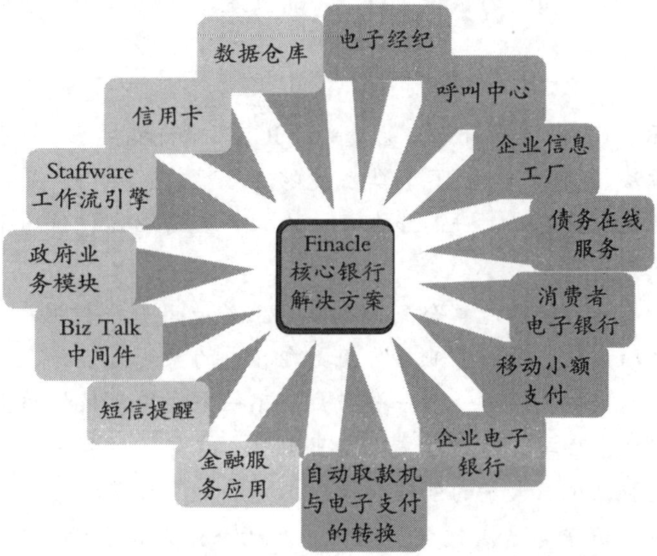

务领域的领导者地位。之后又提供了一系列其他的电子商务服务，如网上付款、转账和网上企业银行。ICICI 银行的多渠道战略是其增长的最主要动力之一，而互联网是 ICICI 银行成功的多渠道战略的关键因素。2000—2004 年，ICICI 银行成功地将 70%分支机构的日常银行业务移到其他的渠道，因此整体效率得到大幅提升。如今，只有 25%的交易通过分支机构进行，另外 75%的交易则是通过其他渠道完成的。分支机构日常交易量的减少让 ICICI 银行能够积极地利用它的分支机构获取客户。ICICI 银行平均每月新增 300 000 个客户，这一数据是全球最高的。

渠道	2000 年 3 月交易所占份额	2004 年 3 月交易所占份额
分支机构	94%	25%
ATM 机	3%	43%
网络和手机	2%	21%
呼叫中心	1%	11%

收获利益

银行要实现增长并获得成功，必须有一个强大的、可扩展的、灵活的技术平台。Finacle 给 ICICI 银行提供了这样一个完美的平台，也促进了它的成长。ICICI 银行已经成功地利用 Finacle 的能力并在核心银行、客户电子银行、企业电子银行和 CRM 领域部署了该解决方案。ICICI 银行通过 Finacle 可以更灵活地开发以特定细分市场为目标的新产品。例如，专门针对儿童的少年之星账户，针对职业女性的女士账户，针对学生的校园银行账户。

如今，ICICI 银行因为其技术驱动的理念，已经成为领域内绝对的领导者，也在全球范围内赢得了无数的赞誉。2003 年，ICICI 银行获得了《银行家》(*The Banker*) 杂志颁发的最佳多渠道战略奖，2011 年，又被《亚洲银行家》(*The Asian Banker*) 期刊评为亚洲第二的零售银行。ICICI 银行有效地将技术作为一种战略性因素，不仅重新定义了印度的银行业规则，而且展示了技术如何帮助实现银行业务的转换。

与ERP的集成

CRM和ERP（企业资源计划）的集成给ICICI银行提供了一个识别、获得、保留客户的整体方法。CRM和ERP的集成能够在多渠道、部门、业务线和地理位置等方面管理和协调客户互动，进而能在每一次客户互动中实现价值最大化，提高企业的业绩。

将组织内所有部门和职能整合到一个平台上并使用一个数据库，是ICICI银行之前一直未实现的目标。每一个业务应用都在各自的系统上运行，并针对特定的业务单元或应用进行优化。通常，当一个客户下了一个订单，该订单大多数情况下会以纸质的形式在整个公司的待处理文件篮里流转。在这一过程中，订单经常会被重复输入不同的电脑系统。大量的处理和输入工作导致了订单的延误和丢失，而多次输入不同的电脑系统容易造成错误。同时，对于企业来说也没有可见性。CRM和ERP平台的整合能带来多个好处，并且让组织可以看到在IT投资上的最高投资回报率。

印度银行业中的IT——带来科技创新，形成银行业技术模式

如果说有什么行业展现了印度在过去20年中的变化，那就是银行业。就在不久前，还有人需要为了拿一张汇票排几个小时的队，也有人为了确保自己钱包里有足够的现金而需要花一天的时间取现。今天，很多银行业务在你喝一口咖啡或打个电话的时间内就办完了。在你的家门口就有ATM机。人们钱包里的卡比现金还多。产生这种变化的很大一部分原因是IT技术的出现。

然而，仅靠技术是不可能带来改变的，还需要高层管理人员的战略性思维。印度中央银行的主席解释道："考虑到国有银行的遗留问题，我们不能从零开始。"国有银行在这个国家已经有几十年的历史，并且在技术革新之前就有了很多体系和程序。这种银行面对的挑战就是技术的融合，这需要所有员工的观念模式的转变。

在这方面，像ICICI和HDFC这样的银行拥有在开创初期就与IT技术相结合的优势。这使私有银行在20世纪90年代时就非常熟悉技术，从而给后来进入银行业的组织带来了挑战。索马克·高希（Somak Ghosh）是Yes银行的共同创始人和集团总裁，他详述道："因为我们是最后一个进入这个领域的企业，IT技术是必不可少的。其实，IT技术已经成为我们银行创新的源泉。我们确保商业运作方式、决策、设计产品的方式、获取客户后的技术和服务交付的有机结合能给客户带来更好的体验。"简言之，在Yes银行，创新本身不会止步于技术，因为管理层也会重塑银行业涉及的所有流程。

从我们知道的商品化程度来看，银行业的创新变成了一件棘手的事，以至于所有银行的技术、系统和程序都是标准的。在这种情况下实现差别化是没有实际意义

的。巴罗达银行（Bank of Baroda）的执行理事巴克希（RK Bakshi）说："只有服务质量和品牌不能被复制。我们已经重新定位了我们的品牌标志。"其他国有银行也在这个方面采取了相应的措施。例如，印度联合银行（Union Bank of India）最近改变了它的商标，改进了它的分支机构。印度最大的银行——印度国家银行（State Bank of India）也开展了一项名为"每一个印度人的银行"的广告活动，以此来重新确认它能给所有类型的客户提供产品和服务的综合性银行的地位。

不管怎样，银行业是一个严格控制的产业，而且国有银行有相当大一部分业务来自郊区和近郊地区，所以一家国有银行需要面对来自创新和金融包容性的双重挑战。印度银行（Bank of India）的执行理事纳伦德拉（M Narendra）说："我们62%的分支机构在郊区或近郊地区。我们关注的是包容性增长。我们为了总体的发展覆盖了200个村庄。不仅如此，我们大约有3 000万卢比的组合贷款发放给了中小型企业。"印度银行在重塑它的流程时，已经在金融包容性方面走在最前列。例如，它提出了"钻石客户"这个概念，主要针对那些几代人都和银行建立关系的客户。

事实上，银行业的创新是比重塑更为宽泛的概念，但是大多数创新都只是自然的增长而不具有风险更高的开创性。例如，反向抵押在两年前被引入印度。但是直到今天，这一业务几乎没有任何进展。对于银行业来说，一种比较好的方法就是对业务流程完全重新定位。索马克·高希解释了Yes银行是如何重新定位流程的："关在办公室里的业界专家都是没有实际行动的思想家。我们把他们带到最前端，并告诉他们等他们理解了客户的实际业务，就需要向客户提出一个金融解决方案。"这就是简单地把后援人员调到前端的例子。这种形式是我们所知道的Yes银行的"知识性的银行"的核心。

外资银行总是走在创新和流程再造的最前沿。Deutsche银行的印度首席运营官什里那斯·博洛尤（Shrinath Bolloju）解释道："我们在全球不同的中心拥有相同的技能、相同的技术和相同的客户端。我们建立了一个富有弹性的模式。所以，在2005年，当纽约因为供电中断而停止运转时，都柏林和班加罗尔接过了重担。"这种模式降低了银行的集中风险。

与此同时，技术解决方案供应商也面临更大的挑战，因为任何技术突破都会在一个很短的时间内变得过时。印孚瑟斯技术公司的Finacle全球负责人哈拉戈帕（Haragopal M）说："对于我们来说，走在技术前沿非常重要。我们每天都需要研究新的东西。我问一些年轻人他们在2020年想要什么样的Finacle。"银行家认为，不管是什么样的创新，成本控制都是主要的目标之一。巴克希说："已占有资本回报率是最好的测量指标。我们需要通过分析找出哪个部分的盈利最多，同时怎样才能降低成本。"

除此之外，创新还有很多有形的或无形的好处，诸如全面提升员工的士气、获得更好的产品可视性和更高的经营效率。创新不单单是技术突破，更涉及再造和竞争等文化。这种文化能使一个银行更有创新性。什里那斯·博洛尤说："我们尝试在组织中创建这种文化。我们每年都在员工之间开展竞赛，看谁能想到一个能被银行采纳的新想法。"

技术也帮助国有银行提高了生产率。例如，在大多数国有银行中，员工的数量都有所减少。大多数印度银行都实施了核心银行解决方案（core-banking solution）。这个方案非常有效地让实体银行实现了自动化。而且，技术让原先因规模而形成的障碍变成了如今的优势。国有银行和私有银行的差距因此缩小了。事实上，国有银行可以使用技术和分销网络的强力组合来重新占有之前几十年被私有银行夺走的市场份额。很显然，银行业的发展会经历一个有趣的阶段。

资料来源：*The Economies Times*，ET Banking Survey 2009，December 21，2009，www. epaper. timesofindia，last accessed on February 2，2011.

小结

本章主要关注组织内的 CRM 实施、选择合适的应用系统的重要性、实施业务流程再造以及 CRM 的成功需要组织中每一个员工的参与。它要求对客户、组织的流程和利益相关者的参与有全方位的了解。此外，通过企业案例解释了组织中与其他职能和运作领域保持一致的有效的 CRM 实施。

关键术语

CRM 业务计划（CRM business plan） 是一份概述控制 CRM 实施项目过程的目标、全面职责和时间期限的文件。

业务流程再造（business process restructuring，BRP） 是一种为了特定的战略转变而重新定义业务流程的系统的方法。

软件即服务（software as solution，SaaS） IT 业的术语，指用户把提供商基础设施上的应用软件当作服务使用的解决方案。

关键绩效指标（key performance indicators，KPI） 指用于衡量工作绩效表现的量化指标。

平均维修时间（mean time taken to repair，MTTR） 指维修一件产品或者处理服务中过失的平均时间，也是组织提供一项服务的速度的衡量指标。

平均故障间隔时间（mean time between failures，MTBF） 指产品或服务出现两次错误的平均间隔时间，也是产品或服务可靠性的衡量指标。

复习题

1. 什么是业务计划？解释 CRM 业务计划的重要内容。

2. 为什么业务流程再造是CRM实施项目的一部分?

3. 假如你是一家全国性企业的CRM实施项目的主管，设计一个计划来宣传这个项目。

4. 为银行业或者保险业的一家企业准备一个详细的CRM实施项目。

延伸阅读

■ Dyche, Jill (2007), *The CRM Handbook: A Business Guide to Customer Relationship Management*, Pearson Education

■ Sheth, Jagdish N.; Parvatiyar, Atul and Shainesh G. (2003), *Customer Relationship Management—Emerging Concepts, Tools and Applications*, Tata McGraw Hill

■ Nath, Dhruv (2005), *The Nuts & Bolts of CRM*, Tata McGraw Hill

■ Chaudhuri Avijit, Shainesh (2001), "Implementing a Technology Based CRM Solution", *CRM—Emerging Concepts*, Tata McGraw Hill

第11章 让客户关系管理取得成功

学习目标

学习本章后，读者将会理解：

- CRM 的成功实施所需的诸多因素
- BPR 的概念及其与 CRM 的关系
- 数据质量管理对成功实施 CRM 的重要性及其方法论
- 保护信息和实施信息安全管理系统的重要性
- 理解核心道德问题和特许营销，及它们对 CRM 成功实施的重要性

11.1 概　述

CRM 实施的效果不仅依赖于技术层面，例如所选的适当的 IT 解决方案、完善的 IT 基础设施和员工的技术能力，而且依赖于其他一些因素，例如高层领导者的承诺及参与、业务流程的再造和重组、企业以客户为中心的成功转型。成功实施 CRM 的目的就是形成一种以强大的 IT 系统为支撑的环境，进而能够与客户形成一种长期的关系。客户想要与企业沟通的前提是客户相信与企业的信息交换是安全无忧的。所以，成功的 CRM 要求企业有能力保护客户的数据。长期关系的建立是基于信任、透明度、道德和价值。因此，成功的 CRM 要求企业改变文化以确保组织的活动符合价值观和道德观，这样客户才不会对企业失去信心。成功的 CRM 的另一个重要方面就是企业运作所

用的数据的质量。本章将讨论所有有关成功实施 CRM 的问题。

11.2　成功实施客户关系管理的因素

任何企业成功的秘诀都涉及一些基本的要素，例如坚定的客户导向、有竞争力的流程设计以及领导层积极的参与和承诺。CRM 方案只有能带来文化变革和员工从客户的角度考虑问题的行为方式，才能成为解决问题的灵丹妙药。CRM 最终的目标是要与客户建立并维持长期的关系，从而使企业的 CRM 获得成功。图 11—1 列出了在企业中成功实施 CRM 所需的一些重要因素。

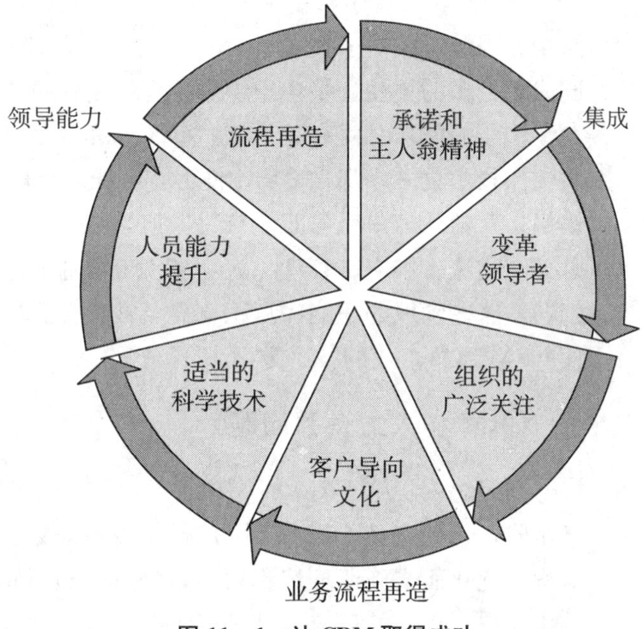

图 11—1　让 CRM 取得成功

高层管理者的承诺

获得高层管理者的承诺是成功实施 CRM 的决定性因素。组织内的文化变革是实施 CRM 的先决条件，而只有高层管理者的参与和承诺才能带来这种变化。因此，一项成功的 CRM 计划的第一步就是得到高层管理者的授权和支持。这是在组织内就管理层对该计划的期望进行清晰的、自上而下的沟通的基础，也将激励所有的利益相关者。由于 CRM 的实施范围是整个企业，因此只有得到企业高层的全力支持才能使各部门的目标统一起来。这对于在 CRM 实施中获得资助以及保障必要的预算支持是必不可少的。

在企业内部推行 CRM 理念

由 CRM 驱动的文化需要在企业各个管理层级上创建，以使得每一个层级都拥有并应用 CRM，真心为客户提供满意的服务并且与其建立良好的关系。不能认为 CRM 只是高层管理者的责任，无论是处于什么职位的人员都应该承担相同的责任，并且对推行“以客户为导向”的方法作出贡献。虽然一线员工是组织的脸面，也是更加重要的接触点，但他们也需要后台员工通过人员、流程和技术的整合来提供支持。

组织的广泛关注

在 CRM 项目中，技术只是一种工具，对 CRM 的成功没有太大的影响。因此，相对于技术，参与、沟通、培训和其他方面应该获得相同或者更多的关注。整个组织中，有必要让员工参与不同水平的活动、关注沟通的需求并对有关员工进行充分的培训。如果这些方面获得的关注比技术更多，那么 CRM 将更有可能获得成功。尽管 CRM 主要与销售、营销和客户服务职能有关，但是在生产、质量控制、生产设计、财务、物流、供应链管理、人力资源和其他职能领域的作用也不能被削弱。这些领域的职能和流程也需要被整合到以客户为中心的方法中，使 CRM 遍布企业的各个方面。

CRM 和人力资源问题

在组织内实施 CRM 时，项目领导者会主要关注接下来的一些标准步骤，例如定义 CRM 目标，制定战略规划，为了以客户为中心的流程的优化而实施业务流程再造，根据新设计的角色和职责调整组织结构，选择正确的供应商和项目的最终实施方案。不管怎样，整个计划只能由一个积极的、负责的、技术娴熟的团队来执行，那么最关键的问题是谁将负责和执行全部的步骤以及这些项目在人力资本方面的准备情况如何。所以，来自营销、销售、IT 等部门的人员也必须参与项目并接受培训。

为了在组织内培育以客户为中心的文化，除了重视人力因素外，还需要对企业组织结构、角色和指责、委托和授权重新调整以保证一致性。评估系统、晋升策略和其他人力资源开发策略都应该考虑与员工客户服务有关的多种参数。例如，业务平衡计分卡（balance business score card，BBSC）、团队绩效评估系统（group performance measurement system，GPMS）和个人绩效计分卡（individual performance score card，IPMS)，应该包括直接或者间接关系到客户服务的关键绩效指标。在设计绩效评估系统时，应该对与 CRM 相关的关键绩效指标赋予更多的权重，以便确保人力资源政策和 CRM 实施的结合。

公司案例

英国零售商特易购

英国零售商特易购（Tesco）的员工从第一天上班起就明白什么是客户承诺，并用心维护。特易购推出的"每一项小援助"就是一个协作策略。客户会就如何提升购物体验提出建议，员工也会就改善工作环境的方法提出建议。特易购知道，只有将复杂的流程和客户分析系统与人员管理相结合，才能真正实现 CRM。特易购针对客户和员工的使命描述非常明确："我们的成功依赖大家，那些在我们这里购物和在这里工作的人。"特易购一直很成功，并通过这种战略成为英国第一大零售商。

我们能从中学到什么？如果 CRM 在企业中持续地成功实施，那么 CRM 的能力或者价值要在公司人力资源流程（招募、雇用、发展和晋升）各环节中体现。在面试过程中，你必须考察应聘者的 CRM 能力，员工入职后要强化他们的 CRM 能力，并随着职业生涯发展提升他们的 CRM 能力。为什么要这样做？因为培训员工的技术技巧很容易，但灌输以客户为中心的理念则相当困难。

资料来源：www. buljanandpartners. com，last accessed on May 11，2011.

实施变革

CRM 的实施会激发变革，而这种变革通常是员工不愿接受甚至反对的。恰当的变革管理策略可以缓解这些抵触情绪。CRM 涉及技术、流程和人员，所以它的实施会导致这三个领域的变化。培训可以促进技术的应用。同时，CRM 的成功实施要求所有组织流程要以客户为中心。大多数情况下，业务流程再造会是 CRM 目标的一部分（参见 11.4 节有关 BRP 的详细介绍）。CRM 要求进行组织文化的改革，来确保通过提供更好的产品和品牌建立以用户和关系为基础的价值体系。

变革管理是 CRM 项目的一个核心部分，它可以引导、激发、促使员工运用新的价值观、体系、流程和技术。它由支持从"现在"转向"未来"的策略组成。变革管理的目标是消除采用新系统过程中的障碍并引导人们抛弃旧的流程和价值观。它注重知识传播、培训和学习，因而人们会感到舒适并且愿意使用新的系统和技术。这些促进变革的方法和途径需要人们参与规划和实施。

变革领导者的作用

前文讨论了 CRM 系统的变革管理和改变的作用，但问题是由谁来进行变革管理。变革管理必须在变革领导者的帮助下由高层管理者来实现。这些变革领导者应该是高层管理者精心挑选任命的，并且理解变革的方法和策略。

变革领导者最重要的任务是将变革管理计划与日常的操作和活动整合，以便整个组织理解它。除了正式的计划和程序之外，他们应该能够理解和分析变革的形势并及时修正行动计划。

变革领导者最重要和最困难的任务是控制和引导人们走向新的方向。这涉及确定并培养 CRM 所需的技能、能力，分析现有的技能，计划并实施转变的路径，这些路径由诸如研讨会和角色扮演训练这样的能力提升项目组成。有时，它可能包含建立一个新的组织和层级结构。变革领导者的任务是创造一个环境，人们会接受并参与实施新的组织结构，而其中正式与非正式的有效沟通也是必不可少的。

选择合适的 CRM 解决方案

企业应该清楚自己的业务需求并且选择一个符合需求的 CRM 解决方案。在选择 CRM 解决方案时，企业会面临很多选择和实施策略。每个企业都要确保选择符合组织需求和目标的 CRM 解决方案。如果不是这样，组织的目标就难以实现，CRM 的实施过程也将面临灾难性的结局。无论如何，应该努力按照 CRM 解决方案及其关注点来调整组织需求。较小的、更易管理的项目能很快获得成果，带来更多动力，并且终端用户应用得更多。用户基数、现有技术和 IT 基础设施、集成需求和业务需求将决定最适合的 CRM 应用系统和技术。

易于使用

如果 CRM 解决方案复杂且难以使用，那么 CRM 系统的目标将无法实现。系统的特性与易用性之间的平衡是一个系统成功实施的关键。毕竟，使用 CRM 的员工主要将注意力集中于和系统的互动，而不是从系统中搜索信息或者将信息输入系统。系统使用的便利性可以确保系统被更好地接受和应用。

选择正确的供应商或服务提供商

对 CRM 来说，选择正确的解决方案很重要，然而实施的成功取决于选择正确的供应商。根据项目的范围和实施策略，CRM 项目会涉及许多供应商，例如应用系统供应商、系统集成商、硬件供应商和软件服务提供商。项目的成功取决于这些供应商的可靠性、承诺和能力。因此，选择合适的供应商与恰当的合同管理是成功的关键。

CRM 及其与组织的整合

一个 CRM 系统不是独立工作的，它必须与业务流程相结合以实现顺畅的作业。这是 CRM 实施中最重要、最复杂的方面，因此在选择 CRM 解决方案和供应商时不能忽视。集成策略应该在考虑系统的复杂性、兼容性、类型和平台后制定。其中一种可行的选择是使用应用程序接口（application programming interface，API）集成这些应用系统。API 是应用系统提供的可以与其他软件系统交互的通信接口。API 用于在组织不同的应用系统间共享数据。一个 CRM 的 API 通过定义一个从应用程序获取数据的协议来帮助解决方案供应商。有了 API，应用系统可以不进行额外的开发就与其他业务流程无缝地集成到一起。如果应用系统之间需要自动进行信息交换，没有 API 支持的解决方案在与现有的系统整合时会比较困难。

外聘专家

在分析执行 CRM 计划所需的技能时，也许会发现许多技能或能力不足。按照每个要求提升技术和管理能力也许是非常费时且成本高昂的选择，管理人员不太愿意采用。在这种情况下，组织应该聘请定制化、配置、整合和变革管理方面的专家。这些外部专家既能提供技术支持，也能起到变革催化剂的作用，从而减少实施 CRM 所需的时间。

自我检测 I

1. 如何在企业中形成以客户为中心的文化？
2. 影响企业选择 eCRM 的因素有哪些？

11.3　业务流程再造

CRM 主要由软件供应商普及推广，因此大多数公司会将它仅视为一次软件实施。然而，仅仅将 CRM 视为一个技术工具是目光短浅的，因为 CRM 基于的是客户互动流程。因此，在组织建立 CRM 系统之前，原有系统应该得到重新改造和改变以使其有效且高效。业务流程再造（business process reengineering，BPR）无疑是在组织中应用技术确立以客户为中心的方法的先决条件。

eCRM 的实施提供了一个绝佳的反思甚至再造业务流程的机会，进而在流程与软件技术之间形成显著的协同效果。直接与客户接触的相关流程是 CRM 战略实施的关键。可以通过改进和简化客户及员工的流程加快 CRM 的应用。

了解 BPR

BPR 是“在组织内和组织间对工作流和流程的分析和设计”（Davenport，1990）。

滕格（Teng，1994）将 BPR 定义为“对现有业务流程的批判性分析和彻底地重新设计，以在绩效评估中实现突破性进步”。

业务流程是一组相互承接的任务，执行这些任务会形成确定的产出。“再造”一词是指基本的反思和彻底的业务流程的重新设计，以取得成本、质量、服务和速度等绩效参数的显著改善。

为了满足客户期望而产生的压力正日益增加。产品和服务的平稳、持续改进已不足以让企业继续在这个国际化市场上生存，这导致组织的工作方式需要彻底改变。于是，许多业务绩效改进技术涌现出来，例如质量管理、流程改进和流程再造等。诸如全面质量管理（total quality management，TQM）、六西格玛等质量管理方法，以及持续改善、精益组织等流程改进技术都强调对现有流程的改进，而业务流程再造是通过全新的流程给绩效带来剧烈、全面的改变。彻底的 BPR 方法（见图 11—2）被认为是拯救陷于陈旧过时的业务流程的公司的唯一方法。

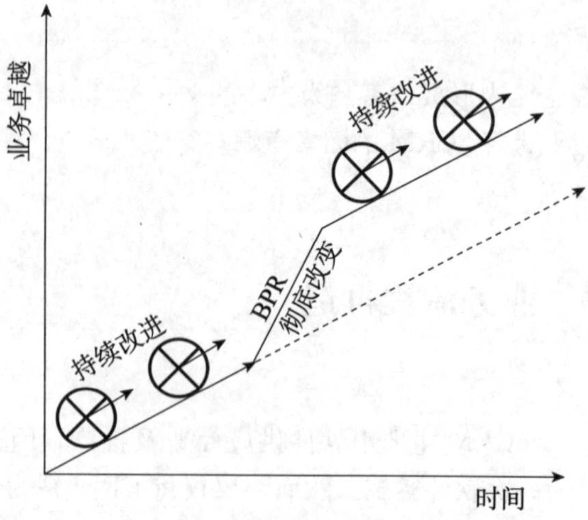

图 11—2 BPR 方法

“从 BPR 的角度来说，无增值的流程应该被去掉，而非改进或使其自动化”（Hammer，1990）。

BPR 的目标是流畅化、重组、简化流程以使它们的速度更快、质量更高、花费更少。BPR 意味着业务流程的彻底重新设计，旨在剔除重复、手工和例行公事的任务，以显著降低成本和提升产品服务质量。

作为实施 CRM 的一部分，进行 BPR 的目的是整合人员、技术和企业文化，以使组织有能力应对客户以及瞬息万变的技术和商业环境。BPR 带来的都是变革性的变化，所以由于自满或担忧未来等原因，组织内部会形成阻力。为了引领这种改革，管理层应该支持 BPR，并且要采取自上而下的方式实施 BPR。

对 BPR 的误解

下面是一些常见的对 BPR 的误解：

● 自动化。BPR 不应该被误解为现有流程的自动化。当自动化加快流程的执行速度时，通常指的是只使用技术执行现有流程。而 BPR 有更大的范围和更广的角度。

● 精简。精简指的是主要通过裁员实现成本削减。BPR 可能导致精简也可能不会。BPR 的主要关注点是效率和品质的提升，而不是仅仅削减开支。

● 外包。外包是购买其他公司的服务而不用自己的雇员完成。尽管在一些情况下外包可能是 BPR 的一部分，但 BPR 并不等同于外包。

● 持续改进。持续改进是指不间断地完善现有流程。与其相反，BPR 指的是对流程和连接点进行彻底的、大幅度的改造。BPR 和持续改进的比较在表 11—1 和表 11—2 中得到展示。

表 11—1　　BPR 和持续改进之间的相似点

	持续改进	BPR
关注点	流程	流程
绩效提升	有	有
组织变化	有	有
行为变化	有	有
时间投入	多	多

表 11—2　　BPR 和持续改进之间的不同点

	持续改进	BPR
改变程度	递增的	突变的
启动点	启动流程	从零开始

续前表

	持续改进	BPR
参与	自下而上	自上而下
范围	整个企业	较窄
促成者	统计管理	愿景式领导
改变	慢	剧烈

BPR 的实施过程

自 1990 年出现以来，BPR 向已有的组织结构模型和管理组织方式模型发起了挑战。一部分 BPR 理论的基本宗旨是形成对组织目标和战略的易于理解的陈述。虽然这看起来像一项简单的任务，但是因不能明确定义组织的目标和战略而失败的 BPR 的例子不胜枚举。其次，业务流程应该与组织目标保持一致。即使已经清楚定义了组织的目标和战略，所应用的流程也可能与先前定义的目标不相符。为了克服这个困难，有必要采用一种有条理和有组织地实施 BPR 的方法。为了业务流程再造计划能够成功，有必要清楚地认识多种活动是如何在同一流程中相互连接和协调的。

BPR 的实施过程可以划分为以下阶段（见图 11—3）：

- 计划阶段；
- 分析现状阶段；
- 设计将来模式阶段；
- 实施阶段；
- 监控变化阶段。

最后，要进行项目管理。

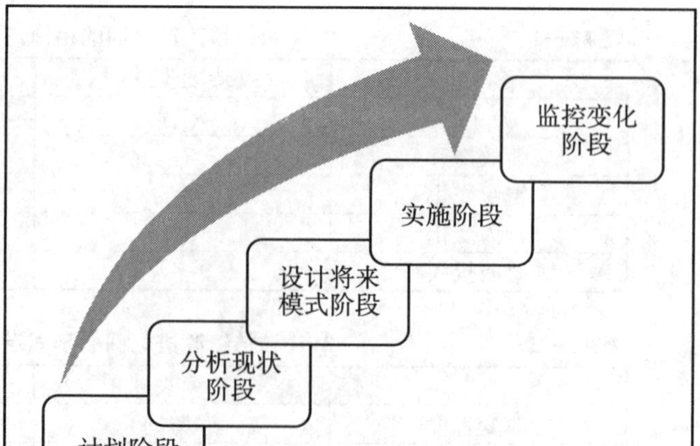

图 11—3　BPR 的实施过程

计划阶段　为了巩固 BPR 的实施基础，会在这个阶段确定 BPR 项目的范围和目标。精通流程的人被指派负责不同的将重新设计的流程，而那些有经验、善于处理流程并且了解业务规则和程序的人被选为专项事务专家，他们会在分析现有流程和设计新流程的过程中接受咨询。

分析现状阶段　现有的业务流程都有文档说明，以便确定流程活动、工作流、决策点以及所需的文件。一些 BPR 的支持者反对“现状”阶段的概念，而支持“从零开始”的方法。然而，这种“从零开始”的方法不考虑已有的体系以及人员的专业知识和经验，中断与现有体系的联系使其难以达到理想的结果。这个阶段的目标是界定脱节的和无效率的流程。“现状”流程提供了“将来”流程的设计基础。

设计将来模式阶段　分析“现状”文档并将现有流程与行业最佳实践及 eCRM 建议的默认流程进行对比。可举办研讨会来确定差距并且讨论各种建议。接着，在制定实施路径图的基础上重新设计流程和标准。然后，这些流程会以流程图这一可视图表的方式被记录下来。

实施阶段　实施阶段是真正考验整个 BPR 计划的阶段，在此阶段 BPR 的内容受到抵制变革的人的挑战和质疑。一方面，公司的一些部门会有员工因为满足于自己习惯的方式而质疑变革的理论基础；另一方面，会有一些人刻意制造障碍。这时，最初的障碍会使变革的阻力进一步增大，因而需要动员流程专家和所有的员工，并增强他们的信心。

文化变革项目、宣传活动、高层管理者研讨会和交流研讨会应该成为实施计划的一部分，以克服阻力和动员所有人。这将有利于平稳地过渡。利用试点项目可验证、检验和展示新的体系。安排员工培训项目有助于全面执行实施计划。

监控变化阶段　在这个阶段，需要通过监测和持续完善来巩固 BPR 的实施结果。监控和测量各种流程的输出结果并与预定义的参数进行对比，以确保新的流程是正确连接的、有效并高效的。如果在任何流程中有任何中断，就需要对其重新分析和设计。除了测量流程运行结果之外，还要通过定期的感知和态度调查监测员工和高层管理者对新系统的接受程度。如果监测到有变革的需要，变革者应该通过加强整个组织的交流、更换队伍、启动培训项目以及建立一个强有力的反馈系统开始相应的纠正行动。因此，在这一阶段应有一个持续改进系统以保障实施过程的顺利进行。

为了避免 BPR 过程的失败，BPR 应该将客户置于改造工作的中心，并致力于改造那些导致客户服务拖延或其他负面影响的分散的流程。整个项目必须自始至终由组织主导运行，而不是由一群外部顾问来掌控。信息技术组从一开始就应作为改造团队不可缺少的一部分，这样才能考虑到实用的 eCRM 解决方案的所有方面。高层管理者应该表达他对 BPR 的承诺。此外，这个项目一定不能忽视企业文化，而且必须重视持续的沟通和反馈，以保证所有人参与。

自我检测Ⅱ

1. 实施 BPR 的步骤有哪些?
2. 怎样区分 BPR 与持续改进?

11.4 数据质量管理

拥有数据形式的准确信息是成功实施 CRM 的前提。CRM 方案的失败可以归结于很多原因。尽管如此，各种 CRM 项目失败的一个主要原因是组织不能妥善处理项目的最基本的要素，例如准确的客户信息。这会导致严重的后果，组织不得不因此牺牲所投入的时间、金钱和精力；最终还会导致客户关系的恶化，而这是 CRM 项目最关注的内容。

确保客户信息的准确性和完整性不是一件简单的事，因为客户在不断改变，他们的信息也同样如此。除了在不同竞争组织间作出选择，客户还不断改变他们的个人概况和联系信息。客户对于产品和服务的偏爱、喜好、厌恶和需求在随时发生变化，并与他们的生命周期阶段有关。他们也非常期望有定制的、个性化的服务和产品。

为了预测和处理这些变化的客户需求和期望，CRM 解决方案必须创建一张覆盖全组织的具有连续性、统一的客户视图。只有当组织启动一个全方位的能确保客户信息完整性和质量的数据质量管理（data quality management，DQM）项目时，才能实现该目标。

整合的数据质量管理对于确保整个组织掌握准确的客户信息至关重要，它也是有效解决上述所有问题的方案。DQM 程序是一种包含四个流程的复杂的程序。

DQM 整合一个组织的 CRM 目标、技术、文化、流程和业务规则来创建一个可以用来与客户建立全面关系的平台。组织首先识别和解决阻碍客户信息管理的潜在商业或文化问题至关重要。当这些基本问题被有效地处理后，组织就可以从容地实施 DQM 程序，这个程序包括以下内容（见图 11—4）：

- 数据源的识别；
- 数据源的分析；
- 数据迁移战略的制定；
- 数据转换；
- 数据清理；
- 数据质量维护。

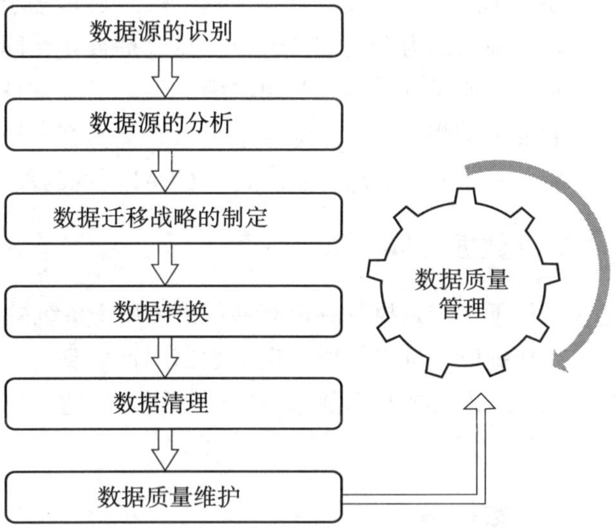

图 11—4　数据质量管理程序

数据源的识别

为了实施 CRM，数据必须从现有的系统中迁移出来，或者从离线的来源中获取。此外，还需要整合来自各种系统和数据库的数据，并将数据映射到目标 CRM 系统。

第一步是清晰地识别不同的数据源，直到测试或者验证阶段才发现遗漏的数据源通常会导致投入的增加，进而改变整个数据迁移计划。

数据源的分析

数据迁移依赖于元数据（数据的数据）和现存的数据源文档。如果这些信息是不准确的或者过时的，将产生基于无效数据源假设的设计规范。依赖有问题的映射规范的数据迁移会在未来的迁移过程中产生灾难性的影响。如果这样的数据问题出现在测试、验证或者最终整合测试阶段，那么数据分析师将不得不退回到规范设置阶段，从而导致时间和资源的浪费。

在初期阶段对数据源相关问题的检查和改正可以极大地减少在后续阶段的精力浪费。只有这样，CRM 项目的设计和执行才能准确、有把握。

数据迁移战略的制定

通常，组织会使用一个强大的、自动化的搜索和分析工具来得到关于数据的内容、结构、关系和质量的详细描述。数据的搜索和分析使组织能了解到其源系统是基于账户还是基于客户，以及客户是否被正确地识别为个人或者组织。知道是否存在同一客户的重复记录也很重要，如果有的话，要知道哪一条记录应该被标记用来迁移。有时还需要把这些个人信息记录整合为完整的客户记录。对数据源进行分析后，就需要建立从源系统到新 CRM 系统的数据迁移规则。

数据转换

下一步是执行从现有系统到 CRM 系统的数据迁移过程，这时需要用提取工具将数据从现有数据库抽取到一个新数据库。有时，现有的数据库可能与新数据库完全不同，因此需要确定并使用恰当的提取工具。

数据清理

一旦所有数据被转移到新系统中，下一步便是清理这些数据来删除存在的不准确数据和不一致数据。还要识别并删除客户和产品信息中的格式错误，包括简单的拼写错误、内容错误、不完整的信息或者违反数据完整性规则的内容。要确保数据质量，还要鉴别能得到完整账户信息的不同记录间的联系。在迁移数据中，同一客户的信息可能会在不同的记录中以不同的名称出现。除此之外，这些记录之间没有联系，可能形成多个客户对应同一个账户的情况。数据清理阶段是最重要且最花费精力的阶段。在这一阶段的用心和努力将最终确保 CRM 的成功实施。

数据质量维护

DQM 不会随着数据迁移、转换、清理阶段的结束而结束，因为没有数据会保持不变，当 CRM 最终被用于业务流程时，数据将会持续地变化。只要各接触点发生事件，新数据就将被录入，而现有数据将被更新。因此，需要在系统中定义和实施自动保障数据完整性的规则。除此之外，在数据获取阶段需要通过适当的数据过滤来保证所获取信息的质量。

要意识到组织的 DQM 程序不只是 CRM 工作的一部分，还是组织 CRM 战略的基础，同时还要超越 CRM 系统进而贯穿企业的所有系统。必须在向 CRM 提供数据和从 CRM 中获取数据的所有系统中实施 DQM 规则。这种客户数据库需要与 CRM 应用系统相一致，而且两个系统间的双向更新应该同步进行，以确保员工与客户交互时能获得最新、最准确的客户视图。

CRM 方案成功实施的一个最关键的因素就是准确的客户数据信息。从每一个渠道输入 CRM 系统的数据都必须经过清理和过滤，这个过程必须稳定地持续下去。

自我检测Ⅲ

1. 什么是数据清理？为什么 CRM 需要该步骤？
2. 数据的质量如何影响 CRM 的成功？

11.5 保护客户数据：信息安全管理系统

在这一节，我们将讨论保护客户数据的必要性，以及信息安全、信息安全管理系统、信息安全政策的意义。

保护信息的必要性

CRM 系统掌握了客户大量的个人和商业信息，这些对于任何组织而言都是最重要的资产。所有与客户有关的流程和其他内部流程都会使用这些数据。销售、营销、服务职能将使用这些数据向客户提供产品和服务并产生收入。如果这些数据或信息丢失了，所有流程都会停止并导致灾难性中断和收入损失。获得信息需要付出很多努力，但在任何层次上的任何一个小疏忽都可能导致信息丢失。信息可以很容易地移动和修改是一个优点，但也增大了安全隐患。不能只看重业务的连续性和收入，而置客户的信心和信任于不顾。客户之所以愿意分享其信息，是因为他们认为这些信息会被保密并且只会用来进行一对一的互动。因此，信息的丢失和失窃会给客户与组织间的关系带来毁灭性的打击。

所以对组织来说，在高层管理者的支持下执行安全政策是非常重要的。安全政策的实施不是仅仅部署数据安全设备和建立严格访问控制机制，而是一个持续的过程。安全机制需要针对失败的情况、新的威胁与危险进行持续的检查，并进行相应的分析和管理。风险管理包括风险的接受、减轻或者转化。最重要的是设立专门的安全部门，负责所有的相关活动。

网络和信息会受到各种类型的攻击，市面上也有不同的产品可用于保护系统。但进行安全管理需要对相关问题有深入的了解，并建立一个信息安全管理系统。

信息安全的意义

信息安全要确保：

- 可用性；
- 完整性；
- 信息的机密性。

可用性 对于任何安全管理来说，首要的问题就是确保真正的使用者可以在合理的时间内访问该信息，并且这一过程不太复杂。大多数安全攻击以信息的可用性为首要攻击目标。例如，如果电脑里存在恶意代码，那么该电脑的运行速度会变得很慢。同样，对服务器的攻击会使服务器资源处于繁忙状态，从而导致用户无法访问。一个普通的“ping”攻击可以攻击宽带和服务器资源，让整个 IT 系统无效。

完整性 一旦信息是有效的，下一个问题就是确定信息是否正确。可以通过各种方式来确保信息的完整性，例如正确的用户管理、保留事务日志、定义业务规则以及在数据被存入数据库管理系统之前进行检查。

信息的机密性 第三个问题是确保信息是保密的。信息对于那些没有被授权的人是不可访问的。信息可能存在一些存储设备中或者游走于网络中。要应用不同的技术来对这些信息保密。

例如，通过组织的网站互动的客户希望能及时方便地使用网站，得到有关产品、价格、账单的正确信息，而且所有的互动对外界来说都应该是机密，并且只为特定目的而在组织中使用。

任何组织的信息安全措施必须确保所有数据对象的安全，并保护网络不受到黑客的攻击和利用。安全设计问题的一个解决方案是认证和授权模型，也就是常说的访问控制。然而只有访问控制还不能提供足够的安全保障，因为它忽视了潜在的内部威胁。实现全面的安全，需要建立信息安全管理系统（information security management system，ISMS），它提供了一个包括不同用户责任的完整的安全框架。

安全事件可能由于失效或者疏忽而导致，但它们主要源于恶意代码的攻击、系统弱点和配置错误。一个感染恶意代码的系统会有以下症状：

1. 系统性能低下；
2. 异常的系统行为；
3. 未知的服务运行；
4. 应用系统崩溃；
5. 文件扩展名或内容改变；
6. 频繁的硬盘读写。

可能存在各种类型的恶意代码，例如病毒、蠕虫、特洛伊木马、自动型木马、键盘记录器、间谍软件、广告软件等。应对这些问题的办法是拥有好的杀毒软件，这种软件应该定时升级以有效地对抗新的恶意代码。

漏洞是系统中可能被攻击者利用的弱点，包括各种协议级漏洞、配置错误或者未给系统打补丁和升级产生的漏洞。最常见的导致漏洞产生的原因是没有更新操作系统或服务器及客户端的应用。

信息安全管理系统

ISMS 包括一系列计划并实施的集成的流程，旨在发现并消除漏洞来确保信息的可用性、完整性和机密性。ISMS 应该在长时间内有效并能够适应内部和外部的变化。ISMS 标准像 ISO/IES 27001 一样包含典型的实现持续改进的 PDCA 循环。

计划阶段包括危险分析、设计 ISMS 并选择恰当的降低风险的方法。在执行阶段进行风险控制以应对安全威胁。在检查阶段对 ISMS 的表现和有效性进行检查和测量。在处理阶段，从检查阶段获得的输入被用来采取修正措施以改善 ISMS。这个 PDCA 循环（见图 11—5）是一个用来改进系统及提升其创造安全系统的能力的持续的循环。

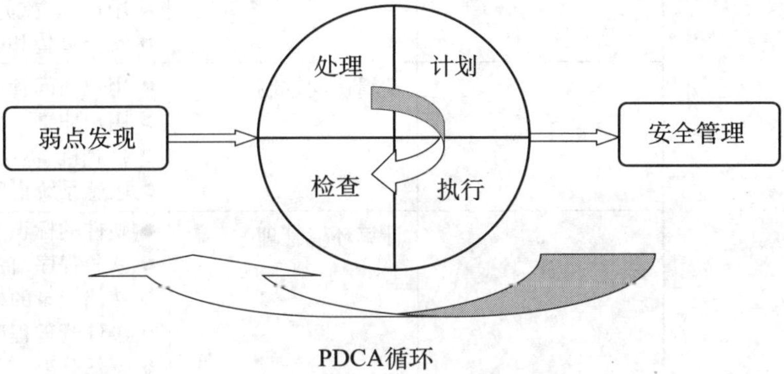

图 11—5　信息安全管理系统

IT 系统的安全性必须通过实施 ISMS 来进行正确的管理，这是一种管理信息安全和相关风险的系统性的方法。这项管理始于信息安全政策（information security policy，ISP）的制定，信息安全政策是组织中在整个信息生命周期中确保信息安全的文件（见图 11—6）。

图 11—6　ISMS 的实施过程

为此，必须建立一个信息安全部门来确保安全政策能够根据新需求及时调整和实施。

信息安全政策

信息安全政策提供组织内的 ICT 设施所需遵守的指示和政策，来为员工和业务的运行提供一个安全的计算环境。这些政策是围绕不同的安全领域制定的。表 11—3 展示了安全政策所涉及的领域。

表 11—3　　信息安全政策涉及的领域

列表编号	领域	安全范围
1	信息分类和控制	● 数据拥有者 ● 信息分类 ● 信息的标识和处理
2	物理和环境安全	● 物理安全 ● 环境安全 ● 电源支持 ● 线缆安全 ● 信息系统设备安全 ● 便携式电脑的物理安全 ● 保持桌面和显示屏整洁的政策
3	人员安全	● 雇用、调任、离职过程的安全 ● 用户职责/责任 ● 安全宣传和引导会议
4	逻辑访问控制	● 用户访问管理 ● 用户职责 ● 台式机/笔记本电脑逻辑安全 ● 敏感系统设施的使用
5	计算环境管理	● 硬件的标识 ● 紧急程序/特权账户 ● 文档记录的操作程序 ● 事件管理程序 ● 责任分离 ● 系统文档安全 ● 计算机病毒控制 ● 多媒体的处理 ● 配置管理

续前表

列表编号	领域	安全区域
6	网络安全	● 网络管理控制 ● 网络设备 ● 远程访问 ● 网络诊断工具
7	互联网安全	● 互联网使用 ● 电子邮件安全 ● 防火墙安全
8	系统开发和维护	● 可控的环境 ● 变更请求 ● 源代码管理 ● 版本控制 ● 测试 ● 保存需求
9	业务连续性计划	● 应急计划 ● 备份和恢复程序
10	合规	● 未授权软件的使用 ● 软件的购买和管理
11	第三方和外包服务	● 风险评估 ● 访问控制 ● 第三方合同安全条件 ● 外包合同安全条件 ● 安全等级协议

ISP 文档也为政策文件提到的政策提供技术方案支持。这是为了让组织中的政策制定者能够准备关于各种安全需求的解决方案。

说到信息安全，谨慎十分关键。对于 CRM 系统来说，当信息是组织的一种力量和财富时，任何人都不能拿它去冒险。因此，既确保信息的物理性访问又通过实施 ISMS 体系来管理安全是非常明智的。

自我检测Ⅳ

1. 什么是安全的信息？它在 CRM 中的作用是什么？
2. ISMS 中信息安全政策有多重要？

11.6　客户关系管理中的道德问题

坚持道德价值观和遵守法规似乎是在浪费金钱和时间，但不这么做的代价会更高。隐瞒产品缺陷、传递错误信息、过度突出特性、发布误导型广告和夸大利益/回报是常见的用来吸引客户的不道德的方式，广泛存在于个人理财、保险和共同基金等领域，这些行业的公司用模糊的语句和条件以牺牲客户利益为代价来保全自己。销售人员只强调产品的一些特定方面，而隐瞒了其他内容，导致客户对产品作出不正确的选择。

只有少数不道德的事件可能引发严重的 CRM 问题，相关企业为了获得短期利益而损害了客户的长期信任，从而在业务持续发展方面产生毁灭性的影响。这个问题会因失去客户而进一步加重，因为这些客户会在市场上给公司或产品带来负面的口碑。道德、信任、透明度和价值是建立客户与组织关系的支柱（见图 11—7），这不仅会带来盈利的业务模式，而且会塑造积极的公司形象。

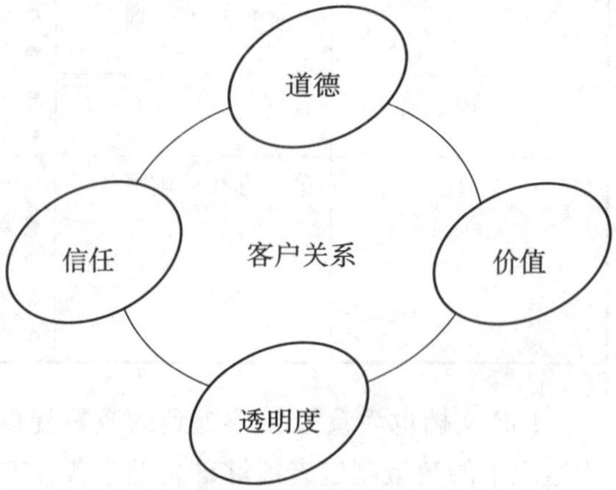

图 11—7　客户关系的支柱

星巴克

格特尼克（Getnick）说，咖啡公司不会像一些大公司压榨供应商那样使得许多小的咖啡种植商淡出市场。此外，他说星巴克会致力于投资社区并采取积极行动。这些政策使得该公司的门店在许多社区受到欢迎。

资料来源：mkg. unige. ch，last accessed on May 15，2011.

毫无疑问，有效的 CRM 方法产生有效的营销战略，但是，只有当组织的管理层同时建立了企业的价值体系时，一切才能朝着正确的方向推进。因道德价值观而受到好评的组织会有更好的财务成果。

现如今，道德的重要性远胜过去。强化的公众监督、增长的社会责任期望和高水平的客户认知是迫使组织在做不道德的事情前进行反思的部分因素。由于网络技术和在线业务模式的出现，如今更多的客户关系会由更少的面对面互动和更多的远程互动维护，有时甚至是通过文字交流完成的。

客户数据管理中的道德

CRM 包括客户数据的收集、存储、保存和管理。这些数据被用来建立客户与组织间互利互惠的关系。在处理这些数据时，必须注意确保所有数据符合隐私权和数据的保护标准。CRM 的目的是建立诚信和互利互惠的关系，而不应该像很多例子中那样错误地使用客户数据。客户在与组织交易时会将个人信息提供给组织，例如在线购物时可能会在网站上输入个人信息、联系方式和信用卡/储蓄卡信息，在实体店购物时会填写大量的表格，使公司获得了很多个人信息。

有些营销公司通过个人电话、短信和邮件的方式持续骚扰客户。被这些公司使用的数据可能是非法的；客户数据可用于形成客户档案，人口统计数据可用于给客户发送个性化邮件和消息。一些公司除了在自己的业务中使用这些数据外，甚至会将数据卖给其他业务公司或者数据公司。

计算和沟通技术已经取得了很大的进步，使得数据很容易被存储和处理。如果这些技术的使用不受控制，就会产生很多负面的后果。交易历史能被用来获得人们行为和习惯的地理分布情况。有人能够取得有关产品使用、旅行订票、购物和财务交易的信息，并据此生成定制的消息。这样的数据挖掘会导致侵犯隐私权和诸如钓鱼网站那样的网络盗窃。客户和组织在交易中通常是相互信任的，而这些事件明显有悖这份信任。如果在客户和组织之间没有信任，那么任何 CRM 都不能成功建立客户和组织的关系。

信息安全技术也发展到能使获取的数据在企业内外部都很安全的水平。即使在数据挖掘中，也有很多方法使数据挖掘者能开展工作，但无法获得数据中的个人信息，例如姓名、地址和账户号码等。所以，把数据工作和应用系统分开是非常重要的。组织必须基于规章制度制定自己的标准和惯例，并向客户证明他们的信息是安全的、受保护的，只有这样才能带来诚信的互利关系。

特许营销

塞斯·戈丁（Seth Godin，1999）提出了特许营销的想法，这是与“干扰营销”截然不同的营销方法，它要求在给客户发送一种特定类型的信息前先得到客户的许可，这种信息主要是推广消息和广告。特许营销以非强迫的方式创建一个强度和力度持续增加的连续的客户关系，这种营销主要被邮件营销者、调查营销者和在线营销者用于电子营销。在戈丁的观点中，特许营销将普通人变成朋友，将朋友变成客户。这就像一种关系，在开始时双方没有销售意向，所涉及的利益也很少，但经过一段时间，他们开始喜欢和欣赏彼此，在适当的时候会产生实际的销售活动。因此，特许营销是一种非常微妙的促销产品的工具，不需要任何严密的或激进的营销努力。

如今营销领域由于干扰消息过多而变得混乱，特许营销的观念将为客户减少麻烦，并带来更为深入和强劲的关系。客户对信息的兴趣受到信息与客户的相关性及其带来的利益的影响。事先的许可确保了信息是相关的、非强加的，给营销者带来精确的营销目标，有助于发掘那些对公司信息真正感兴趣的客户。通常，特许是通过客户在申请一项服务时所要求填写的兴趣登记表格来取得的。例如，得到一个潜在客户的许可后，可向他发送关于产品或服务的电子新闻信件，他也有权取消订阅，这让客户有一种能控制和左右状况的感受。因此，特许营销的观念给客户带来积极影响，最终促使 CRM 成功。如果用这个观念来设计所有的客户流程和互动，CRM 的影响和效果将会大大加强。

公司案例

特许营销

特许营销的新形式是 Facebook 选择页面，它是整合市场营销的一部分，其中离线沟通会引发粉丝的关注，并吸引他们访问这个网页。

以下是一个简单的通过离线沟通促销的案例。

资料来源：www. mycustomer. com，last accessed on May 12，2011.

自我检测 V

1. 什么是特许营销？它的应用怎样帮助 CRM 取得成功？
2. 什么是寻求营销“许可”的非强迫的方法？请举例解释。

小结

那些成功实施 CRM 解决方案的公司都知道，CRM 的核心目的是建立员工、利益相关者和客户之间的关系。那些承诺确保富有成效的关系的公司会发现，合适的 CRM 可以提高客户满意度、员工效率以及收入和利润。在本章中，讨论了为确保 CRM 成功所需的不同的成功因素、保证客户信息安全及质量的角色和系统框架、业务流程再造及其与 CRM 的关系。道德价值观和特许营销都与 CRM 的成功有关。

关键术语

变革领导者（change leader）　指组织中通过推动和领导变革流程使得组织向期望的方向发展的领导者。

业务流程再造（business process restructuring，BPR）　是为了特定的战略型转变而重新定义业务流程的一种系统性的方法。

信息安全管理系统（information security management system，ISMS）　由一系列集成的流程组成的系统，计划并实施这些流程是为了发现并消除漏洞，以便确保信息的可用性、完整性和机密性。

信息安全政策（information security policy，ISP）　是组织的 ICT 设施需遵循的指令和政策性文件，通过该文件，可以为员工和企业提供一个安全的计算环境。

应用程序接口（application programming inferface，API）　是一套用来整合不同应用软件的规则和说明。

数据质量管理（data quality management，DQM）　是一组为了保持应用系统数据整洁的流程。

特许营销（permission marketing）　指在给客户发送特定类型的推广或广告等信息前获得客户许可的营销方式。

团队绩效管理系统（group performance management system，GPMS）　指根据预先定义的关键绩效指标评估小组绩效的系统，该系统鼓励团队建设，提升小组活力。

个人绩效管理系统（individual performance management system，IPMS）　指针对预设指标评估小组中单个成员的绩效的系统，可以评价个人贡献。

复习题

1. 企业中高层管理者在促使 CRM 成功中起到什么作用？

2. “员工的参与感和责任感对 CRM 的成功很有帮助。”用公司实例来佐证这一观点的合理性。

3. 为什么 CRM 的成功需要 BPR？阐述企业中为实施 CRM 而进行 BPR 的流程。

4. 在质量管理体系中，BPR 与持续改进的区别是什么？

5. “客户信息的质量与正确性是 CRM 成功的前提。”解释该观点并阐述维持数据质量的步骤。

6. 什么是信息安全管理系统？阐述它对确保客户信息安全的重要性。

7. “成功实施 CRM 需要严格保护客户隐私。”基于特许营销的概念检验该观点的正确性。

案例作业

1. 假设你是一家在全国拥有多家零售店的零售企业的人力资源负责人。你们公司正在实施 CRM，你负责员工使用新系统的能力建设。制定一份详细的工作计划，需要包括具体的操作步骤。

2. 检查一个正在进行业务流程再造的组织有关未来流程的文档。找出所做出的主要改变，并参照组织战略目标进行批判性检查。

3. 比较分析至少五个来自不同保险公司的投资连结保险计划的市场营销活动和产品特性，研究客户对于这些条款和条件的关注程度。批判性检查涉及的道德问题和公司在披露相关风险因素方面的努力。

延伸阅读

■ Godin, Seth (2007), *Permission Marketing: Turning Strangers into Friends and Friends into Customers*, Simon Schuster, UK.

■ Schnepel, Alexander (2010), *Beverley Hope: Success Factors for E-CRM System Implementations*, Lap Lambert Academic Publishing.

■ Schwartz, Lisa M.; Petouhoff, Natalie L. and Ruffins, Lana M. (2006), *Reinventing Your Contact Center: A Manager's Guide to Successful Multi-Channel CRM*, Prentice Hall.

■ Merkow, Mark and Breithaupt, James (2007), *Information Security: Principles and Practices*, Pearson Hunter, Information Security Handbook, Spr Exclusive.

第12章

客户关系管理的 IT 解决方案及其集成

学习目标

学习本章后，读者将会理解：

- eCRM 的实施过程
- 实施 eCRM 应重点考虑的方面
- CRM 集成的重要性
- CRM 与 SCM、SRM 和 ERP 系统的集成
- ERP 系统的功能

12.1 概　述

在企业中实施 eCRM 解决方案是一个非常复杂的过程，需要详细地计划以确保获得好的效果并让用户接受解决方案。了解客户喜欢什么、不喜欢什么、先前的互动情况和新的要求是有帮助的，但如今客户希望获得的不仅仅是对个人的关注和回应。本章会解释为何需要将 CRM 与组织的其他职能集成，以及 CRM 与供应链管理（SCM）、供应商关系管理（SRM）和企业资源规划（ERP）系统的集成情况。

12.2 电子客户关系管理项目实施路线图

在任何企业中，eCRM 项目的有效实施都是 CRM 项目成功的决定性因素。eCRM 项目的实施通常包括五个阶段：项目准备阶段，业务蓝图准备阶段，配置、定制和测试阶段，最后准备阶段和上线阶段。在这些阶段进行的各种活动都概括在图 12—1 和表 12—1 中。

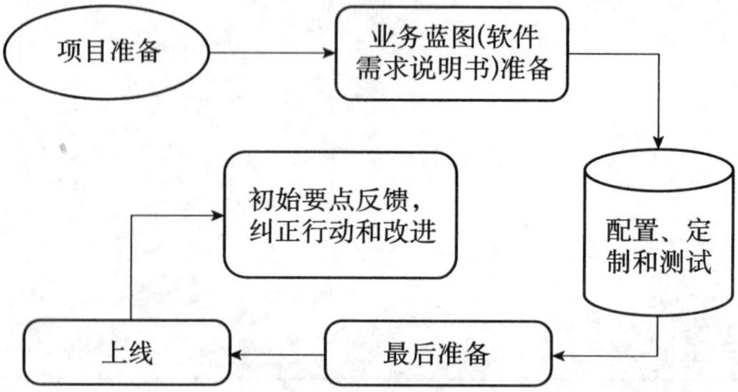

图 12—1 eCRM 项目路线图

表 12—1 eCRM 项目实施阶段

1. 项目准备	组建项目管理核心团队 准备项目里程碑 确定关于 eCRM 解决方案与项目宣传的管理导向 识别组织内部的人力资源
2. 业务蓝图（软件需求说明书）准备	对核心团队进行培训 为准备软件需求说明书建立团队 准备授权模型 准备业务蓝图文档（软件需求说明书） 举办关于业务蓝图文档（软件需求说明书）的宣传与接受的管理研讨会 审批业务蓝图文档（软件需求说明书） 识别现有系统数据源 在现有系统中提取所识别的主数据和其他所需内容
3. 配置、定制和测试	精细地调整配置要求 配置基于业务的 IT 解决方案 编制报告、图形、表格 建立授权模型

3. 配置、定制和测试	进行单元测试并签字确认 准备业务流程签字确认文档 定制说明 准备最终集成测试计划 进行最终集成测试 解决最终集成测试中的错误 应用系统服务团队验收 用户验收
4. 最后准备	接入现有 IT 系统 准备主数据 确定主数据所需的字段 如有需要，从其他现有 IT 系统中收集数据 按照解决方案中的 IT 业务部分编写程序，用于上传数据 向 eCRM 系统上传数据 确定最终用户文档 进行最终用户培训
5. 上线	开始上线运行 回顾上线运行结果 解决在上线运行中出现的有关配置问题

组织要实现如表 12—1 所示的路线图，就要对解决方案进行详细的计划和实施。这就需要一种关注核心要素和关键领域的高度结构化的方法来确保其获得成功。接下来介绍在计划和实施 eCRM 项目时必须考虑的关键内容。

容量的估计

应该预估一些影响系统规模的参数以确定硬件和软件需求，因为 IT 团队和解决方案的提供商需要这些信息。这些容量参数包括客户或订户的数量、账户的数量、使用不同功能（诸如销售、营销、服务、报告和门户网站等功能）的命名用户及并发用户数。这些参数将影响 IT 解决方案的系统规模设定。此外，诸如处理器加载率、系统响应时间、硬盘使用率和数据压缩类型等技术数据同样重要。解决方案的系统规模设定影响整个系统的性能，因此应该在同时考虑目前和未来需求的基础上认真评估容量参数。同时，不鼓励过高的配置，因为这将导致过高的成本并且不利于充分应用系统。

规划数据中心

在制定实施解决方案的策略时，组织可以考虑不同的选择。一种选择是创建自己的数据中心并在内部安装应用系统。另一种选择是将IT基础设施外包并在第三方的基础设施上安装应用系统。还有一种选择是使用SaaS CRM解决方案，即将整个IT硬软件的提供、运行和维护都交给第三方，而将应用系统作为一种网络服务提供给组织的用户。

对于某些组织而言，将整个应用系统和数据的控制权交给第三方是很困难的。此时，最好的办法就是内部提出解决方案，建立一个数据中心来管理所有用于安装应用系统的软硬件。

在安装IT设备之前，建立数据中心需要完成以下工作：

■ 准备布置图，明确服务器展示室、工作站室、可用的预留空间、打印室、分发室、磁带存放区、UPS室、网络运营中心、安全监控室及其他使用直接电源的区域的实际划分和位置。

■ 就空间的分区、照明、地板、天花板等事项做准备。

■ 考虑整体热能损耗情况以设置空调。

■ 处理数据中心的电力、电线、不间断电源和数据中心设备接地问题。

■ 进行千兆级结构化布线，使以太网交换机在数据中心内建立本地网络来连接所有硬件资源。

■ 部署物理安全设施。

计算机硬件

硬件的需求需要根据解决方案中的架构、所需容量和性能参数进行预估。所需硬件主要包括服务器、交换机和路由器等网络元件、存储器、安全设备等。电脑硬件不但成本高，而且容易老化，所以需要认真地计划以充分利用资金并确保服务与支持。服务器有很多种类型。用于应用系统的连接服务器或呈现服务器有多种并且支持横向扩展，通常用于EMS、备份、帮助台、EMS网关、HTTP服务器、SMTP服务器、打印服务器、AAA服务器、逻辑安全元件、域名服务器以及代理服务器。数据中心级服务器用于能够持续存储数据的数据库服务器，以及实现商业逻辑并管理数据以响应客户端请求的应用服务器。核心eCRM解决方案的应用系统都在这些服务器上运行。在这里，数据库和应用系统服务器可以斜向扩展，例如（基于可用高度）垂直扩展到一定程度后再水平扩展。

软　件

应用软件应该基于多层次的、分布式的、基于组件的近乎线性扩展的体系架构，这个体系架构具备可重用性和可扩展性，是全面支持集群、故障转移和负载均衡的架构。所要求的可扩展性应仅通过配置来实现。可采用在线和批处理两种方式将各类数据存入应用系统。软件解决方案所需的特性包括：

■ 所有的操作和维护工作都必须通过图形用户界面或经过测试的后台上传工具来实现。

■ 软件系统具备支持产业标准的开放传输技术和中间件产品的集成能力。

■ 软件系统有能力与外部文件或系统进行信息传输。

■ 软件系统有能力在不停止运作的情况下实现软件或参数的更改。

■ 软件系统支持核心层和定制层的准确划分，所有业务流程再造能够通过定制层来实现，所有的未来新版本都支持与老版本的兼容以保证正常升级。

■ 所有的软件定制都能满足组织的业务需要。

■ 在所有软件解决方案为满足大多数需求而提供/支持的模板上依照各业务需求设置参数都是可行的。

■ 软件系统能够垂直和水平扩展以利用服务器（硬件）的收件箱性能，如果需要，可以部署额外的服务器。

■ 能为每一个软件和硬件系统提供运行和监控工具。

■ 有机制来保证所有应用软件数据的完整性。

■ 能在维护不同数据库和表的多个应用的同时对相关信息进行添加、修改、删除等操作。

软件许可证问题

组织应该认真考虑与软件采购和实施有关的所有许可证问题。软件许可证是永久的会更好，组织必须基于解决方案中预估的容量全面考虑包括 RDBMS、OS 等不同软件的总的许可证需求。供应商用不同方法来对许可证收费，一些根据应用系统安装的服务器数量收费，另一些则根据应用系统安装的服务器 CPU 的数量收费。有少数是根据用户量收费，或者根据用户与适配器的组合数量收费。此外，还有其他一些收费方式。组织应该详细研究这些收费方法的具体细节来估计软件费用。当然，也应该尽可能地使用免费软件。

数据库

CRM 应用系统的数据是由关系数据库管理系统（relational database management system，RDBMS）处理的。RDBMS 有很多种选择，主要取决于要使用的应用系统、组织目前使用的 RDBMS、成本和许可证。RDBMS 应该具备的技术特征列举如下：

■ 能跨多台服务器在分布式模式下工作。

■ 能在集群模式下工作。

■ 能在主数据库和备用数据库之间（没有数据库管理员的任何直接干涉）自如地来回切换。

■ 允许用户在主数据库和备用数据库同步时以只读方式访问后备数据库。

■ 所有 RDBMS 的存储程序可以通过 Java 数据库连接（JDBC）、开放数据库连接（ODBC）、C 语言和 Active X 控件访问。

■ 提供针对项目和应用的数据库管理的详细文档。

■ 提供图形用户界面工具，用于数据库的管理、测试和调整。

■ 所有实施的应用系统都能利用共用连接方式来优化数据库静态连接的数量。所有实施的应用系统能通过诸如进程超时技术来优化与数据库连接的时间。

■ 数据库能支持表分割以支持线性数据扩展与并行应用处理。

企业管理系统

为了全面管理数据中心，企业管理系统（enterprise management system，EMS）应能管理服务器、台式机、数据备份、数据库和数据中心的网络基础设施。受监控要素的详细列表、监控参数以及监控频率（数据中心按严格、次严格和不严格分类）都需要事先准备好，同时要计划并安装 EMS 以完全控制和测量数据中心的要素。如果数据中心的运营和维护是外包的，那么应能通过 EMS 模块测量服务水平协议参数。

存储区网络

CRM 项目中会有对各种应用的存储需求。大部分的应用服务器能通过一个可转换光纤通道的存储区网络（storage area network，SAN）访问一个外部存储空间的公共存储基础设施。存储基础设施软件应至少有一套 SAN 管理软件、本地和远程同步软件、备份软件等。应该制定能够保证所有应用系统数据完整性的机制，并在整个系统中无缝实施。应该通过 SAN 确保正常在线访问数据，提供的解决方案也应该包括备份与数据记录功能。

安　全

企业要想实现业务数据中心的安全目标，就要部署一个满足数据中心的物理和逻辑系统需求的多重的精细的安全系统。还应该有一个管理、检查和监控人员的进出及对人员在数据中心内部的行动进行授权的系统。这将通过提供闭路电视和物理访问控制系统（智能卡技术）来实现。数据中心的逻辑安全解决方案应保护它的个体组件免受来自内部和外部的攻击。实现这个目标需要一个强大的安全和审计系统，并有记录所有事务的详细日志。这需要利用诸如防火墙、入侵检测系统和反病毒管理系统等外部组件来建立。

培训需求

应该为实施、维护和使用系统的人员提供必要的培训，这种培训应该是周密有效的，使受过培训的人员能够独立地完成安装、操作和维护系统的工作。关键人员能够访问其他的组织，学习在类似的业务中运行类似的 IT 系统的最佳实践，这对项目的实施很有帮助。组织应在系统实际运行之前提供培训，而供应商应在此之后提供最初的辅导。

一般会有三种典型的培训需求：

(a) 针对用户的关于 IT 解决方案的功能和技术的培训；

(b) 系统管理、数据库管理等知识和技能的培训；

(c) 终端用户培训。

各类培训的工作量应该依据受训人数、讲师人数、天数计算出来。

12.3　集成客户关系管理系统

CRM 解决方案需要提供一个从企业不同业务线汇总得到的用户视图。所推荐的 CRM 系统应该集成多个客户管理系统和相关的后端系统。所有客户都应该能够通过门户网站直接访问客户相关数据，如客户订单追踪、客户的确定、服务请求管理、企业客户报告（根据不同客户的期望编制）等。同时，网站自助服务应该与供应、计费和其他流程的供应链进行紧密的集成。在不同地点购买多种产品的客户拿到的账单应该是汇总的，以便客户能从后台应用中获得数据，然后根据这一数据进行打折、计费、合并发票、付款和收集等处理，同时为账单纠纷的解决提供必要的信息。账单解决方案应该通过点对点的集成来与多个业务应用系统进行集成。

一旦订单被CRM系统获取，就应该通过后台服务管理应用系统进行计划、分解和移交执行。推荐的解决方案的集合应与针对数据流而设计的数据仓库和商业智能/报表方案集成，来满足业务的报告和分析需求以支持业务增长计划和业务绩效监控方面的决策。

一项业务需要一个持续发展、可扩展、灵活、先进的解决方案，只有这样才能快速、轻松地在正确的层级、正确的时间找到正确的信息。一个合适的数据仓库应该包括所要求信息粒度的历史信息，并汇总多个来源的信息，使得查询、报告和分析企业业务等工作更加快捷和高效。身份识别和访问管理系统（identity and access management system）能够为访问整个系统提供一种安全的途径。企业管理系统应该能够管理和监控所提供的服务器、网络部件、面向客户的业务应用系统、存储器、数据库等。

12.4 集成CRM与SCM

在当今变化的环境中，公司希望能实现供需之间的推拉平衡。这需要一个完全由需求推动的完全适应环境的供应网络。CRM系统只代表组织价值链的需求方面，所以不能孤立地运行。为了使实施CRM系统的效益最大化，需要将其与组织中的其他业务流程集成。CRM系统提出的需求只有在与组织的供应链集成的情况下才可以有效满足。产品或服务的购买、生产和配送的集成网络构成组织的供应链。供应链管理不但能使组织通过有效和优化的预测来提高客户满意度并降低运营成本，还能促进供应链及其有关人员、网络等资源的计划和安排。供应链管理（supply chain management，SCM）的范围是相当广泛的，包括销售自动化、客户关系管理的多个方面、人力资源管理系统和企业资源计划。另外，对SCM系统来说还有一个核心挑战，即如何将所有技术、流程和系统集成到一个互相连接的整体蓝图中。与CRM集成的SCM系统能够动态管理组织的内部流程以满足市场上的每一个需求（见图12—2）。集成能够使供应部经理更容易看到需求，这有助于实现需求与供应的平衡，以及顺利地向客户提供产品与服务。集成也使组织在任何市场变化中都具有活力和前瞻性，从而能提高生产力和效率。它还能进一步地实现收益最大化、成本最小化并改善客户服务。例如，在一个高度集成的CRM-SCM系统中，根据销售人员在之前某个时间段内获得的销售订单，生产经理可以安排生产计划，使相应的物流能得到很好的管理。类似地，服务交付过程通过信息流就能够得到有效的管理，能够协调从呼叫中心等接触点到现场服务和库存各环节。这就使得组织能够按照承诺交付产品和服务，进而提高客户的满意度和忠诚度。

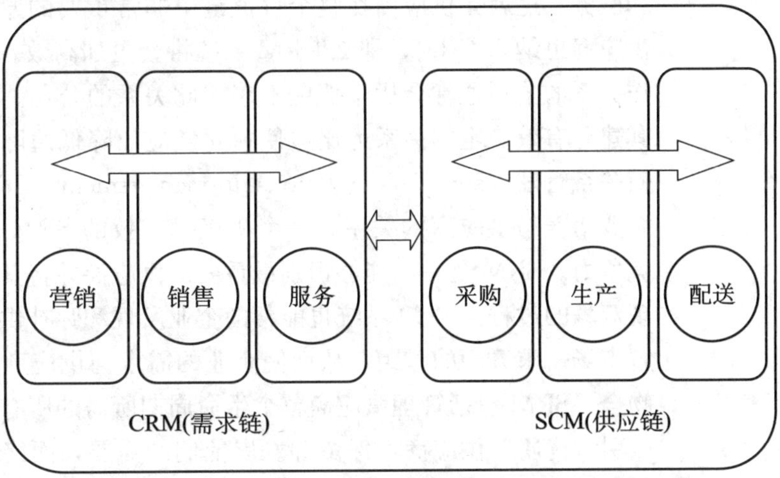

图12—2 CRM与SCM集成

供应链代表着采购原材料、生产产品和配送成品所需的设施网络。供应链管理的目标是：

- 安排整个供应链及时、划算的补给。
- 及时响应持续变化的业务关系、需求链和业务流程。

集成SCM与CRM的优势

与CRM集成的SCM可以实现以下目标：

- 提供随时可见的供应和需求信息。
- 确保补给计划在整个供应链中同步。
- 提供建模工具帮助确定缩短整个网络周期时间的最优方案。
- 为在不同渠道购买和销售产品与服务提供最新技术。
- 使供应链中供应商与客户之间的业务流程自动化。

供应链管理的主要目标是在供应链（包括采购、制造、运输、仓储、处理等）中以最低总成本实现准时制，以便将产品与服务配送到所有地点。一位从高价值客户手中获得一份订单的销售人员希望能看到库存状况，这只有在CRM系统与SCM系统集成后才能实现。同样，生产计划人员想要得到销售预测报告。

12.5 集成 CRM 与 SRM

公司从供应商处获得的材料和成品将直接影响提供给客户的产品和服务。这就是供应商在整个价值链中非常重要的原因。如果公司将供应商也纳入 CRM，那么 CRM 系统将会更加高效。与供应商建立合作关系的公司通常会优于那些不培养此关系的公司。拉拢供应商并与其建立有效稳定的关系远比迫使独立供应商降低边际成本划算。**供应商关系管理**（suppliers' relationship management，SRM）系统有助于企业培养与供应商的关系。一个积极、有效的 SRM 系统能提升企业竞争力。SRM 是一个能够识别最重要的供应商并将其加入业务中以实现双赢的过程。SRM 系统也能帮助企业发现和弥补供应商与企业在理解市场需求方面的差距，从而使企业的需求与供应商的制造计划更加吻合。SRM 包括管理供应商整个生命周期所需的所有功能。企业应该吸引"优质"供应商，保留并发展他们的需要，而终止与"劣质"供应商的关系。

CRM 与 SCM 及 SRM 的集成覆盖了原材料的价值链（见图 12—3），但这并不是终点。未包括财务（账单与账款）的集成是不完整的。如果管理人员在分析 CRM 数据的基础上想要提拔某个销售人员或者想将工资与业绩挂钩，是无法在 CRM 系统中完成的。因此，将 CRM 系统与人力资源及财务系统连接非常重要。

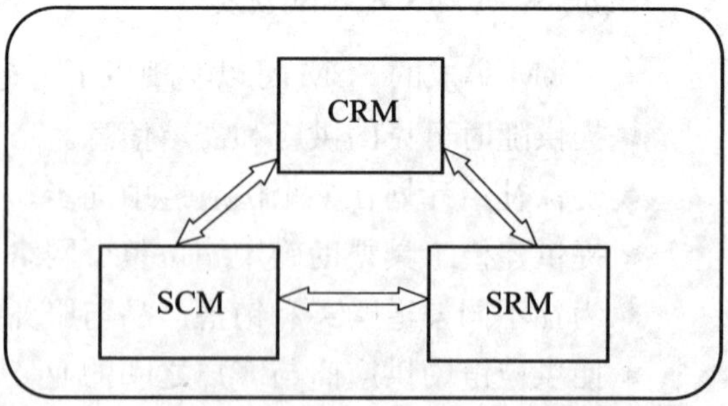

图 12—3 CRM、SCM 与 SRM 集成

实际上，如果企业的所有职能都整合在一起，就会产生完全的协同作用。企业可以将所有的系统连接在一起，也可以选择一个能应对所有业务流程的系统。企业资源计划就是这样的系统，它通过一个应用系统套件提供企业需要的所有功能。

自我检测 I

1. 什么是需求链?
2. 什么是 SCM?

12.6　企业资源计划

ERP 是企业资源计划（enterprise resource planning）的缩写，但这并不只是一个计划软件系统。ERP 的概念在出现之初，被用于计划整个企业的三种主要资源，包括人力资源、物料资源和财务资源。随着时间的推移，ERP 系统已经发展成为一个集成企业不同单元和职能的内外部流程的多模块软件。ERP 系统通常有许多组件来覆盖组织的不同单元和职能。ERP 最初是指一个大型组织如何计划利用整个组织的资源。在过去，ERP 系统广泛应用于一些更大规模的工业型公司。而现在，ERP 的使用变得极其广泛。如今，ERP 这个词已经被各种类型的公司引用，无论该公司属于什么行业。实际上，几乎所有形式的组织都在使用 ERP 系统（见图 12—4）。

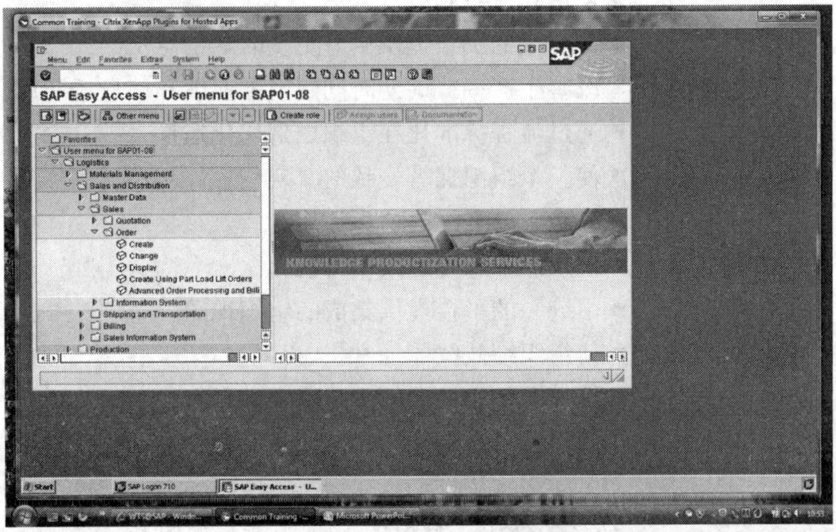

图 12—4　SAP ERP 截图

如今，ERP 系统能够覆盖范围非常广的功能并且将它们集成到一个统一的数据库。例如，像人力资源管理、供应链管理、客户关系管理、财务管理、制造管理和仓库管理等功能曾经都是独立的软件应用并且通常用于各自的数据库和网络，但如今，这些功能都被包含在ERP系统中。

由于ERP系统的主要目标是集成组织所有领域的数据和处理流程并将之统一，以便于访问和执行工作流，因此集成至关重要。ERP系统通常创建一个单一的采用多个软件模块的数据库，以向组织的不同领域提供多种业务功能从而实现集成。

在采用ERP系统之前，组织中各个单元和部门通常有自己的计算机系统、数据和数据库。遗憾的是，这些系统大多不能实现交互或者需要存储或重写数据以实现跨计算机系统的信息传递。当运行ERP系统后，组织的所有方面都能协调地工作，而不需要每个单一系统都与其他系统兼容。对于大型企业来说，ERP必然能够提高生产力并减少软件数量。

ERP的优势

如今，客户希望从组织那里迅速获得有效的解决方案。为此，组织应该拥有一个集成的系统，使信息流能够从一个功能领域流动到另外一个领域，并且使该过程实现自动化。此外，在这个削减成本的时代，响应成本管理的内部系统的效率、生产率的增长和变革管理被认为更加重要。实施ERP系统的优势包括：

- 使信息流得到改进。
- 为更优的决策提供更好更及时的信息。
- 改善生产率、周期时间、财务业绩和信息透明度。
- 通过流程标准化在组织内部优化运作。
- 使整个组织拥有一致的真实信息。
- 有精确、实时的信息可用。
- 使产品和服务的成本可视化。
- 由统一的平台提供集成的组织视图。
- 使组织绩效整体提升。
- 提高利益相关者的参与度和满意度。

ERP的功能

ERP系统涉及组织的所有职能，如财务、营销、物料管理、维护、项目、人力资源、计划和采购（见图12—5）。下面讨论ERP系统常有的模块。

ERP是一个多模块的软件，这些模块既包括财务与管理会计（FICO），也包括电子采购的物料与库存管理（MM）、车间与设备维护

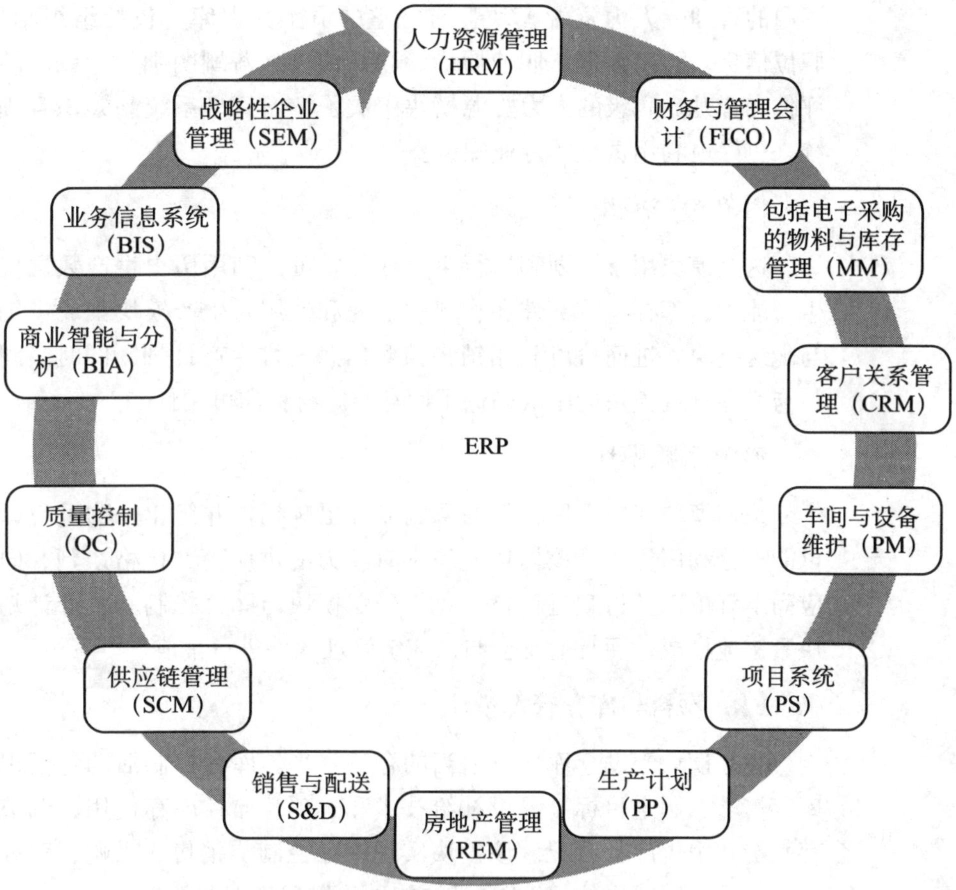

图 12—5　ERP 系统的功能

(PM)、人力资源管理（HRM)、客户关系管理（CRM)、销售与配送(S&D)、项目系统（PS)、生产计划（PP)、供应链管理（SCM)、业务信息系统（BIS)、商业智能与分析（BIA)、战略性企业管理(SEM)、质量控制（QC)、房地产管理（REM）等。所有这些模块都被集成起来并使用同一个数据库。下面介绍其中的一些核心模块。

ERP 财务与管理会计模块

这通常是 ERP 系统的核心模块。组织内部所有涉及财务的事务都集成到这个模块。该模块能够从不同的职能部门和单元收集财务信息并管理会计数据，生成有价值的财务报表，例如总账、试算平衡表、资产负债表和季度利润表。

ERP 人力资源管理模块

人力资源管理是另一个被广泛应用的 ERP 模块，它帮助实现人力资源的管理。人力资源模块拥有完整的员工数据库，包括组织结构、职位信息、聘用数据、职业履历、联系信息、薪酬明细、考勤、绩效评估和晋升。高级的人力资源模块集成了学习管理系统和知识管理系统来更好地利用员工的专业知识。

ERP 生产模块

这个模块用于计划和执行生产任务，可以利用历史生产数据优化生产能力、库存、零部件和物料的消耗和使用。生产模块集成了销售与配送模块，进而可以利用销售预测信息安排生产计划。同时，同物料与库存管理模块的集成确保了库存与原材料的可用性。

ERP 采购模块

采购模块使所需原材料的采购流程更顺畅，并优化采购过程以尽可能充分利用资源。该模块使识别有潜力的供应商、价格谈判、向供应商下订单以及付款过程自动化。采购模块与库存控制和生产计划模块紧密地集成，而且通常会与供应链管理软件进行集成。

ERP 物料与库存管理模块

库存模块帮助仓库保持适当的存货水平。库存控制活动包括识别库存需求、制定目标、提供补给技术和选项、监控库存使用、调节库存平衡和报告库存状况。该模块实现库存控制与销售、采购、财务模块的集成，同时也使得 ERP 系统能生成提醒管理层的报告。

ERP 销售与配送模块

销售与配送模块具有报价单准备、订单准备、订单安排、运送和开具发票的功能。销售模块能与门户网站、呼叫中心和其他接触点紧密集成。许多 ERP 供应商将在线商店作为销售模块的一部分。ERP 营销模块与 CRP 系统一起支持商机开发、直接邮件营销和其他营销工作。利用这一模块也能实现促销活动的安排和执行。

ERP 项目系统模块

项目系统模块用于计划、执行和监控新项目，使时间管理、成本管理和质量管理等主要目标得以实现。该模块能够在项目的开始阶段计划并检查项目提案，以供管理和财务决策。项目能被拆分成不同的工作分解结构（work breakdown structure，WBS），不同的资源能被分配到项目的活动中。这些活动能够得到安排，并与时间、物料、人力资源关联起来。通过这个系统能够定义和监控不同的里程碑，以实现项目管理的目标。

车间与设备维护

所有与资产和设备维护有关的活动都在车间维护模块的帮助下进行。该模块能够使组织有效地管理所有维修工作的记录和维修计划的执行。

ERP 的实施方法

通常情况下，应用系统和数据都存放在数据中心，所有组织单元能够通过将不同办公室与数据中心相连接的网络访问这些内容。甚至合作伙伴也能访问 ERP 系统，因为这个 ERP 系统集中安装了一个供所有单元访问的单一数据库，它们能够安全地访问自己的数据集和流程。一般来说，会有一个 IT 专家团队和一个主题专家组，前者负责数据中心，后者则管理所有流程以保证事务的稳定运行。

ERP 系统的实施对于所有的企业来说是一个极大的挑战，这是一项高度集中的、资源密集的活动。ERP 系统的实施涵盖组织的不同职能和单元。ERP 的实施所包括的模块提供了关键的业务功能。不同模块的团队同时也是特定职能的主题专家（subject matter experts, SMEs），要承担编制最终的系统需求说明书（SRS）的职责，进行业务流程再造，然后在 ERP 系统中同步实施。

企业可以将实施 ERP 系统作为一个变革管理工具，来推行大规模的业务流程再造（见图 12—6）。为此，所有现行的组织流程都要记录到文档中，然后每个流程被指派给模块团队并与行业标准流程对照。企业需要仔细地检查差距分析，同时敲定不同流程的细节问题来确定"未来"流程。基于"未来"流程的文档就能绘制出不同流程及交互设计的业务蓝图。

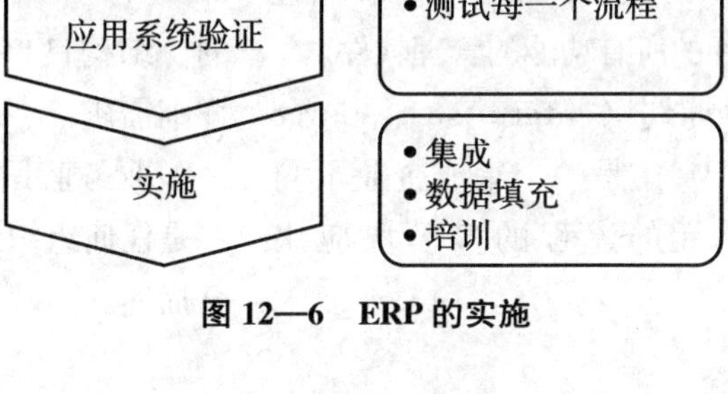

图 12—6　ERP 的实施

业务蓝图（business blueprint，BBP）是系统需求说明书准备工作的基础。ERP 系统，即应用系统提供者，会根据系统需求说明书调整自身的标准解决方案以适应组织需要。如果组织决定保留其他的软件系统，就应该与 ERP 系统进行适当的集成。已有的数据和新的数据会存储在 ERP 系统中，组织可以在对员工进行适当的培训后开始使用这个系统。

自我检测Ⅱ

1. 什么是 ERP?
2. 列出 ERP 具备的任意五种功能。

小结

本章阐述了组织中 CRM 集成的重要性。从五个主要阶段深入讨论 eCRM 项目实施路线图：项目准备阶段，业务蓝图准备阶段，配置、定制和测试阶段，最后准备阶段和上线阶段。同时，应该在管理数据库、企业管理系统、存储区网络、安全和培训需要等关键领域来确保有效地实施 eCRM。本章还阐述了 CRM 如何与 SCM 及 SRM 集成以形成整个价值链，以及 ERP 如何提供组织内所有流程和职能的集成。

关键术语

服务或供应链管理（service/supply chain management） 指对集成的由采购、产品或服务的生产和配送网络组成的组织供应链进行管理。

供应商关系管理（suppliers' relationship management，SRM） 是一种帮助企业培养与供应商的关系，覆盖了管理供应商整个生命周期的所有功能的管理软件。

企业资源计划（enterprise resource planning，ERP） 是一个集成企业不同职能区域和单元的流程的多模块应用软件。

业务流程重组（business process re-engineering，BPR） 是通过关注提升组织业绩的流程重组实现业务变革的过程，也被认为是业务流程重新设计、业务改革或业务流程变革管理。

系统需求说明书（system requirement specifications，SRS） 是有组织的、结构良好的信息汇总，包括系统的详细需求。

业务蓝图（business blueprint，BBP） 是任何组织的业务流程和系统需求的综合描述。

复习题

1. 解释CRM与组织其他职能整合的目的和好处。

2. CRM和SCM、SRM有何联系？

3. 什么是ERP？解释ERP系统提供的不同功能。

4. 查看市场上可选的不同ERP产品，并比较它们对不同行业的适用度。

5. 研究任一企业的ERP系统的实施情况。

延伸阅读

■ Dyche, Jill (2007), *The CRM Handbook: A Business Guide to Customer Relationship Management*, Pearson Education.

■ Sheth, Jagdish N; Parvatiyar, Atul and Shainesh G. (2003), *Customer Relationship Management—Emerging Concepts, Tools and Applications*, Tata McGraw-Hill.

■ Nath, Dhruv (2005), *The Nuts & Bolts of CRM*, Tata McGraw-Hill.

■ Chaudhuri Avijit, Shainesh (2001), "Implementing a Technology Based CRM Solution", *CRM—Emerging Concepts*, Tata McGraw-Hill.

第13章 客户关系管理的未来

学习目标

学习本章后，读者将会理解：

- 各种新兴技术及其对 CRM 的影响
- SaaS 和云计算的概念及其对 CRM 的影响
- SaaS 给企业 CRM 带来的好处
- SaaS 解决方案的优势和劣势
- 新的客户访问技术的影响

13.1 概 述

CRM 的目的是帮助企业发展建设性的真诚的互惠互利关系。很明显，随着 CRM 与越来越多的业务流程进行集成，客户关系管理只能通过管理与各类利益相关者的关系才能实现，利益相关者包括员工、供应商、服务提供商、投资者、股东、中间商、分销商、零售商、批发商乃至整个社会。因此，CRM 现在正发展成为利益相关者关系管理（stakeholder relationship management，SRM）。

CRM 在组织中的应用正在发生重大变革，这主要有两个方面的原因。第一，随着企业将以客户为中心作为核心战略，CRM 的应用范围迅速扩大。早期的 CRM 主要用于获取业务和管理销售，现在已经融入企业的各个职能部门。第二，核心 IT 技术的变化改变了 eCRM

软件的部署方式。数据中心、虚拟化、IT基础设施即服务（IaaS）、平台即服务（PaaS）、软件即服务（SaaS）和现在的云计算等新的IT发展趋势大幅减少了实施所需的时间和工作量。除此之外，这些解决方案的定价模式使得规模较小的组织也能够使用eCRM，促使eCRM在不同的企业和行业迅速普及。本章将探讨那些带来eCRM应用软件革命的新技术及其对企业的影响。

宽带、互联网、手机、无线宽带等客户访问技术的普及率越来越高，而且智能手机、iPhone、iPad、笔记本电脑和掌上电脑的计算能力也越来越强，这为企业在创新联系客户和服务客户的方式方面提供了一个平台。同时，大量获取用户数据以及越来越多地访问数据也带来了新的挑战，即数据应仅用于合乎伦理道德的特定商业目标，而不能被不道德地使用。目前，公司拥有许多客户个人信息，如果安全问题没有得到妥善解决，它们往往会被有意或无意地滥用。拥有客户的个人信息并不意味着任何企业有权侵犯客户的隐私。跟客户合法合理地联系与不道德地侵犯客户隐私之间的界限是一个主观而又敏感的问题。现在出现了许可营销的概念，它指的是企业在发布宣传资料、产品信息、反馈等任何信息之前，都要提前获得现有或潜在客户的许可。

13.2　新兴技术和客户关系管理

CRM系统日趋技术化。随着移动、互联网、3G和宽带等技术越来越普及，企业必须提供通过这些技术平台访问系统的能力。如此一来，包括定制解决方案的核心CRM系统变得越来越依赖于信息技术进步。

软件即服务和客户关系管理

软件即服务（SaaS）是一种开发IT应用系统的新兴技术方案。SaaS技术也称按需软件，它的应用程序和相关数据存储在第三方的数据中心，组织的用户可以通过网络（通常是互联网）使用该软件。大部分的SaaS应用程序托管在一个数据中心内，而且整个基础设施由第三方来管理，托管方避免了所有资本投资和维护工作。

这是一种交付软件的创新模式。通常来说，这项软件服务可以按月度/季度/年度来使用，与客户购买许可证然后取得软件所有权这种传统模式不同。这种模式不需要硬件、安装和实施，也没有维护问题。

包括升级、运行补丁、维护在内的整个软件管理都是由软件服务提供商负责的。

随着企业在国内和国际市场上的发展，在处理不断增长的需求方面面临很多困难。技术基础设施往往跟不上公司的扩张速度，难以利用有限的基础设施和合格的、训练有素的内部人员进行管理。现有设施的扩展通常太过复杂而且很费时间。SaaS 已经解决了这些问题，在 SaaS 平台上运行 CRM 的公司可以专注于它们的核心业务，把所有这些问题交给 SaaS 提供商。订购服务的数量会根据每个企业的要求增加或减少。

集中托管应用软件并不是一个新的想法，它在 20 世纪 60 年代就已存在。当时，大型计算机在诸如银行之类的大型组织中被共享，用于在数据库中存储数据。这个模式被称为数据存储即服务（DSaaS）。随着 90 年代互联网的扩展以及通过网站运营业务和接触客户，很多 IT 和电信公司开始提供集中托管的网站和数据库。随后，IT 提供商开始以服务的形式向客户提供 IT 物理基础设施和平台（见图 13—1）。但是在所有这些模式中，重点是提供基础设施服务，而使用服务的组织拥有应用软件及相关数据。SaaS 是一种全新的模式，其中的应用软件都可能由服务提供商拥有，而且通过租用的方式被组织使用。salesforce. com 让这个概念开始流行，同时也创造了一个术语“软件的终结”以在市场中凸显它自己。

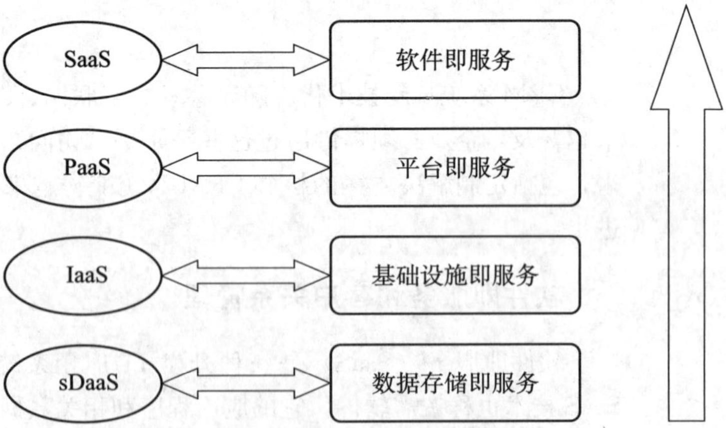

图 13—1　IT 即服务的模式

SaaS 式 CRM 方案的可用性对企业采用 CRM 有双重影响。第一，即使是小公司也能使用 CRM 方案，因为它们不需要像几年前那样花大量资金为使用 eCRM 而建设 IT 基础设施。第二，实施所需的时间大幅减少，使客户关系经理只需要重点关注客户满意度的情况。

采用SaaS方案的主要驱动因素

在当今的竞争环境下，不考虑规模和产品类别，几乎每一家公司都很乐意拥有一些eCRM解决方案来对抗激烈的竞争。在这种情况下，CRM毫无疑问是使用最广泛的SaaS应用系统，是一种时代潮流。宽带互联网连接日益普及、开放集成协议的可用性、网络应用和网络开发的日渐流行、互联网协议安全性的提升和诸如IPv6等新协议的出现是采用SaaS解决方案的主要驱动因素。

SaaS的体系架构

SaaS解决方案主要基于多租户结构。在这种模式里，单一配置和版本的软件被提供给不同的企业用于各自的业务。为了支持大量的客户，它采用了横向扩展模式，这也意味着相同的应用程序被托管在多个服务器上。多租户结构（见图13—2）提供了由众多用户（租户）分享的数据中心基础设施，具有高安全性、高效率、高灵活性、高可用性和服务保障等特性。这个结构可以根据需求进行扩大或缩小。此外，它还能满足单个应用程序实现软件即服务时对性能、安全性、质量、可用性和客户满意度的要求。在这个多租户方案中，虽然应用系统是根据租户要求定制的，但是在配置上仍会有限制。

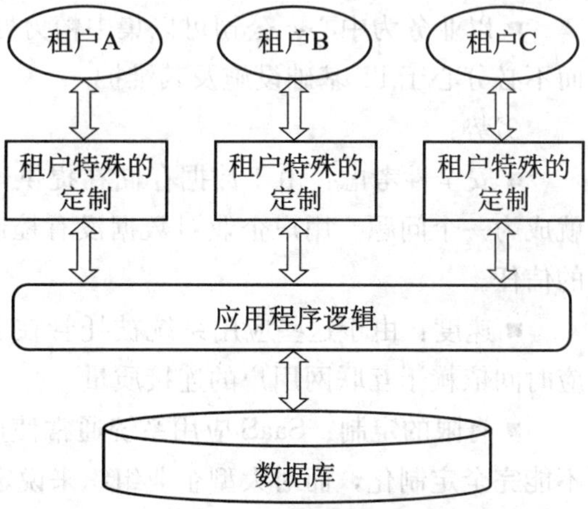

图13—2　SaaS的多租户结构

SaaS方案同样可用于单租户结构，它通常是大型企业的首选。SaaS提供了增强的安全性、高效的功能、可配置性和定制的解决方案。

定价模式

SaaS方案通常是按照等期租用的方式定价，没有前期的货币支出，使得方案的性价比高，尤其是对中小型企业来说。一些服务提供商甚至在一定的功能和范围内提供免费服务，只是在功能和范围扩大时才收费。SaaS 方案得到发展的主要原因是其价格优于企业自己搭建系统的解决方案。

SaaS 方案的利弊

优势：

■ 低初始成本：因为没有前期的货币支出，这个方案成为一个有吸引力的选择。

■ 无须安装硬件和软件：因为 SaaS 是基于互联网的方案，使用者使用这个应用系统时只需要提供类似密码的单一认证信息，而不需要昂贵的数据中心、服务器和网络。

■ 可访问性：这个应用系统可通过互联网使用，不需要构建昂贵的企业内部网和广域网。因此，实现业务的地理扩张就容易得多。

■ 非常适合虚拟企业和中小型企业。

■ 准备时间：与企业自己安装部署系统的方案相比，制定 Saas 方案并不需要提前期。企业可以简单地租用并与相关用户分享，只要用户经过必要的培训，从第一天开始就可以使用这个方案。

■ 合同的灵活性：由于可以扩大或缩小租用规模，成本和其他方面可以很灵活，进而可以为用户企业提供更好的响应服务。

■ 以业务为中心：公司可以集中精力处理和客户之间的核心业务，而不必分心于 IT 基础设施及其维护。

劣势：

■ 安全性考虑：由于数据存储在提供商的基础设施里，数据安全就成为一个问题。用户企业对数据没有控制权，导致依赖于对第三方的信任。

■ 速度：由于这些应用系统被托管在云里并通过互联网使用，响应时间依赖于互联网用户的连接质量。

■ 有限的定制：SaaS 应用系统通常使用多租户结构，这就决定了不能完全定制化，而对大型企业组织来说定制化可能是必需的。

■ 集成问题：SaaS 应用不能访问企业组织内部的其他 IT 系统。因此，集成也许只能通过开放的集成协议完成，这可能并不足以解决问题并且可能与遗留的 IT 系统不兼容。

■ 超额的总拥有成本：从长远来看，SaaS 系统的总拥有成本可能超过自己部署方案的成本，特别是对于那些有大量用户的大型企业而言。

自我检测 I

1. SaaS 与集中数据托管有何不同?
2. 解释 SaaS 对使用 CRM 的企业的好处。
3. SaaS 方案的定价模式是怎样的? 如何区别于其他传统的软件?

云计算

业务流程是由技术支撑的，技术的频繁改变使得企业所有者要考虑采用一种新方式来运营他们的企业。许多企业已经利用了从大型机转移到微型电脑再到客户端/服务器技术的优势。它们利用网络托管、集中式数据中心和 SaaS 保持领先地位。IT 领域最新的热门话题就是云计算。

简单地说，云计算是在网络上的计算，使得 IT 资源能够在网络上完成任务。这些资源包括应用程序和服务，以及相关的基础设施(见图 13—3)。所以，当 IT 资源可以在互联网上得到使用时，组织就可以根据需要购买或租用它们。这将使 IT 资源成为一种商品，它能够在需要的时候以最短的时间买到所需的粒度。云计算提供计算、应用、数据访问和存储服务，它不需要最终用户知道交付服务的系统的物理位置和配置。在 SaaS 中，企业只需要从第三方租用这个应用程序服务，而云计算把它推向下一阶段，不仅可以从云里租用所有的 IT 资源，而且可以从不同的云服务提供商那里租用不同的部分，企业甚至可以在不知道它们的物理位置的情况下来使用。

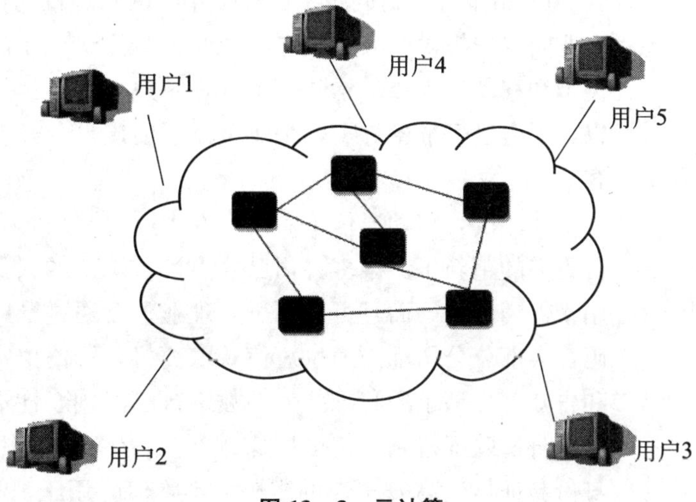

图 13—3　云计算

远程第三方托管、管理服务和 SaaS 已经是 IT 行业的一部分；云计算改变了IT被企业领导者视为一种工具的看法。云计算的产生是由硬件和软件的虚拟化、普遍存在的网络和成熟的标准推动的。服务提供商正努力消除其产品与实际标准的不兼容性。

云计算为企业呈现了一种本质上不同的租用IT资源的模式。它们利用了网络应用和网络日益成熟的优势以及计算机系统不断增强的互操作性来提供IT服务。云服务提供商在特定的应用和服务领域是专家，这种专业性让他们能够有效地管理升级与维护、备份、灾难恢复和故障转移等功能。这样一来，诸如企业等云服务的客户可能会看到在更低的总拥有成本下增长的可靠性。有了云计算，企业可以密切关注当前的需求并快速调整来增加或减少租用的服务，在满足高峰期需求的同时不必在低谷期为不必要的服务付费。云计算将鼓励IT服务提供商加强协议和流程的标准化，这样云计算模式的很多部分就可以正确而有效地互操作了。

在云计算承诺加快应用部署的速度、增加创新和降低成本的同时，业务的敏捷性也有望增强，这将使得商业的激烈竞争提前到来。那些因拥有大型IT基础设施而具有战略优势并且远远优于正在自建IT基础设施的组织的大型企业，现在甚至会受到来自小型企业的挑战。它们的区别将不再是有无eCRM，而是如何运用这些工具与客户建立关系。于是，它们的焦点就转向了产品和服务的质量以及公司给每个互动客户增加价值的能力。

新的客户访问技术

IT用于客户访问技术已经多年。网站和自动柜员机的使用改变了企业向客户提供服务的方式。最近几年出现了两个重要的趋势：第一，宽带和移动接入成倍增长；第二，客户设备的计算能力大幅增强。所以，平台已经准备好了，企业可以借助该平台开发创新的方式来接触客户。

在印度，移动通信革命已经发生，现在是时候在无线宽带领域进行更多的革新了。很多公司已经见证了短信的大量使用，它不仅可以用于促销活动，而且可以用于办理业务。通过推广5位长度的短信号码，大部分公司都能通过短信获取商机。短信也常用于获取服务请求和告知客户请求的状态。大多数银行已经创新性地将短信用作在线交易的身份验证机制。印度国家银行（SBI）通过短信为在线交易中的身份验证传送高安全性的密码。不管何时用于消费，SBI信用卡都会以同样的方式向客户发送即时信息，这给客户带来安全感和信任感。印度铁路餐饮和旅游公司（IRCTC）也提供了一系列基于短信的服务，用户可以通过给139发送短信查询旅客订座记录（PNR）、当前火车运行的位置、票价以及客房富余情况。学校也正在使用大规模定制短信服务来与学生和家长进行交流。短信的应用范围和普遍效用已经得到认可，而且短信业务因其易用性和低成本而得到创新。短信的转发和回忆价值使得这项服务更加高效。

在这个技术时代，没有网站的企业将难以生存，更可能流失大量的潜在客户。搜索引擎的数量每天都在增长，如果一个企业的网站未进入这些引擎，就只能把客户让给竞争对手。与其他接触用户的媒介相比，网站将为企业带来更多的业务。越来越多的客户在购买商品前使用网站获得相关信息，而现有的客户也通过网站了解最新的优惠或产品信息等。未来的eCRM方案将为企业提供灵活性和定制能力，这样它们就可以引入和利用这些新的访问技术。

如今，网站不仅仅是一种向客户提供公司和产品信息的途径，也是与希望通过定制和个性化的网站获得所有服务的客户进行有价值的互动的途径。印度的金融和银行业在网站的使用方面进行了革新。现在，所有银行都提供网上银行服务，由于具有诸如自助服务的便利性、易用性、高度的认知、可达性、互联网知识的普及、现代化的标志、省时、值得信任、更好的个人财务管理控制、银行的支持、经济性以及符合城市中产阶级的生活方式等特点，使用网上银行服务的客户迅速增多。

大量利用网站的另一个重要的商业领域是旅游行业，在这个领域人们可以有效地使用网上预订功能。

随着无线宽带服务的推出，网站的访问设备从台式电脑/笔记本电脑转移到手持设备，最终增加了访问的多样性，因此，CRM方案将不得不与门户网站紧密结合来为客户改善服务体验。

尽管出现了新的访问技术并且这些技术已经与eCRM进行了整合，但是由于它们依赖于各种可控和不可控因素，因此不能想当然地认为客户一定会使用。本书作者进行了详细的研究，运用描述性研究来识别影响印度商业应用的各种因素。这项研究的主要目的是关注各种影响网上银行在农村和城市市场普及的因素，包括关键的驱动因素和抑制因素。此外，该研究试图了解人口因素对网上银行普及的驱动力或抑制力因素的影响。除此之外，还对城市和乡村人口进行了比较分析，以找到影响互联网使用的相对重要因素。这项研究发现了影响网上银行推广的主要因素，并根据这些因素预测了未来网上银行的使用情况。其中，影响网上银行在城市市场普及程度的因素有五个，包括便利性、经济收益与同伴影响、服务质量、兼容性与完全性以及必要性；而影响网上银行在农村市场普及程度的因素有七个，包括用户可操作性和经济收益、推广力度、可靠性、同伴影响与现代生活方式取向、数据安全、缺乏认识和信息以及银行位置的便利性。同样，对于每一个企业或行业，服务提供商都要进行调查或研究来倾听客户的心声，以提供满足客户期望的服务，尽可能缩小现实服务与期望服务之间的差距。

自我检测Ⅱ

1. 区分 SaaS 和云计算。
2. 云计算将对 eCRM 产生什么影响?

公司案例

MiNC 公司成功实施 CRM 解决方案

MiNC 公司在部署 Salesforce 后的 8 个月内新增 1 300 万美元的收入，这是一个成功实施 CRM 解决方案的案例。

Salesforce 很容易使用，所以我们几乎不要求开展任何销售培训，团队也很喜欢使用浏览器来工作。通过使用 Apex 平台对系统进行定制，他们所用的系统能真正满足他们的日常需求。

——理查德·海斯

计算机系统经理

行业：房地产　　　　位置：英国，中东

挑战

- 抓住迪拜和中东楼市繁荣带来的机会。
- 消除对多个不同的联系人管理系统的依赖。
- 销售管理报告几乎是不存在的。
- 打消有关数据安全性的担心。
- 越来越难细分和定位相关的销售线索群。

解决方案

面向房地产领域的领先的财富管理公司给迪拜和伦敦的 20 名专业销售人员部署了 Salesforce SFA，来统一房地产销售信息、锁定潜在客户和管理多层次市场营销活动。

效果

- 在部署后的 8 个月内新增收入达 1 300 万美元。

- 提供有关每个客户、每个销售情况和每次客户接触的统一实时视图。
- 使用 Apex 平台定制系统，保证了公司使用真正满足其日常需求的系统。
- 帮助创建、执行和管理多层级、多渠道的营销活动的结果，旨在吸引新的房产买家。
- 在对 MiNC 而言没有风险的情况下，AppExchange 提供对尝试和试错的销售应用近乎实时的访问能力。
- 对有营销支出的每个项目引入问责制。

迪拜正在进行大规模的建设，几乎城市的每个角落都在重建。面向房地产领域的领先的财富管理公司 MiNC 快速增长，依靠 Salesforce 捕获和保留在该地区拥有房地产和抵押贷款的客户。MiNC 公司已经在部署 Salesforce 后的 8 个月内新增收入 1 300 万美元，这花费了团队 95%的时间，而这个系统经过调整可满足这个动态行业独特的房地产销售需要。现在，公司位于伦敦的办事处在看到在中东取得的成果后也决定部署 Salesforce。

在高增长地区的独特发展

MiNC 是英国领先的房地产财富管理公司。该公司重点关注特定城市高增长地区的业务发展，无论在采购还是管理服务或投资建议方面都处于领导地位。MiNC 公司成立于 1978 年，在伦敦、迪拜、约翰内斯堡设有办事处，并拥有大量有全部或部分所有权的住宅房地产。

阿联酋政府决定将迪拜从一个以贸易为主但依赖石油的经济体转变为一个以服务和旅游为主的经济体，这使得房地产更有价值，从而促进房地产业繁荣发展。大规模的建设计划已经让它成为全球增长最快的城市之一。房地产业的繁荣很大程度上是由大项目驱动的，例如“棕榈”（The Palm）和“世界”（The World）等项目，如此巨大的发展从这些名称中就可见一斑。

经济繁荣带来的动态增长给房地产公司创造了重要的商机。所有的房地产销售线索、商机、联系人和账户都需要细致地加以管理。随着规模的扩张，MiNC 公司需要兼顾多个不同的联系人管理系统，涉及从 Outlook 文件、电子表格和文件系统到存储在销售人员头脑中的信息（有时在他们离开公司后仍存在）。MiNC 公司的计算机系统经理理查德·海斯解释，这并不是运营快速发展的房地产财富管理公司最有效的方法。

“我们的每一台笔记本电脑中有不同的客户数据库，”他说，“因为我们有如此多的客户信息的实例，有太多的数据重复，所以几乎难以生成报告，当然也存在对数据的安全性的担忧。此外，越来越难细分和定位相关的销售线索群体。”

Salesforce 免费试运行一个月后，海斯和他在迪拜的同事对这个多租户按需商业网络服务的易于使用、功能丰富和简单定制等特点感到震惊。“基于网络的按需方式有很强的吸引力，因为这意味着我们不必管理任何软件，也不必依赖复杂的 IT 基础设施来支持它。每个客户的单一视图可通用于任何拥有互联网访问连接的人，它给了我们与位于伦敦的机场在销售谈判上合作的机会。”

95%的用户登录率

MiNC 公司为在迪拜的 11 名销售专业人员部署了 Salesforce SFA 来创建抵押贷款、租赁及所有其他房地产客户群的单一视图。95%的登录率证明了系统的普及程度。

Salesforce 在中东提供了一个包含销售线索、商机、账户和联系人的统一视图。所有的客户信息和活动信息都输入 Salesforce，确保公司有每个客户、每个销售情况和每次客户互动的实时视图。销售队伍可以看到账户的历史记录，快速地识别已经接触一段时间或尚未接触的潜在客户，以及他们感兴趣的房地产。一个电子数据表的插件意味着销售经理可以使用任何数量的基于电子数据表的仪表板报告，这个报告是基于从 Salesforce 中提取的数据。

定制化是企业就网络服务提出的口号。MiNC 公司运用 Apex 平台调整多页面、对象、工作流和记录来满足它的需要。比如，当一个客户买房时通常采用分期付款方式，Salesforce 要经过调整以管理这个付款时间表，给团队提供一个实时的钻入式分析来洞察支付状态。同时，定义另一个页面来管理单一建筑所有物业单元的价格信息。Salesforce 允许团队精确追踪这个自定义表格。

这个系统也使 MiNC 公司能创造、执行和管理多层次、多渠道的营销活动，以吸引新的购买者关注它的热门房地产投资组合。从 AppExchange 处新下载的垂直响应应用程序因此被广泛采用。销售队伍第一次实现了对客户中特殊团体的细分，例如对于在迪拜参加过 MiNC 公司之前的销售活动的潜在客户，有针对性地提供营销活动信息。“我们不会止步于此，”海斯说，“公司现在对有营销支出的每个项目引入了问责制。”

Salesforce 实施的成功引起了 MiNC 伦敦办事处的注意，并且被引入。海斯解释道：“他们喜欢我们在迪拜应用的 Salesforce。丰富的销售管理功能、简单的定制、低的总拥有成本和易于使用等特点引人注目。我们现在能利用有关销售流程的统一的全球视图。”

资料来源：www. salesforce. com，last accessed on May 8，2011.

小结

诸如 SaaS 和云计算之类的 IT 创新已经改变了企业应用系统的部署方式。在本章中讨论了这两项新兴技术的基本概念和它们对 CRM 部署的影响。SaaS 作为高成本效益、高技术水平的业务运营平台快速崛起。宽带的日益普及、网络技术和工具的优势、更低的硬件安装成本、中小型企业数量的增长和客户习惯的改变等带来企业模式的转变。本章的后半部分讨论了新的客户访问技术和公司如何利用它们来增加客户价值。公司案例和有关网上银行应用的研究有助于深入阐述这个主题。

关键术语

IaaS　指 IT 基础设施即服务。

PaaS　指平台即服务。

SaaS　指软件即服务。

云计算（cloud computing）　是通过网络使得 IT 资源能够在网上完成任务的计算。

复习题

1.“SaaS 的出现改变了 eCRM 解决方案的实施方法。”通过对比分别拥有自建的解决方案、拥有 SaaS 解决方案的两家公司的情况来分析这句话。对比它们对不同企业的适应能力。

2. 调查市场上可得到的任意 SaaS CRM 产品的特点及其定价模式。

3. SaaS 解决方案的优势和劣势分别是什么？

4.“企业将只能使用新的客户访问技术来保持竞争力。”批判性地检查市场上现有的选择以及它们对业务流程的影响。

延伸阅读

■ Sahil Parikh（2010），*The SaaS Edge：How Companies Can Leverage SaaS for Competitive Advantage*，Tata McGraw-Hill.

■ Kelly L. Sr.，Frey and Hall，Thomas J.（2007），*Application Service Provider and Software as a Service Agreements Line By Line：A Detailed Look at ASP and SaaS Agreements and How to Change Them to M*，Aspatore Books，January.

■ Haig，Matt（2002），*Mobile Marketing：The Message Revolution*，Kogan Page，December.

■ Chaudhuri Avijit，Shainesh（2001），“Implementing a Technology Based CRM Solution”，*CRM—Emerging Concepts*，Tata McGraw-Hill.

案　例

这里将讨论七个公司的案例，这些案例都展示了现实生活中实施 CRM 所遇到的问题。这些案例能加强读者对各章所学到的概念的理解，为他们实际应用 CRM 概念和理念做好准备。

案例 1：翠鸟国际实施 CRM：制造商和分销商通过动态 CRM 改进渠道管理
案例 2：Sia Lifestyle 公司的客户生命周期管理
案例 3：富士通外包：富士通西门子计算机公司的 eCRM 系统解决方案
案例 4：HDIL 公司实施 ERP
案例 5：以瑞典银行和瑞典北欧斯安银行为例说明 eCRM 在银行业的重要性
案例 6：亚洲涂料有限公司通过实施 CRM 实现业务转型
案例 7：Bharti Airtel 公司：CRM 的意义

关于客户关系管理的案例研究

学习目标

学习本章后，读者将会理解：

- CRM 如何融入更大规模组织的新视角
- 忠诚度管理、电子客户关系管理、销售队伍自动化、企业资源计划、业务流程再造等新概念
- 如何采用并实施有效的 CRM 解决方案的概念和技术
- CRM 如何作为一种创造价值和保留客户的媒介发挥作用

概　述

本章将介绍来自不同领域的公司实例，以帮助理解组织实施和采用 CRM 的好处和流程。每个实例都强调了对 CRM 的特定需求、要求以及不同的实施方法。建议读者详细地分析这些案例来理解它们的实际意义。除了这些案例外，还建议读者详细地比较分析市场上不同的 eCRM 应用系统。

读者通过研究这些案例，能够理解在不同行业实施 CRM 的复杂性，以及 CRM 在组织中快速变化的地位。

分析一个案例

一个案例无论是否发生过，都可以认为是真实的公司事件的总结。

对于初学者来说，案例之后的问题可以使分析任务变得更简单；但是对于高级研究来说，则需要读者识别案例中遇到的难题，再构建针对该难题的问题，最后给出合适的解决方案或解释。所有案例之后都会附有几个问题，但读者应该先全面地找出案例中存在的难题，再回答这些问题。

完成案例研究的步骤

1. 至少将所给出的案例详细阅读三遍。首先，了解案例研究的内容；其次，考虑与难题有关的重要事实和事件；最后，专注于难题并尝试回答相关问题。

2. 完成一份案例简介。案例简介是用自己的语言来总结案例，要涵盖案例中强调的关键点。

3. 识别并分析难题。

4. 找出各种可选的解决方案。

5. 认真评估每个解决方案的可行性。

6. 在所有备选方案中选出最可行的解决方案。

7. 介绍解决方案。

案例 1

翠鸟国际实施 CRM：制造商和分销商通过动态 CRM 改进渠道管理

翠鸟国际公司（Kingfisher International）为电信、数据通信、军工以及汽车行业生产和销售光纤网络的检测、维修和验证设备。该公司的分销网络在 70 个国家拥有约 3 000 位客户。翠鸟国际已有的客户关系管理（CRM）系统无法跟踪大客户的多个联系人和多份合约信息，并且没有整合其邮件和会计系统，所以阻碍了客户关系的发展。2004 年，翠鸟国际采用了 Microsoft CRM 1.2 版，并于 2006 年底升级至 Microsoft CRM 3.0 版，实现了与 Microsoft Dynamics GP、Microsoft Office Outlook 的整合。如今，翠鸟国际可以对包括最大、最复杂客户在内的所有客户进行详细的跟踪。该公司还提供全球性的全天候的客户支持，并且利用其客户的联系人列表来进行复杂而有针对性的营销活动。

概　况

翠鸟国际成立于 1986 年，主要为光纤通信网络设计并制造测试与维修设备。公司在澳大利亚的墨尔本有大约 25 名当地雇员，这些工作人员为遍及约 70 个国家的 3 000 多位客户提供服务，这些客户主要集中在电信、数据通信、军工和汽车行业。

翠鸟国际的客户关系需求极其复杂。尽管公司的大多数产品是通过分销商销售的，公司仍然需要跟踪面向客户的销售过程以尽可能提升市场营销、产品管理和客户服务活动的效果。

翠鸟国际的技术总监布鲁斯·罗伯逊（Bruce Robertson）说："事情变得非常复杂。我们让最终用户可以联系我们，有时需要自己处理客户的问题，有时需要把客户转到经销商那里。此外，我们会经常遇到一些需要处理的突发性咨询难题，还需要做包括计算销售人员的成功率这类常见的售后跟踪工作。"

该公司自 1991 年起开始使用客户关系管理软件包来帮助管理客户关系。2004 年，翠鸟国际使用了一个基于 Advantage 数据库的 CRM 产品。然而，该系统在两个关键的领域并不适用。

首先，翠鸟国际有一小部分非常重要的客户，例如购买并运行大量设备以测试其网络和业务情况的电信公司，这些公司已有的软件包不足以用来处理这种情况下的问题。

罗伯逊说："我们之前所使用的系统的问题在于没有办法将联系人与组织联系起

来。结果会出现在同一栋楼里的两个销售人员或分销商会去处理同一个项目不同部分的情况，而我们并不知情。你不可能去追踪所有有关的人。”

除了可能造成混淆外，现有系统在管理客户方面也存在缺陷。翠鸟国际发现该系统没有一个触及客户历史信息的全局性视角，因此很难确切地知晓客户的技术状况，或者如何执行全公司的约定并让客户了解可商定的折扣。

罗伯逊说：“如果你没有很好地进行案例分析，就不太容易知道到底发生了什么。”

其次，公司已有的CRM软件包没有与公司其他系统连接，特别是没有与客户记录、电子邮件和会计账户之间自动连接。

“它并没有与电子邮件进行整合，然而我们大多数的交流都是通过电子邮件完成的。”罗伯逊说，“我们的通信本来需要的是紧密的集成，而实际上却非常臃肿。而且由于没有与会计系统整合，因此如果一个潜在机会变成真实的销售，我们将不得不在这两个系统中同时录入数据，这会增加管理负担。”

随着公司海外市场客户基数的迅速增加，翠鸟国际深信不采用新技术就无法维持相应的服务水平。“一个糟糕的系统总是会击溃一个有能力的人。”罗伯逊如是说。

解决方案

翠鸟国际在2004年开始考察能够管理其复杂的客户关系并可以与现有的通信和管理体系集成的新的CRM软件包。它们聘请了微软的金牌合作伙伴Professional Advantage公司来提供建议。

“客户希望其系统自定义能力可以达到一个比较合理的程度。”来自Professional Advantage公司的高级客户经理彼得·戴克玛（Peter Dijkema）说，“他们想自己从数据库中获取数据来编制报告，这在之前的系统中是无法实现的。另外，由于他们的客户关系极其复杂，因此他们希望能够集成专业的第三方应用来进行某些特定类型的信息追踪。”

“如果可能的话，他们还想将其CRM系统与会计系统Microsoft Dynamics GP进行整合。在他们看来，潜在客户和订单数据应该直接转化为Microsoft Dynamics GP中的销售数据。”

Professional Advantage公司建议采用微软首发的CRM软件包以满足翠鸟国际的需求，因为Microsoft Dynamics CRM特别适合翠鸟国际的员工规模。

“大小很合适，”罗伯逊说，“许多CRM软件包的设计都能使超级大公司自上而下执行规定，例如经理在呼叫中心需要遵守一些规则。”

“Microsoft Dynamics CRM软件并不是为了政策的执行而设计的，比较符合我们的工程师、销售工程师以及区域经理对CRM系统的要求。他们只是想要一些简单、直接且实用的东西。我们不在意系统政策的强化作用，所以系统实施成本得以降低。”

到 2004 年底，Microsoft CRM 1.2 得以成功实施。据戴克玛说，诸如 Outlook 之类的 CRM 界面使得翠鸟国际的员工可以轻松地学会如何使用该系统。尽管它只是微软发布的第一版 CRM 应用系统，却满足了为同一个客户分配多个联系人的需求。

2006 年，翠鸟国际了解到即将推出的 Microsoft CRM 3.0 拥有先进的市场营销和销售机会追踪功能。

“翠鸟国际拥有巨大的客户基数，所以对新的市场营销活动工具很感兴趣，”戴克玛说，“利用它们能向客户发送包含特定产品的邮件，帮助研究客户的反馈，并估算投资回报。”

最终，翠鸟国际在 2006 年底升级为 Microsoft CRM 3.0 版，并借此机会实现了 CRM 系统与邮件系统的整合。

获 益

翠鸟国际通过实施 Microsoft CRM 1.2 并升级为 Microsoft CRM 3.0，建立了一个强大的、详细的客户关系管理系统，用于跟踪并存储所有重要的客户互动信息。翠鸟国际利用该系统能够高效地对已有客户做市场推广，提供快速的客户支持，并有效地维护其数据库。

改善客户服务

翠鸟国际能全面地把握客户是如何应用产品的，这使其可以进一步完善市场营销和改进客户服务。

“我们可以获得客户的组织视图，”罗伯逊说，“这就意味着我们知道如何来处理交易和折扣问题。我们可以看到客户已经有了什么东西，所以当客户咨询时我们知道什么才是适合他们的。”

“我们对客户有更充分的认识意味着我们可以预知组织将出现的问题，进而可以提供更好的客户支持。我们可以通过查看事件历史记录来确定问题是否反复出现，并制定具体的补救措施。”

Microsoft CRM 3.0 也改善了翠鸟国际向客户提供全天候支持的能力。

罗伯逊说：“由于 CRM 包括客户所有的信息以及事件记录，因此当客户在澳大利亚的运营时间之外需要支持时，我们可以把工作移交给英国和美国的营业部。这在以前缺乏信息的情况下是不可能做到的。现在我们可以提供 24 小时的客户支持。”

应急备份功能

罗伯逊讲述了一个美国合作伙伴最近发生的一起紧急事件，来证明翠鸟国际的客户系统是多么的强大。

他说：“我们在美国有一个分销商。有一天该分销商的 CEO 罢工并带走了所有的客户信息。我们接到的电话称：‘这里已经一团糟了，我们甚至不知道谁是我们的客户。'”

由于翠鸟国际在与 Microsoft Office Outlook 连接的 CRM 3.0 中存有所有客户的记录，因此可以帮助该分销商恢复客户信息以应对其 CEO 离开时的状况。

“我们可以在两小时之内把所有客户的详细信息发送给他们，”罗伯逊说，“这是令人惊奇的。而且因为邮件和 CRM3.0 是相关联的，所以我们也能把他们公司之前给最终用户发送的所有的电子邮件再发给他们。这救了他们。”

更高效的团队工作

与 Dynamics GP 的集成减少了手工输入数据的需求，并让员工能专注于产生收益的活动。

“我们减少了两三名行政人员，并更加强调招募和留住高素质的员工。”罗伯逊说，“现在我们减少了操作人员，增加了销售及市场推广人员。”

微软最新的 CRM 版本可以帮助员工追踪 CRM 流程，从而改进了员工的工作方法。

“在 3.0 版本中，你可以创造一个销售机会，”戴克玛说，“这会预先形成一系列活动清单，这些活动是将该销售机会转化为潜在顾客的过程中必须完成的活动。”

“它是一个完全团队导向的软件包，”罗伯逊补充道，“我们可以在组织的各个层面开展活动，并且活动发起人能看到所发生的事情。”

“例如，区域销售经理能完整地看到自己的工作内容，因而可以知道某个任务是否已经完成。销售经理可以查看某项特定的任务被指派给了谁，以便确认是否会影响与特定客户的互动。我们的团队工作得到了改进。这个软件包确实是一个非常棒的团队协作工具。”

市场营销活动

翠鸟国际已经利用 Microsoft CRM 3.0 中得到改进的市场营销工具来增加和完善与客户的接触，并且不再需要聘请专业的营销专家。

“你可以从联系人库中生成联系人列表，并用它来帮你完成一项营销活动的设计。它可以帮你创建一个类似‘发送特定产品电子邮件’的营销活动，然后监督活动的执行情况并评估活动的效果。”罗伯逊说。

“这是非常有帮助的，因为优秀的营销人员所花的费用都很高，而这个使一切成为可能的工具能让我们不用花费太多钱就可以开展更多更好的市场营销活动。”

适应与发展

最后，翠鸟国际得到的最主要的好处之一就是能够利用专业的第三方应用程序来增强 Microsoft CRM 3.0 的功能。

“我们选择微软的原因之一是它能够很好地与其他的软件包进行整合。”罗伯逊说，“我们对一个名为‘C360’的产品非常感兴趣，它可以围绕个体客户建立一个销售和营销关系矩阵，使我们可以看到一项交易中的所有参与者。”

“这种能力无疑是一种优势，我们可以利用它为我们的软件包添砖加瓦。实际上，我们可以如此容易地整合第三方软件是非常了不起的。”

翠鸟国际从2004年开始稳定地发展这套基于微软平台的CRM，并在2008年积极评估Microsoft Dynamics CRM 4.0这一后续版本的好处。

CRM 4.0将会使翠鸟国际和世界范围内的分销商通过虚拟私有网络访问CRM数据库的方式来分享客户信息。

“实施Dynamics CRM 4.0符合翠鸟国际使用微软产品稳步发展自身CRM能力的政策，”罗伯逊说，“只要是和我们有关的事情，它就会稳步推进。”

资料来源：http：//www.microsoft.com，last accessed on May 9，2011.

问题

1. 请详述翠鸟国际通过实施CRM得到了哪些好处。
2. 翠鸟国际选择新的CRM软件包所考虑的标准是什么？

案例 2

Sia Lifestyle 公司的客户生命周期管理

2005 年启动方案

众所周知，寻找新的客户比维持现有客户困难得多。Sia Lifestyle 公司为了增加每个客户的重复购买次数，于 2005 年 4 月建立了一项直接折扣制度以强化其客户关系管理。该制度基于 Sia 俱乐部来回报忠诚客户，凡一次购买金额超过 20 000 卢比的客户就可以成为俱乐部会员，在再次购买时享受 10%的折扣优惠。此外，在公司内部建立并实施了一个用于支撑该方案的 ERP 程序。这一方案所提供的其他福利包括在生日和纪念日时给予个人的可兑换礼券，以及关于最新首饰和促销活动的通知邮件，同时也包括获得内部季刊 *Newsia* 的赠阅资格——可以了解 Sia 的最新动态。此时，俱乐部成员对销售额的贡献占总额的 35%。

2006 年重新命名俱乐部并提供更好的福利

"我们成立 Sia 俱乐部的主要目的是给我们的忠诚客户提供一个可以代表自己的东西——因为我们不可能在所有的店铺展示自己。"亚廷·查得瓦（Jatin Chhadva）说。他是 Sia Lifestyle 的 CEO，是一位 30 出头的第二代企业家，与其弟弟维纳·查得瓦（Vinay Chhadva）一起经营该公司。"像对待自家客人那样对待客户"的理念一直是公司的驱动力，并通过培训的方式传达给全体员工。

2006 年，该方案做了一些调整，实行了以点数为基础的行业标准，俱乐部也重新命名为"Sia 宝石俱乐部"。随着会员网络的扩大，入会资格要求也降低至一次消费 3 000 卢比，从而让更多的客户可以享受公司提供的更好的福利，同时 *Newsia* 在提供公司信息时增加了更多大家普遍感兴趣的诸如食谱和脑筋急转弯之类的文章。当年，会员人数达到 10 000 人左右，其中居住于孟买的最多，紧随其后的是德里。

2007 年巩固关系资产

2007 年，Sia Lifestyle 在所有门店中推行一个直接客户关系导向的行动方案，该方案强调建立关系的重要性并对每名销售人员进行客户服务技能的培训，这使公司与宝石俱乐部成员之间的互动得到增强。其中，11 家新店严格遵守这一政策并提升了它们的客户关系技能，从而促进印度各地宝石俱乐部成员人数的增长。会员可以在生日当周获得 25%的折扣，在珠宝修理和维护方面获得 50%的折扣，这使得会员人数增长至 20 000 人，总体的销售贡献率达到 55%。

2008 年继续提供更多的福利

2008 年是该方案的一个分水岭。全印度 25 个独家品牌门店每月销售额的约 65%来自宝石俱乐部会员，其中 7 月的销售额达到历史最高点。生日庆祝活动变得越发频繁，所有员工都欢迎宝石俱乐部会员到店里来，同时其他 Lifestyle 品牌的产品折扣也变得更有吸引力。

这一年，Sia Lifestyle 想方设法进入了“Kitty Party”这个客户之间最亲密的社交圈。这是一项由零售副总裁希特斯·切答（Hitesh Chheda）率先发起的完全在室内开展的活动，他说：“宝石俱乐部的会员是我们最亲爱的客户，Sia 已经成为她们生活的一部分。我们希望对她们选择我们、热爱我们的品牌予以回馈。因此我们组建了‘茶点时间’团队，以组织 Kitty Party 的方式积极寻求宝石俱乐部会员的参与。”该团队负责安排 Kitty Party 的小吃、娱乐、室内装饰，当然还有由 Sia 提供丰厚奖品的游戏。“所有的活动都不涉及销售，我们只是有时会做一些小型调查来测试将即将推出的新品。大家总是乐于帮助我们，因为她们能提前看到最好的首饰和最新的流行趋势！”他解释道。

宝石俱乐部会员资格有两个等级，默认级别是红宝石级，一旦红宝石级会员购买了价值超过 30 000 卢比的商品就会升为蓝宝石级，蓝宝石级会员比红宝石级会员享有更高的卢比点数兑换率，以及获得生日花束和门店里不定期提供的小吃等优惠待遇。

2009 年战胜经济衰退的口号：忠诚度

“在经济衰退时期，宝石俱乐部的会员帮助我们渡过了危机。她们增加了品牌资产；在很多情况下，她们实际上是传播正面口碑、如品牌管理者那样采取行动的‘完美’的客户。”公司首席运营官、方案的监督者维纳·查得瓦解释说。

事实上，许多会员现在都知道维纳·查得瓦是收银台前穿蓝色牛仔裤和白衬衫并始终保持微笑的绅士，旁听客户向门店经理投诉或表扬的内容，每当有生气的客户出现时，他就会介入进来不费吹灰之力地平息客户的怒火。

在未来的三年中，Sia 的目标是跨越 10 亿卢比的营业额大关，如果 Sia 继续拥有宝石俱乐部会员的支持，那么这个目标会更快地实现。事实上，即使是行业里经验丰富的经营者也对 Sia 客户服务人员和宝石俱乐部会员的这种亲密关系感到惊讶。Sia 在客户关系领域超过行业领导者只是时间问题。

实施 CRM 来扩大客户生命周期管理的优势

1. 确保对收入的贡献：在过去短短的四年里，Sia 见证了宝石俱乐部对其销售额的贡献率翻番并达到 68%的过程。

2. 提高现有会员的访问频率：虽然只需一次交易金额达到 3 000 卢比就能获得会员资格，然而，新会员的平均交易额是 6 500 卢比。这些会员每年光顾门店的次数不少于四次——在销售季末（7月及2月）各有一次，在结婚季（10—12月）有一次，以及在淡季（4—9月）因特殊激励和促销优惠有一次。

3. 提升品牌价值：Sia优于那些没有应用规范的点数系统的经营者，对于他们来说，客户关系管理只能做到根据购买水平偶尔提供小吃或者酌情提供折扣。

4. 在不同地点有相同体验：在全印度超过25个地方实施的基于点数的标准系统确保了相同的体验，从而增加了品牌资产。

5. 客户有更强的包容性：那些已经对Sia的质量充满信任和信心的老客户，更容易接受并购买一些新概念产品。

益 处

1. 宝石俱乐部会员的直接销售贡献占总销售额的68%。

2. 替代趋势预测：会员们很关注Sia的产品类型和种类，因此，她们会对产品的开发和测试的新举措提出有价值的意见。

3. 产生正面的口碑：会员们是品牌强有力的倡导者，她们往往会带更多的家人和朋友一起来购买，而这些人往往会带来额外的收入。

Sia的CRM政策

Sia的客户忠诚计划被称为宝石俱乐部。

俱乐部的会员资格如下：

级别1——（入门级）：红宝石卡会员

级别2——（晋升级）：蓝宝石卡会员。

两种会员卡都是长期有效的。

这些卡只能用于Sia艺术珠宝店、Sia Solemates卖场及Sia加盟店。

客户会员资格的福利

红宝石卡	蓝宝石卡
1. 购买价值3 000卢比的商品即可免费成为会员，并获得100个免费点数	1. 一年中购买超过30 000卢比的商品，会员有资格获得蓝宝石卡以及从红宝石级转为蓝宝石级的200个免费点数
2. 每消费25卢比会获得1点（直到满30 000卢比）	2. 每消费15卢比获得1点
3. 在实际销售期之前可以预先观看新品以及享有会员专属销售日	3. 在实际销售期之前可以预先观看新品以及享有会员专属销售日
4. 特殊回馈手册（有包好的小物件和其他品牌的赠品）	4. 特殊回馈手册（有包好的小物件和其他品牌的赠品）
5. 点数结算单以及Sia所举办活动的简讯	5. 点数结算单以及Sia所举办活动的简讯
N/A	6. 在一年内购买价值50 000卢比的商品将获得一个附加的红宝石卡
N/A	定期赠送不同的礼物

宝石俱乐部会员的优先产品优惠

1. 在他们生日当周提供15%的统一折扣（在生日的前后三天可享受优惠，但只有一次机会，不设购买额上限）。

2. 在维修及保养方面提供50%的折扣。

需要注意的几点

1. 门店宝石俱乐部会员卡的发放：门店里存放有大约100张宝石俱乐部会员卡（红宝石卡）。当留存的会员卡数量在周末降到50以下或在周一到周五降到20以下时就会补充。购买金额超过3 000卢比时，客户需要填写会员信息表格（MIS）。

2. 在系统中更新会员卡：会员卡可以在总公司收到MIS表格的48小时之后兑换点数。在此之前，购买的金额会累积会员卡点数。

3. 兑换点数：

(a) 累积到200分之后客户就可以进行兑换。

(b) 奖励的点数不能用于购买礼券。

(c) 点数将不具有追溯效力。

(d) 兑换必须凭会员卡办理，但是点数累积不需要会员卡。

4. 卡片丢失的管理：补办一张新会员卡的费用是50卢比。一旦客户经理将详情发到管理部门的邮箱gemsclub@siajewelly.com，会在15个工作日内办理。

Sia宝石俱乐部会员资格续约（每年定期检查）

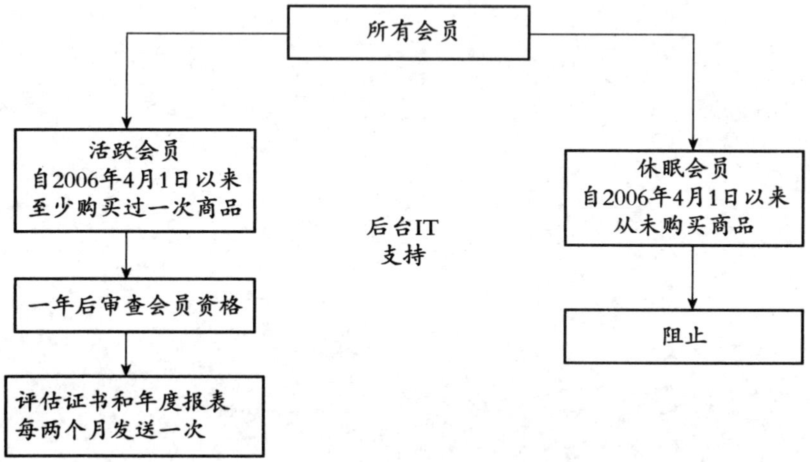

客户终身价值的乐观看法

A. 每个客户的平均购买价值　　=2 000卢比

B. 每年每个客户的购买次数　　=3

C. 客户从我们这里购买商品的年数　　=5

D. 每个客户的年销售额（A＊B）　　=6 000卢比

E. 客户终身价值（C＊D） ＝30 000 卢比
F. 每年推荐的客户数量 ＝5
G. 推荐成为客户的百分比 ＝2%
H. 推荐成为客户的总数量（F＊G） ＝0.01
I. 从推荐客户那里获得的总销售额（E＊H） ＝3 000 卢比
J. 最大化的总的客户终身价值（E＋I） ＝33 000 卢比

结论

1. 客户生命周期管理不仅仅是一个流行词，认真地执行会带来巨大的可持续利润。

2. 这是产生正面口碑的最便捷的途径，同时对任何公司来说都是完全免费的。

3. 忠诚的客户是公司巨大的财富，并且可以储备用来渡过经济衰退期。

4. 保持客户满意通常从最不起眼的员工入手；在本案例中，是直接和客户打交道的客户服务人员。

资料来源：www.siajewellery.com，last accessed on May 19，2011.

问题

1. Sia俱乐部是如何在CRM方面帮助组织的？

2. 分析客户忠诚计划为客户带来的额外价值。提出一些改善方案的建议。

案例 3

富士通外包：富士通西门子计算机公司的 eCRM 系统解决方案

企业的挑战

埃森哲咨询公司正在进行的有关高绩效公司特性的研究揭示了行业领导者脱颖而出的一些重要途径。例如，他们不断寻求对目前和未来价值驱动的独到见解。他们是行动的大师，总能将这些见解转化为创新的产品和差异化的工作方式。也许最重要的是，他们往往痴迷于赢得客户的争夺战。富士通西门子计算机公司（Fujitsu Siemens Computers）像一个高绩效公司般运转，却没有执行相关标准。该公司拥有 10 000 多个产品和解决方案，这些产品和解决方案在行业内是最具创新性的，但仍然面临着来自国内外技术提供商的激烈竞争。富士通西门子计算机公司知道，想要赢得获取客户的战役，它们的产品组合需要持续、适当地同客户的需求相匹配。公司聚焦于客户，将理解顾客并为客户提供最好的服务作为公司的愿景。富士通西门子计算机公司认识到，为了兑现这一承诺并持续确保实现客户所期望的服务质量，关键是在每一个接触点提供卓越的互动。

富士通西门子计算机公司认为，它的使命是关注客户关系管理，通过整合客户和产品数据库实现与其所有客户和合作伙伴的互动价值的最大化。为了完成这一使命，这个计算机巨头采用了新的以客户为中心战略，其核心是一个支持销售、服务和营销活动的覆盖全欧洲的电子客户关系管理解决方案。这一解决方案基于 Siebel 系统应用，将实现以下目标：

- 为客户增强透明度。
- 提高客户和合作伙伴的忠诚度。
- 减少非销售活动。
- 使公司能够从一个信息库分享所有信息。

富士通西门子计算机公司相信 eCRM 可以帮助公司增加利润，增强市场渗透力，提高客户和合作伙伴保留度，让公司更关注高潜力的客户并优化销售机会。

富士通西门子计算机公司选择埃森哲咨询公司帮助自己设计和执行 eCRM 解决方案有多个原因。埃森哲咨询公司拥有关于 CRM 的深度知识、Siebel 系统专家，并在 20 多个欧洲国家有分支机构。这些专家是非常宝贵的，能为公司成功引入基于 Siebel 的 eCRM 解决方案。此外，埃森哲咨询公司建议采用以价值为基础的项目计费方式。这将在两家公司之间创建一个风险共担的联系，并将公司的投资与前期建立的成功指标进行关联。

埃森哲咨询公司和富士通西门子计算机公司共同分析和诊断所面临的挑战，然后设计端对端的 eCRM 解决方案。这个团队很早就让用户参与到开发这个集中的、涵盖全公司的、国际化的解决方案中。这套基于最新的 Siebel7 软件的解决方案实现了包括销售、营销、服务和呼叫中心等在内的核心 CRM 流程的自动化。解决方案组件包括账户管理、机会管理、联系管理、报价、提案、订单和预测。该解决方案与包括 SAP 和生产系统在内的公司后台办公解决方案实现了无缝集成。基于纯互联网网页的访问机制，该解决方案不需要在单个工作站上安装客户端软件。

为了让员工和合作伙伴使用并充分利用新系统，埃森哲咨询公司领导的研究小组对经理、会计团队和系统管理人员进行了广泛的、量身定制的培训。埃森哲咨询公司和富士通西门子计算机公司共同编写培训材料，并分发给位于公司不同办公地点的员工，同时确保每个版本的材料都可以通过在线方式获取。这个团队还收集了其他的数据，清理了现有的数据库以便完成数据迁移，建立了沟通渠道以确保 eCRM 部署团队和所有目标用户群之间及时、准确、全面的信息交换。

基于 Siebel 的成功设计和实施，富士通西门子计算机公司最近要求埃森哲咨询公司来负责对新系统进行为期五年的维护。基于这项应用外包的安排，埃森哲咨询公司对所有的 Siebel 应用程序提供一级和二级支持、部署、开发和配置、数据管理、系统管理和版本升级等服务。这些支持还包括技术设计、编码、测试、调试、程序开发和修改。埃森哲团队最近已经启动将富士通西门子计算机公司的系统升级到 Siebel v. 7. 8 版本的工作。

高绩效交付

在埃森哲咨询公司的帮助下，富士通西门子计算机公司现在用一套遍及全球的优化的数据库和服务器收集相关客户信息。用户可以在几秒钟内检索到全球所有客户和产品的信息。这意味着公司能更准确地细分客户，使产品和服务更好地满足客户（尤其是那些最有价值客户）的需求。客户也能因为在做出采购决策时看到更快更专业地提供的提案而获益。

这套基于 Siebel 的 eCRM 系统可以同时供来自销售、服务和营销部门的 2 500 多位内部用户使用，也可以同时供 20 000 多个外部销售渠道合作伙伴使用，让富士通西门子计算机公司实现了 CRM 各领域的以及与公司所有其他系统的高度集成。例如，呼叫中心的工作人员在给客户打电话时，可以直接将感兴趣的客户转给合适的销售人员。此外，eCRM 解决方案还提高了富士通西门子计算机公司分享知识并更好地控制销售流程的能力。公司的员工和渠道合作伙伴可以无缝地协同工作，实现对产品和组件信息的评估以及在一个系统中跨部门、跨团队的销售。

富士通西门子计算机公司的报告显示，其订单处理速度加快了 60%。将系统维护外包给埃森哲咨询公司预计可以使这个计算机巨头更致力于核心业务，进而提高服务质量，同时能降低近33%的成本。

富士通西门子计算机公司将销售、营销和服务部门连接到eCRM，进而能够为客户和合作伙伴增强透明度。反过来，这也使公司突破行业的混乱状态，建立了知名的忠诚度和公司在市场复苏中的定位。总之，这项解决方案通过将想法转化为行动以及支持公司目标这两方面帮助富士通西门子计算机公司转变为一家高绩效的公司。

资料来源：www. accenture. com，last accessed on May 20，2011.

问题

1. 富士通西门子计算机公司实施eCRM的目标是什么？

2. 在选定的CRM解决方案中包括什么功能和流程？CRM是如何被整合到公司后台办公系统中的？

案例 4

HDIL 公司实施 ERP

HDIL 公司简介

HDIL 是孟买领先的房地产和建筑公司之一，自 1996 年以来成功完成的项目不少于 23 个。该公司隶属于 Wadhawan 集团（原 Dheeraj 集团），在孟买已经修建了众多的住宅（公寓、塔楼和多用途小镇）、商业项目（写字楼和多厅影院）和零售项目（如商城）。

挑　战

HDIL 是一家拥有众多部门和分支机构的房地产/建筑公司，它所面临的挑战阻碍了它最大限度地发挥商业潜力，这些挑战包括以下几个方面：

● 分散而低效的信息录入、存储和检索方法造成了大量的时间和资源浪费。此外，不同部门（例如，销售部和会计部）的员工在基于局域网的 Fox Pro 系统中重复录入数据，导致冗余的和潜在的错误。

● 由于流程都是口头发起的，部门之间（例如建造部和销售部之间）或者分支机构之间缺乏可靠的协作，进而导致在整个工作流程中出现沟通差异和障碍的可能性极大。

● 人工跟踪客户反馈，后续跟进所采用的低效方法严重影响到客户关系和客户忠诚。

解决方案

2006 年，HDIL 公司部署了 IMT 的多功能高端 ERP 套件 eBuild，该套件是专门为房地产行业开发的。HDIL 公司在实施这套基于 Web 的商业工具后，在其运营的很多方面感受到了实实在在的好处。2007 年新的模块继续被开发并整合到 eBuild 套件中。如今，它包括以下模板：

● 建筑模块；

● 销售模块；

● 购买模块；

● 薪酬模块；

● 维护模块；

● 存储模块；

- 会计模块；
- 工程模块。

这些用户友好的、直观的模块为 HDIL 公司提供了强大的一站式解决方案，能很快解决 HDIL 公司实施该系统前遇到的问题和挑战。

而且，eBuild 内置的基本工具被证明对 HDIL 员工有巨大的价值。这些工具包括一系列方便应用的内容，如印花税计算器、采购订单生成器、自动收据生成器、员工薪酬生成器以及其他很多内容。

再者，eBuild 是一个高度可扩展的系统，它始终为公司保持着重要性和盈利性。这也是 HDIL 实施这种独特的 ERP 解决方案的另一原因。

结 果

HDIL 公司在部署 eBuild 之后不久，发现它给跨部门运作带来了优势。

关于每个项目、产品、客户或者员工的广泛细节（如建筑的层次结构、供应商报价、客户预订、发票、收据、酬详细信息、库存详细信息等），现在可以做到：

- 容易存储；
- 方便分类；
- 迅速固化；
- 频繁归档；
- 自动生成（相关的内容）；
- 即刻从单一集中点访问/检索。

事实上，HDIL 公司发现 eBuild 的薪酬管理模块非常有效且用户友好，所以在 2007 年 3 月就舍弃了原来的薪酬管理系统，转而选择 eBuild 的模块作为基本的酬管理系统。

eBuild 通过频繁的数据更新和部门内信息核对的方式有效消除重复录入或信息过时的可能性。这样可以避免任何冗余和错误的发生，从而节省时间和成本。

此外，eBuild 通过精心管理个人访问权限保证了所有模块数据的安全性，只有那些有权访问数据的人才可以操作数据。

- 在套件各个模块之间相互联系的信息和数据的自动更新极大地简化了 HDIL 各部门与办公室之间的协作和工作流程，员工再也不需要依靠口头告知的内容开展工作。

- 针对公司此前在跟踪客户咨询和记录反馈方面遇到的问题，eBuild 的在线咨询表单和自动跟进程序是非常适合的解决方案。评论和咨询现在能被自动分类和归档以便于访问，并且相关人员可以提前 2～3 天接到跟进事项的提示。这确保了与客户之间持续的良好关系和互动，提高了客户的满意度和品牌忠诚度。

在很短的时间内，eBuild 帮助 HDIL 公司规范了广泛的跨部门运作，并且提供了非常宝贵的工具来管理庞大的、多种类型的信息和文件。因此，公司的生产力、效率、收入明显提升并拥有平和的心态。

资料来源：http：www. imtindia. com，last accessed on May 16，2011.

问题

1. 与市场上一般的 ERP 系统相比，HDIL 公司对它的 ERP 系统有什么特殊的要求?

2. HDIL 公司通过部署 eBuild 得到了什么好处? 给 eBuild 的更新换代提供建议以使它更全面。

案例 5

以瑞典银行和瑞典北欧斯安银行为例说明 eCRM 在银行业的重要性

eCRM 技术在银行客户交互中的重要性是毋庸置疑的。尽管如此，评论家仍强调客户评价是如何由社会和个人力量驱动的。互动在银行服务中极其重要。然而，银行和客户要想有良好的互动，重点在于双方都积极地参与。与其他行业相比，客户和银行之间的关系在银行业有着特殊的作用。

互动过程包括三个主要因素：

1. 信息交换；
2. 业务或金融（交易）；
3. 社会交换。

其中，交易过程需要银行和客户双方的参与。银行应该确切地知道客户需要什么；同时，客户应该对银行提供的产品和服务有充分的认知。社会交换是指在信心、信任、道德和友谊方面维持与客户的长期关系。

eCRM 给银行带来的好处包括：

- 与客户的关系；
- 通过电子邮件进行商务沟通；
- 个性化的服务或者一对一的服务；
- 用网络推广产品或服务；
- 交易安全性。

瑞典银行（Swedbank）在瑞典、爱沙尼亚、拉脱维亚和立陶宛的银行业都占据了重要的地位，拥有 16 000 名员工，并为 870 万个人客户和 43 万企业客户提供服务。它的目标是让客户每天过得轻松，所提供的易于使用且具有价格竞争力的金融服务可以帮助个人、企业或组织客户达到其目标。瑞典银行在提供产品和服务时应用的技能组合是经过精心选择的，以确保能处理好客户的每一个要求和出现的情况。它作为一家领先的银行所提供的是更智能的产品，可以给客户的资金带来更多的价值。它通过部署 eCRM 将分支机构和网上银行联系起来，进一步提高其产品和服务在互联网上的可访问性。

瑞典银行的 eCRM

eCRM 借助互联网可以向客户提供更多的电子服务。瑞典银行将其电话银行和电子邮件银行以及互动式语音应答系统（IVR）进行了整合，并形成了一个跨地区和业务单元的复杂的多渠道客户系统。除了电话和电子邮件以外，这个系统还包括安全电子邮件、传真和IVR集成。打给呼叫中心的电话有90%采用的是自助服务。客户给银行发邮件咨询问题的平均等待时间也从24小时缩短到4小时，而且他们的咨询能在短时间内得到正确的回答。客户对瑞典银行的满意评分达到4.4分（总分是5分），这表示客户对银行的服务很满意。

通过eCRM进行渠道整合之后，互联网成为涉及媒体、广告、呼叫中心、直邮系统、合作（PLS EXPLAIN）、个人会议、搜索引擎和活动等所有营销事项的枢纽。互联网是寻找商品、服务和满意客户的出发点。网页简化了购买决策的过程，所有的营销活动都应该指向网页。

网站www.swedbank.se提供了有关银行服务和产品的信息，并以不同的格式提供银行活动相关数据来满足客户的兴趣和要求。网站会经常得到更新，并且银行所有新的发展和事务都会被立刻放在网站上。

网站既容易使用又有效率，客户可以通过选择不同的类别或者使用关键词来搜索有关服务和产品的信息。

关于网上交易的安全性，英格丽德（Ingrid）解释说，所有的交易都通过使用安全身份验证来确保安全性。所有的网上交易都会被记录，并且由银行来管理交易的结算单及其安全性。客户可以借助银行卡和个人身份号码进入他们的账户，但要对卡的授权使用负责。为了进入账户，客户需要输入自己的个人身份号码和四位代码，每个客户的号码和代码都是独一无二的，然后针对交易生成一个新的代码。发生在世界任何地方的新交易都会重复这个过程。

英格丽德解释说，如果客户离开银行的网页一段时间，那么账户会被自动注销，这是一种防止未经授权的访问的安全措施。如果其他人尝试使用客户的银行卡并且出现三次不成功，该卡会被暂停使用。

eCRM给瑞典银行带来的好处

方便并且节省时间和精力，这些特性使客户非常乐于使用该系统，特别是那些密切关注安全措施和交易隐私的客户。

除了这些服务，银行还为客户提供关于储蓄、投资、股票和共同基金等金融方面的建议。

瑞典北欧斯安银行的eCRM

瑞典北欧斯安银行（SEB）是拥有40万企业和机构客户以及500万个人客户的北欧金融集团。SEB在北欧和波罗的海国家、德国、波兰、乌克兰和俄罗斯等地都设有办事机构。接近一半的SEB的客户使用互联网进行金融交易。

SEB团队确立了一个清晰的目标，即截至2003年底要获得500万互联网客户。该银行希望继续吸引高成长型的公司和富裕的客户。SEB的愿景是成为领先的电子中心化、客户导向的金融服务提供商。现在，电子中心化是它的下一个目标。

eCRM 给 SEB 带来的好处

互联网通过提供全天候的服务和在线交易从本质上改变了银行与客户之间的关系。SEB 以对银行和客户双方都有益的方式处理数据。客户数据是保密的，并得到很好的保护，eCRM 的使用帮助 SEB 维护与客户之间的长期关系。

eCRM 是用于市场细分和交流的一个低成本的工具。网上支付可以安全地进行。(组织坚信客户亲自到银行柜台可以提高复杂的银行产品（如按揭贷款等）的购买率。SEB 试图通过观察揣摩其客户的需求。组织出现了一些对改善与客户的关系非常有效的变化，而这些变化都归功于 eCRM。) 通过电子邮件进行商务沟通可以帮助银行与客户之间建立良好的关系。而且，这种方式的成本更低、效率更高，可以被用来在非办公时间维持与客户的联系。

SEB 的客户可以利用互联网和电话在一天中的任意时刻随时联系银行的分支机构。

早些时候，客户不得不亲自到银行的分支机构办理事务，但是现在，网站已经成为沟通的新窗口。网站的最大好处是可以一年 365 天全天候地向客户提供服务。网站可以用来宣传、销售产品和服务，并向客户提供服务和产品支持。SEB 开发的网站试图吸引客户的注意力，并获得最有效的销售机会。在客户花费时间去适应如查看账户余额、汇款和网上购买等网上交易程序的同时，SEB 会尽全力去保护客户的隐私。

案例分析

eCRM 对银行而言：

我们通过阅读上文发现，两家银行都借助 eCRM 向客户提供符合其需求的产品和服务，进而与客户维持良好的关系。

由于安全和隐私方面的原因，瑞典银行和瑞典北欧斯安银行在小范围内使用电子邮件与客户交流，并且都没有使用邮件来大规模宣传它们的产品和服务。

eCRM 使两家银行能为客户提供个性化服务和一对一服务，并确保了服务的效率和效果。不过这些服务只有在客户有要求时才会被提供。两家银行都采取了有效的措施来确保客户在网站上能看到最新的、最及时的信息。

网站已经变成向客户介绍产品和服务信息的一种全新而有效的沟通方式。

银行通过 eCRM 和最新的技术可以充分保障客户交易的安全性。最初，说服客户使用网上银行是一项非常艰巨的任务。但是，银行证明了它们确保安全交易的能力，最终使客户信任并充分地利用网上服务。

eCRM 对客户而言：

几乎所有的客户都认为银行使用 eCRM 带来的一个重要好处是改善了客户互动和提升了客户满意度。

他们关注的要点包括：良好回应客户咨询，提供帮助，交流业务信息，员工充分理解银行提供的产品和服务。

所有的客户都意识到，便利是eCRM带来的至关重要的好处，其他好处还包括银行的定位、银行员工的友善态度和服务方面的变化。

对于大多数客户而言，处理交易速度的提升也是一个重要的好处，尽管有些人对他们的交易的处理速度并不满意。

银行产品和服务的品质对客户而言是另一个重要的好处。

而最重要的决定性的优势是组织员工的可靠性、银行员工的反应速度、最新信息技术的可用性。

信任银行提供的服务，是改善客户与组织之间的关系最本质的好处。

从以上内容可以得出以下结论：

对银行而言：

- eCRM使金融机构和组织可以维护与客户的关系。
- 这两个组织都减少了出于业务目的的电子邮件的应用。
- eCRM促进个性化的和一对一的高效服务。
- 两个组织都确保在其网站上可以得到最新的、最及时的信息。
- 利用最新的技术、方法和eCRM来提高和维护交易的安全性。

对客户而言：

- 客户互动和客户满意被认为是银行使用eCRM的一个重要的好处。
- 便利是提供给客户的主要好处。
- 处理交易的速度和准确率是银行使用eCRM的优势。
- 可靠的员工以及最新信息技术的可用性是银行提供给客户的额外好处。
- 对组织所有服务的信任是提供给客户的一个重要好处。

资料来源：epubl. luth. se，last accessed on May 4，2011.

问题

1. eCRM在银行业的实施是如何帮助银行维持与客户的长期关系的？
2. 银行需要集成到整个系统中的接触点有哪些？

案例 6

亚洲涂料有限公司通过实施 CRM 实现业务转型

亚洲涂料有限公司（Asian Paints Limited）是印度最大的油漆公司，以专业化和发展快速而享有盛誉。客户是公司所有业务活动的核心。“客户在哪儿我们就去哪儿”这个简单但无与伦比的概念驱动着它的所有重大举措。2001 年，亚洲涂料公司的管理层意识到，公司的长期发展取决于其与终端客户建立紧密关系的能力。一些客户在打给公司的热线电话中表示他们的家需要更完善的涂料解决方案，公司也意识到在提供服务和执行项目的过程中要面对客户近乎苛刻的期望。但是由于公司通过经销商网络来销售产品，因此它对整个上漆过程和房主的需求缺乏洞察力。这种情况促使亚洲涂料公司的管理层探索与最终客户建立更直接联系的方法。

启动一个服务品牌

带着这种想法，亚洲涂料公司决定从单一的产品制造业务向服务业务转变。伴随着家庭解决方案服务的启动，公司将建立一个提供增值服务的“服务品牌”。这些增值服务包括从色彩建议到风水咨询，其目标是通过特定颜色组合和主题的采用呈现公司的“标志性形象”。为了实现这个目标，亚洲涂料公司需要一个可扩展的客户关系管理系统，它可以呈现家庭解决方案服务的主要业务流程，并提供与所有客户互动的可视性。因此，它需要最先进的呼叫中心功能，包括对客户来电的管理、活动安排，还需要可以对商机进行优先安排及适当处理的商机管理系统。

开发一个定制的解决方案

销售交付流程的标准化和财务控制机制的建立都要求开发一个定制的解决方案。这个方案要求有安全的 Web 界面将从热线电话中获得的商机转给家庭解决方案服务提供商来处理。服务提供商可能是亚洲涂料公司合作商网络中的一个独立的家庭漆饰公司或室内设计师。家庭解决方案服务提供商负责使用系统来执行所有相关的重要任务：安排预约，记录完整的现场调查情况，提交工作内容预测，从经销商处订购涂料，记录工作进程，给客户开发票，以及进行客户满意度调查。

这个新的解决方案使服务提供商和亚洲涂料公司家庭解决方案相关部门可以实时查看所有的客户交互和财务信息。这个系统还会更新营销奖励计划的状态。

除此之外，该解决方案要有完善的报表功能，能生成各种销售、商机和活动分析报告。报表功能也可以用来汇总工作结束时提交的客户调查的结果。

亚洲涂料公司在选择一个新系统时，非常仔细地研究了最新版本的SAP CRM应用程序的功能。该公司已经使用SAP的解决方案并已在现有的呼叫中心实施了SAP CRM。亚洲涂料公司确信SAP CRM能最好地满足它的选择标准并决定在现有的基础设施上实施应用。

定制解决方案是将基本的CRM系统进行整合的独立的项目。Web Dynpro开发环境允许快速的应用程序的开发以及用户界面的定制开发，并且会与SAP CRM无缝地集成。该体系结构要求这个称为“密宗项目”的新解决方案保留SAP CRM的商机管理功能，而所有与销售交付有关的流程都将通过定制的解决方案实现。来自SAP CRM和定制的解决方案的数据都将被上传至SAP Netweaver BI以生成各种报表。

项目于2001年12月启动，第一个组件交互中心于2002年4月上线运行。定制的解决方案包括的所有其他组件于2002年8月实施。项目团队包括业务人员和IT人员，以确保业务和技术需求都能得到满足。

亚洲涂料公司和SAP公司的密切合作使双方都坚持安排紧凑的时间表。SAP客户能力中心开发出亚洲涂料公司的初始场景，SAP实验室为设计和定制解决方案作出了贡献。一场为IT员工举行的关于企业面向服务的架构的研讨会帮助亚洲涂料公司开发出定制解决方案的蓝图，并将其作为现有基础设施的一个扩展。

亚洲涂料公司家庭方案的两个服务提供商参与了一项为期三个月的试验，该试验是项目的一个关键要素。由于服务提供商往往没有卓越的计算机技能，因此提供一个简单、直观的界面将是用户应用的关键。试验期间获得的反馈对解决方案的成功部署至关重要，能避免系统最终上线时发生问题而导致延期。该系统最初在四个主要城市上线，2007年初在其余的八个城市上线。

通过强有力的管控确保成功

强有力的管控被证明是成功的另一关键因素。亚洲涂料公司建立了一个评审委员会对部署的关键阶段进行期中复审调查，这确保了系统推广前所有的商业和技术问题都得到解决。强有力的项目管理确保了关键里程碑和上线都能按期实现。

利用培训和工具支持服务提供商

因为使用该解决方案的服务提供商不是精通电脑的用户，所以培训是必不可少的。亚洲涂料公司启动了一个内容广泛的培训项目，包括基本计算机技能、办公应用系统以及定制方案的使用在内的课堂教学。由于业务流程和IT设施对提供商而言都是全新的事物，因此亚洲涂料公司也建立了一个服务提供商支持体系。经过培训以应对业务问题的一线支持人员会首先处理咨询问题，如果是技术性问题，就会转发给一个IT代表，然后由IT代表回复一线支持人员，一线支持人员再回复服务提供商。这个支持体系确保了家庭方案业务层面的任何操作性问题都能及时得到解决。

资料来源：www. enterpriseinnovation. net and www. Sap. com，last accessed on May 3，2011.

问题

1. 在 CRM 实施以前，亚洲涂料公司面临哪些问题?
2. 讨论 CRM 在亚洲涂料公司的实施与组织的长期利益的关系。

案例 7

Bharti Airtel 公司：CRM 的意义

对业务问题解决方案的需求

Bharti Airtel 每年需要管理超过 40 亿次呼入和大约 3 000 万新用户，并且这些数字每年都会增加。印度 28 个省中的每一个都有其独特的语言和文化，以及大量的市场竞争对手，因此公司必须以高品质服务和运营效率之间的平衡为基础与其他竞争对手竞争。

Bharti Airtel 公司在实施 CRM 解决方案之前依靠手工流程完成出站呼叫。“在实施 CRM 之前，我们经常有包括营销、客户服务和信息收集部门在内的多个群体给同一客户打电话。”梅农（Menon）博士解释说，“经常出现重复沟通的现象令客户很失望，从时间和资源的角度看也是一种浪费。现在我们有一个简单的、统一的客户视图，并且出站过程实现了自动化从而变得更有影响和效率。我们也能更好地跟踪结果，并且在需要时提供人工服务。”

CRM Outbound Voice 和 Proactive Notification 解决方案也帮助 Bharti Airtel 公司更好地管理不断变化的“请勿打扰”（Do Not Disturb，DND）列表。违反严格的新 DND 清单的处罚可能是罚款或吊销营业执照。“显然，无论是什么方案，可扩展性是我们首先要考虑的。”梅农博士强调，“每个月有数百万新客户出现，我们考虑的解决方案必须是可扩展的，以便在发展方向上可以让我们有最棒的选择。我们相信通过 CRM 系统可以做到这一点。”

Bharti Airtel 是一个领先的移动电信品牌。与其他任何电信公司一样，它也认为信息技术是业务运作的关键。公司的信息技术副总裁阿姆里塔·甘戈特（Amrita Gangotra）说：“对于电信公司而言，IT 就像面包和黄油。我们认为它扮演了两个重要的角色：它能作为支持系统发挥作用，它也可以是一种业务驱动力。所以，IT 对我们来说是非常重要的。”当公司刚开始运营时，完全采用手工的方式进行作业。甘戈特透露：“在那时候，只有 40%的问题得到解决，而现在这个比例已经达到 90%。”她解释道：“管理客户的期望并以会产生客户忠诚的方式向客户提供创新性的产品和服务对我们来说至关重要。”为了实现这个目标，公司需要正确的工具。她说：“正是这个需求使我们选择了 CRM 解决方案。”

将 CRM 作为一个解决方案

如今，Bharti Airtel 公司使用的是 Oracle CRM 平台。甘戈特补充道：“作为愿景的一部分，我们想要在任何时间、任何地点提供服务。一个客户无论和我们的哪一个呼叫中心联系，都应该得到相同质量的服务。这曾经是我们的愿景，我们也因此使用了 CRM 这样的集中应用系统。”公司在选择 CRM 工具之前评估了很多备选产品，在评估过程中考虑了诸如适当的工作流自动化、促进知识共享以及与收费系统集成等因素。经过全面的评估之后，公司决定采用 Oracle CRM 平台。现在，公司使用的是基于 Oracle 的 CRM 的几个模块，包括营销、知识管理、呼叫中心支持、活动管理、计划、FAQ 等。

最初，公司在像 Sun Microsystems、IBM、惠普以及处理语音服务的 Nortel 等合作伙伴的帮助下实施 CRM 来解决技术问题。但是后来，公司开始把它用于电子账单服务、定制服务、在线客户支持、定制和简化账单格式、收款中心、网络部署、服务激活以及其他方面，这使得 CRM 的服务范围变得更广了。现在，公司在 CRM 的帮助下能够解决的客户问题超过 90%而不是早些时候的 40%。所有的客户都以较低的成本得到了相同水平的服务。CRM 提供的另一项有意思的服务是把违反预先设定的时间限制的问题自动提交给上级部门。

公司在德里开始提供服务后获得了很多区域的业务，并在其他区域争取新的许可证；每当它得到一个新的许可证，就会立即实施 CRM 工具。但它们不得不为那些获得了现有用户群的区域制定一个迁移策略。公司的 CRM 策略包括两个方面：操作型 CRM 包括工作流、日常的活动，分析型 CRM 包括客户信息、业务发展。该策略首先帮助公司的呼叫中心处理工作流以及日常的活动，其次是为员工提供所需的客户信息以用于开展业务活动，总之帮助公司向客户提供了更好的服务。

根据客户所购买的产品和服务来理解和区分客户的需求很重要。“公司在这个方案中做的最主要的事情之一就是细分客户，因此现在可以给客户提供超值的服务。”在 CRM 的帮助下，公司可以根据通话时间的使用情况向客户提供不同的套餐和服务。对于使用量高的用户可以使用特定的套餐，而普通的使用者有其他的套餐。除此之外，公司在 CRM 工具的帮助下也设法分离了它们的工作流。

CRM 为公司带来的优势

公司现在使用整个 CRM 平台随时随地提供服务。无论客户和哪个呼叫中心联系，所得到的服务质量都是一样的。公司可以根据通话时间的使用情况向客户提供不同的套餐和服务，从而产生更多的价值。公司也可以在 CRM 工具的帮助下分离工作流，并且可以为客户提供超值的服务。

组织可以以较低的成本以及定制的格式分享和分发数据，从而提供更好的客户服务、提升客户满意度。因此，公司能够留住原有客户，并把他们变成公司的忠诚客户。

选择印孚瑟斯技术公司提供 eCRM 服务

Bharti Airtel 已经和印孚瑟斯技术公司签订协议以实现近期推出的直接入户

(direct-to-home，DTH）服务。印孚瑟斯技术公司将负责提供包括设备、应用服务器和交互式应用在内的完整产品组合，帮助 Bharti Airtel 公司增强器数字电视用户的数字体验。

Bharti Televentures 的客户服务交付主任阿努拉格·帕拉沙尔（Anurag Parashar）说："与客户之间如此少的接触使我们不得不确保在每一个细节上都做得很好。我们使用 CRM 分析从客户数据库中产生的精确的信息。我们将尝试利用这些信息。"

资料来源：www. silicon. com；www. airtel. in；www. articlebase. com and www. expresscomputer. com，last accessed on May 10，2011.

问题

1. 在实施 CRM 之前，Bharti Airtel 面临哪些问题？
2. 讨论 CRM 的重要性。如今，它是如何为 Bharti Airtel 创造竞争优势的？

Urvashi Makkar，Harinder Kumar Makkar
Customer Relationship Management
0071333312

北京市版权局著作权合同登记号：01 - 2014 - 3337

图书在版编目（CIP）数据

客户关系管理/毛卡尔（Makkar，U.），毛卡尔（Makkar，H.K.）著；马宝龙，姚卿译.
—北京：中国人民大学出版社，2014.5
（工商管理经典译丛.市场营销系列）
ISBN 978-7-300-19254-3

Ⅰ.①客…　Ⅱ.①毛…　②毛…　③马…　④姚…　Ⅲ.①企业管理-供销管理　Ⅳ.①F274

中国版本图书馆 CIP 数据核字（2014）第 093819 号

工商管理经典译丛·市场营销系列
客户关系管理
乌尔瓦希·毛卡尔
哈林德尔·库马尔·毛卡尔　著
马宝龙　姚　卿　译
Kehu Guanxi Guanli

出版发行	中国人民大学出版社		
社　址	北京中关村大街 31 号	邮政编码	100080
电　话	010－62511242（总编室）		010－62511770（质管部）
	010－82501766（邮购部）		010－62514148（门市部）
	010－62515195（发行公司）		010－62515275（盗版举报）
网　址	http://www.crup.com.cn		
	http://www.ttrnet.com（人大教研网）		
经　销	新华书店		
印　刷	北京昌联印刷有限公司		
规　格	185 mm×260 mm　16 开本	版　次	2014 年 6 月第 1 版
印　张	17.75 插页 1	印　次	2019 年 8 月第 5 次印刷
字　数	296 000	定　价	42.00 元

教师反馈表

麦格劳-希尔教育集团（McGraw-Hill Education）是全球领先的教育资源与数字化解决方案提供商。为了更好地提供教学服务，提升教学质量，麦格劳-希尔教师服务中心于 2003 年在京成立。在您确认将本书作为指定教材后，请填好以下表格并经系主任签字盖章后返回我们（或联系我们索要电子版），我们将免费向您提供相应的教学辅助资源。如果您需要订购或参阅本书的英文原版，我们也将竭诚为您服务。

<table>
<tr><td colspan="6">★ 基本信息</td></tr>
<tr><td>姓</td><td></td><td>名</td><td></td><td>性别</td><td></td></tr>
<tr><td>学校</td><td colspan="2"></td><td>院系</td><td colspan="2"></td></tr>
<tr><td>职称</td><td colspan="2"></td><td>职务</td><td colspan="2"></td></tr>
<tr><td>办公电话</td><td colspan="2"></td><td>家庭电话</td><td colspan="2"></td></tr>
<tr><td>手机</td><td colspan="2"></td><td>电子邮箱</td><td colspan="2"></td></tr>
<tr><td>通信地址及邮编</td><td colspan="5"></td></tr>
<tr><td colspan="6">★ 课程信息</td></tr>
<tr><td>主讲课程-1</td><td></td><td>课程性质</td><td></td><td>学生年级</td><td></td></tr>
<tr><td>学生人数</td><td></td><td>授课语言</td><td></td><td>学时数</td><td></td></tr>
<tr><td>开课日期</td><td></td><td>学期数</td><td></td><td>教材决策者</td><td></td></tr>
<tr><td>教材名称、作者、出版社</td><td colspan="5"></td></tr>
</table>

<table>
<tr><td colspan="4">★ 教师需求及建议</td></tr>
<tr><td colspan="2">提供配套教学课件
（请注明作者 / 书名 / 版次）</td><td colspan="2"></td></tr>
<tr><td colspan="2">推荐教材
（请注明感兴趣领域或相关信息）</td><td colspan="2">-</td></tr>
<tr><td colspan="2">其他需求</td><td colspan="2"></td></tr>
<tr><td colspan="2">意见和建议（图书和服务）</td><td colspan="2">-</td></tr>
<tr><td>是否需要最新图书信息</td><td>是、否</td><td rowspan="2">系主任签字/盖章</td><td rowspan="2"></td></tr>
<tr><td>是否有翻译意愿</td><td>是、否</td></tr>
</table>

Mc Graw Hill Education | Higher Education

教师服务热线：800-810-1936

教师服务信箱：instructorchina@mheducation.com

网址: www.mheducation.com

麦格劳-希尔教育教师服务中心

地址：北京市东城区北三环东路 36 号环球贸易中心 A 座 702 室 教师服务中心 100013

电话：010-57997600

传真：010-59575582

教师教学服务说明

中国人民大学出版社管理分社以出版经典、高品质的工商管理、统计、市场营销、人力资源管理、运营管理、物流管理、旅游管理等领域的各层次教材为宗旨。

为了更好地为一线教师服务，近年来管理分社着力建设了一批数字化、立体化的网络教学资源。教师可以通过以下方式获得免费下载教学资源的权限：

在中国人民大学出版社网站 www. crup. com. cn 进行注册，注册后进入“会员中心”，在左侧点击“我的教师认证”，填写相关信息，提交后等待审核。我们将在一个工作日内为您开通相关资源的下载权限。

如您急需教学资源或需要其他帮助，请在工作时间与我们联络：

中国人民大学出版社　管理分社

联系电话：010－82501048，62515782，62515735

电子邮箱：glcbfs@crup. com. cn

通讯地址：北京市海淀区中关村大街甲 59 号文化大厦 1501 室（100872）